사운다라난다

아름다운 난다의 이야기

본 불교연구총서는 사단법인 불교학연구지원사업회에서 추진하는 교육불사의 일환으로 불교학의 학문적 발전을 위한 시도로 기획된 것입니다. 사단법인 불교학연구지원사업회는 불교를 연구하는 소장학자를 위해 스님들과 신도들이 뜻을 한데 모아 설립한 단체입니다.

불교연구총서 ㉑

사운다라난다

아름다운 난다의 이야기

아쉬바고샤(Aśvaghoṣa) 지음

류현정 · 최지연 옮김

씨아이알

일러두기

[ ] : 원문에는 없지만 문맥상 필요한 번역

( ) : 단어의 설명이나 이명(異名), 한자의 표기

〈 〉 : 이중적 해석이 가능한 표현

1. 산스끄리뜨 자음의 한국어 독음은 무기음의 경우 된소리, 유기음의 경우 거센소리로 구분하여 표기하였다.
2. 장 제목 외, 본문 안에 있는 소제목은 독자의 이해를 돕기 위해 역자들이 추가한 것이다. 또한 본문의 내용 이해를 위해 필요하다고 생각되는 부분은 미주를 달아 설명해 두었다.
3. 본문의 번역은 문학작품으로서의 가독성을 감안하여 가능한 한 한국어 독자에게 어색하지 않게 의역하는 것을 원칙으로 했다. 예를 들어 수동태는 능동태로, 반복되는 대명사는 번역을 생략하거나 또는 대괄호 없이 번역문을 추가하였다.
4. 꽃, 나무, 새 등 자연물과 관련된 고유명사는 가능한 경우 원어의 대상과 유사한 이미지를 가지면서도 한국 독자들에게 익숙한 명칭으로 의역하였다. 다만 해당 용어가 언어유희를 위해 사용되었거나, 식생의 차이로 인해 유사한 대상을 찾기 힘든 경우 원어의 명칭을 살려 사용하되 미주에 설명을 붙였다.
5. 번역 본문에서는 산스끄리뜨 문법 설명이나 원어의 병기를 가능한 한 자제하였다. 다만 필요한 경우 이해를 돕기 위하여 미주를 통해 원어의 직역을 제공하고, 의역 선택의 이유를 설명하였다.
6. 붓다를 비롯하여 다양한 인물과 신들은 고유명사가 아닌 여러 가지 별칭으로 불리고 있어 이를 가능한 한 살려 번역하였으며, 필요한 경우 괄호에 병기하였다.

서문

우리 두 사람이 『사운다라난다』라는 작품을 처음 접한 것은 산스끄리뜨어를 이제 막 배우기 시작했던 학부 때의 일이다. 『붓다짜리따』와 더불어 불교 문학의 정수로 꼽히는 작품임에도 불구하고 한역이 존재하지 않는다는 사실에 의아함을 가졌던 아스라한 기억이 있다. 물론 당시에는 저자나 학술적 가치에 대해 상세히 알지 못했고, 대략적인 내용만 어렴풋이 접했을 뿐이다. 그러나 불교 사상을 담은 고급 산스끄리뜨어 궁정시에 대한 막연한 이끌림과 호기심이 작은 씨앗이 되어 마음 어딘가에 남아 있었을지도 모르겠다.

『사운다라난다』 번역에 다시 뜻을 품게 된 것은 우리가 박사 학위 논문을 마무리한 지 얼마 되지 않은 시점이었다. 불교소장학자 번역 지원사업에 대한 기사를 접한 것은 마음속에 심어진 씨앗을 발아시켜 주는 좋은 계기였다. 불교 철학의 심오함뿐 아니라 문학적 아름다움이 절묘하게 접목된 이 작품에 대한 확신, 그리고 이 번역이 불교학계의 저변을 풍성하게 만들어줄 수 있으리라는 기대 또한 해당 사업에 지원할 수 있는 동력이 되었다. 이제 막 박사 학위를 따 의욕에 찬 마음뿐 별다른 이력도 없던 두 사람이 책을 출판하기란 쉽지 않은 일이었기에 『사운다라난다』의 가치에 대해 사업회가 주목해 주기를 바라는 마음으로 지원을 결심하였다. 감사하게도 2017년 불교소장학자 번역 지원 사업의 후원을 받게 되었고, 이는 씨앗이 자라날 수 있는 단단한 밑거름이 되었다. 그리하여 이십여 년 전 마음속에 심긴 작은 씨앗은 여러 인연과 계기가 닿아 마침내 한국어 번역이라는 자그마한 결실을 맺게 되었다. 우리가 일구어낸 이 작은 열매가 독자들에게 그저 달콤한 한 방울의 즙으로나마 맛볼 수 있는 계기가 되기를 바랄 뿐이다.

『사운다라난다』의 작가와 작품 소개

『사운다라난다』는 저명한 시인이자 불교 승려인 아쉬바고샤(Aśvaghoṣa, 馬鳴)의 작품이다. 1~2세기경에 활동한 것으로 추정되는 아쉬바고샤는 까비야(kāvya) 장르의 대가로서, 불교 사상과 예술적 표현의 융합에 탁월한 업적을 남겼다. 까비야는 정교한 운율과 수사, 언어적 아름다움으로 서사를 담아내는 산스끄리뜨 문학의 중요 장르이며, 본 작품은 그중에서도 마하까비야(Mahākāvya)에 속한다. 마하까비야는 서사적 줄기를 지니고 8~30장(章, sarga)의 구성을 지닌 정형시이며, 그 소재는 옛 설화나 신화 혹은 역사적 사실에 기반한 이야기를 대상으로 삼는다. 본 작품의 소재 또한 초기 빨리어 우다나(Udāna)와 자따까(Jātaka) 및 싱할리어 전승에서 다양한 버전의 설화로 등장하는 이야기이며, 아마도 당대 인도인들에게는 잘 알려진 설화였을 것이다. 제목 사운다라난다(Saundarananda)는 '아름다운(Sundara) 난다(Nanda)에 관한 이야기'를 뜻한다. 작품 내에서도 난다는 아름다운 외모를 가진 것으로 묘사되며 사랑의 신 까마데바의 별칭이기도 한 순다라(아름다운 사람, 잘생긴 사람)라는 별명으로 불린다. 설일체유부의 율장에서는 난다가 비파시불 시대의 전생에 욕탕을 보시하였을 뿐 아니라 불탑에 황금빛 안료를 바르고 산개(傘蓋)를 씌우는 선업을 행하여 도덕적인 정결함과 아름다운 외모를 얻었던 것으로 전한다. 결국 이 이야기는 외모가 아름다운 것으로 유명했던 난다가 수행을 통해 진정한 아름다움을 갖춘 자로 거듭나게 되는 과정을 담고 있는 것으로도 볼 수 있을 것이다.

특히 본 작품은 문학적 아름다움과 철학적 깊이를 더하는 작품 내의 특징뿐 아니라 이른 시기에 작성된 초기 까비야로서도 문학사적인 중요성을 지닌다. 아쉬바고샤의 작품들은 함축적이고 세련된 시어(詩語)와 풍부한 상징을 바탕으로 문학적 완성도가 뛰어나며, 이후 인도의 시성(詩聖)으로도 일컬어지는 깔리다사(Kālidāsa)를 비롯한 여러 시인들에게까지 영향을 미친 것으로 알려져 있다. 『불소행찬(佛所行讚)』이라는 한역(漢譯)의 제목으로 동아시아에도 널리 알려진 그의 또 다른 대표작 『붓다짜리따*Buddhacarita*』는 석가모니 붓다의 생애를 아름다운 시로 엮어내어 불교 문학의 정수를 보여준다. 그의 작품들은 문학과 종교의 경계를 초월하여 인간 본성에 대한 깊은 통찰을 제공한다.

『붓다짜리따』는 탄생부터 출가, 고행, 항마(降魔)와 깨달음에 이르기까지 싯다르타(석가모니)의 전기(傳記)를 그린 작품으로, 붓다의 일대기를 줄거리로 삼는다. 이에 반해 『사운다라난다』는 붓다의 이복동생인 난다(Nanda)의 출가와 수행, 깨달음의 과정을 집중적으로 다루고 있다. 『붓다짜리따』가 왕자로서의 싯다르타가 인생의 고통을 자각하여 출가하고 깨달음을 성취하는 과정을 묘사하면서 자비와 지혜 등 불교 이념을 보여준다면, 『사운다라난다』는 난다라는 한 인간이 감각적 사랑과 욕망의 굴레에서 벗어나 치열한 수행을 거쳐 열반에 이르는 변화를 세밀하게 그려낸다. 이처럼 『사운다라난다』의 가장 큰 미덕 중 하나는 이 이야기의 주인공 난다가 비범한 능력을 가진 초월적인 존재가 아니라, 욕망에 이끌리고 자기합리화를 통해 잘못된 길에 들기도 하며 한없이 고뇌하는, 그야말로 평범하기 그지없는 인간이라는 데에 있을 것이다. 저자 아쉬바고샤는 이 평범한 인간이 해탈을 향해 나아가는 지난하고 고된 여정을 섬세하고도 아름다운 필치로 그려내고 있다.

본 작품의 이러한 인간적 측면은 현대 독자들에게 강한 공감을 불러일으킨다. 난다의 내적 갈등과 성장 과정은 시대와 문화를 초월하여 우리 모두가 경험하는 인간 본성에 대한 깊은 성찰을 담고 있다. 아쉬바고샤는 초월적 가르침을 전달하면서도 평범한 인간이 부딪히는 현실에서 결코 괴리되지 않는 지혜를 보여준다.

작품의 구조와 내용

『사운다라난다』는 총 18장으로 구성된 서사시로, 주인공 난다가 세속적 욕망과 내적 갈등을 극복하며 수행의 여정을 통해 깨달음에 이르는 과정을 섬세하게 묘사하고 있다. 작품의 전체적 구조는 크게 세 부분으로 나눌 수 있다.

첫째, 도입부(1~4장)에서는 이야기의 배경과 인물에 대한 소개를 중심으로 한 서사가 담겨 있다. 까삘라바스뚜 왕국의 건설 배경, 붓다와 난다의 탄생과 성장이 주된 내용이며, 이상적인 도시와 이를 다스리는 훌륭한 왕의 모습, 붓다의 출가와 성도, 난다와 그의 아내 순다리의 사랑이 묘사된다.

둘째, 중반부(5~11장)에서는 난다의 출가와 고뇌가 주된 내용이다. 붓다의 권유에 따른 난다의 출가와 내적 갈등, 그리고 수행의 초기 단계가 전개된다. 여인에 대한 애착과 세속적 욕망에서 벗어나는 과정의 갖가지 장애와 난관이 생생하게 드러나며, 붓다의 가르침을 통해 점차 수행의 길로 들어서는 난다의 모습이 그려진다.

셋째, 후반부(12~18장)에서는 난다의 본격적인 수행과 깨달음에 이르는 과정이 상세히 나타난다. 붓다의 교설이 상당 부분을 차지하는 가운데 수행 생활의 다양한 지침과 감각의 제어, 마음챙김의 실천, 불교의 핵심 교리인 사성제(四聖諦)의 이해를 통해 궁극적 해탈에 도달하는 난다의 여정이 펼쳐진다.

각 장의 주요 내용

1. 까삘라바스뚜에 대한 설명(kapilavāstuvarṇanaḥ)

이 장은 붓다의 고향인 까삘라바스뚜의 탄생 연원을 그리고 있다. 위대한 성자 까삘라 가우따마(Kapila Gautama)의 이름을 딴 도시의 건설을 담고 있으며, 성자가 머무르는 은둔처의 신성하고 평화로운 땅과 자연을 아름답고 생생하게 묘사하면서 시작된다. 은둔처는 숲, 강, 연못, 짐승들, 그리고 고행자들이 조화롭게 머무는 이상향으로 그려지며, 이후 익슈바꾸의 후예인 왕자들이 찾아와 까삘라 성자로부터 가르침을 받은 후, 성자의 유훈에 따라 도시를 건설하게 된다. 도시는 그의 이름을 따 '까삘라바스뚜'로 명명되고, 붓다가 속한 샤끼야(Śākya, 석가)족은 이곳에서 세대를 거듭하여 번영을 이어간다.

2. 왕에 대한 묘사(rājavarṇanaḥ)

이 장은 붓다의 부친인 샤끼야족의 슛도다나(Śuddhodana, 淨飯) 왕에 대한 찬미를 담고 있다. 슛도다나에 대한 서술은 불교 이전의 이상적인 지도자상을 보여준다고 할 수 있는데, 그는 강력한 지도자이자 자애로운 군주로서 지성과 용기를 겸비한 뛰어난 인물로 그려진다. 아울러 그는 수행자들을 공경하고 백성에게는 아버지와 같은 존재로서, 보편적인 윤리와 진리를 바탕으로 하여 올바른 가치인 다르마(dharma)를 따르는 통치자로 묘사된다. 이윽고 도솔천에서는 보살이 다르마를 위하여 지상에 태어나기로 서원하고, 슛도다나의 부인 마야(Māyā, 摩耶) 왕비가 싯다르타를 잉태하는 장면으로 이어진다.

3. 여래에 대한 묘사(tathāgatavarṇanaḥ)

이 장은 싯다르타가 출가하여 보리수 아래에서 깨달음을 얻는 과정과,

이후 까삘라바스뚜를 방문하여 사람들을 제도하는 이야기를 중심으로 전개된다. 출가 후 싯다르타는 여러 고행자들의 방법을 거부한 뒤 자신의 길을 찾아 보리수 아래에서 해탈에 도달한다. 그는 고귀한 깨달음을 얻은 후 중생을 위해 다르마의 수레바퀴를 굴리며, 사성제를 비롯한 법을 설파하고 많은 제자들을 깨우친다. 이후 까삘라바스뚜로 돌아와 아버지를 비롯한 친족들을 교화하고, 그들이 가르침에 따라 실천하고 번영하는 모습을 묘사하며 장을 마무리한다.

4. 아내의 애원(bhāryāyācitakaḥ)

난다와 그의 아내 순다리(Sundarī)의 관능적인 사랑 이야기가 중심을 이루는 이 장에는 떠나는 남편의 귀환을 바라는 순다리의 애원이 담겨 있다. 특히 시인 아쉬바고샤의 언어 유희와 수준 높은 표현력이 돋보이는 게송들이 배치되어 산스끄리뜨어의 아름다움을 맛볼 수 있는 장이라 할 수 있다. 사랑하는 아내와의 유희에 빠진 채 붓다가 탁발 온 것을 눈치채지 못한 난다는 붓다께 사죄를 하기 위해 집을 떠나기로 결심한다. 순다리와의 이별 장면에서는 애욕에 흔들리는 난다의 마음이 섬세하고도 정서적으로 묘사되며, 난다를 보내는 순다리의 모습 또한 깊은 슬픔과 두려움을 담아 아름답게 그려지고 있다. 난다는 아내에 대한 애착과 붓다를 향한 존경심 사이에서 갈등하지만 결국 붓다를 찾아 길을 떠난다.

5. 난다의 출가(nandapravrājanaḥ)

이 장에서 난다는 붓다의 설득으로 인해 마지못해 출가를 결심하게 되지만, 여전히 순다리에 대한 애착과 세속적 욕망에서 벗어나지 못하고 있다. 붓다는 난다에게 계율과 수행을 강조하며 그가 욕망에서 벗어날 수 있도록 돕고, 난다는 붓다의 가르침을 받으며 출가 생활에 들어선다.

6. 아내의 절망(bhāryāvilāpaḥ)

이 장은 돌아오지 않는 남편을 기다리며 지쳐가는 순다리의 모습을 그리고 있다. 남편 난다가 떠난 후 깊은 슬픔에 빠진 순다리의 모습을 통해 인간의 사랑과 애착, 그리고 상실의 비극이 묘사되어 있다. 그녀는 남편에 대한 여러가지 상상에 빠진 채 괴로워하고, 시녀들의 위로를 받으며 마음을 정리하려 한다. 여인의 순수한 사랑과 남편에 대한 그리움, 나아가 남편의 출가 소식을 접했을 때 느끼는 절망과 고통이 섬세하고도 생생하게 그려진다.

7. 난다의 절망(nandavilāpaḥ)

출가한 난다는 봄의 기운이 완연한 자연을 보며 아내를 떠올리고, 자신의 선택에 갈등을 느낀다. 그는 애욕에 휘둘렸던 신과 영웅, 성자 등 다양한 신화적 인물들의 이야기를 떠올리며 그들에게 자신을 투영하고, 집으로 돌아가고픈 마음을 정당화하려 한다. 이 장은 평범한 인간으로서 난다가 겪는 내적 갈등을 서사시와 신화의 풍부한 소재들을 통해 묘사하며, 결국 그는 출가의 길을 포기하려는 결심에 이르게 된다.

8. 여인에 대한 부정(strīvighātaḥ)

아내에 대한 그리움으로 절망에 빠진 난다는 곁에서 수행에 매진하던 한 사문에게 자신의 고충을 털어놓는다. 동료 사문은 난다가 여인에 대한 애착에서 벗어날 수 있도록 직설적으로 경고하고 충고한다. 그는 여인이 지닌 위험성과 외적 아름다움의 무상함에 대해 다양한 비유를 통해 예를 들어 가며 난다를 깨우치려 한다. 이 장은 난다와 사문 간의 대화를 중심으로 진행되며, 인간의 욕망과 애착이 초래하는 고통과 재난을 논하며 애착에서 벗어나는 길을 제시한다.

9. 욕망의 부정(madāpavādaḥ)

한 차례 충고를 듣고서도 마음을 다잡지 못한 난다에게 동료 사문은 힘, 외모, 젊음의 무상함에 대한 다양한 비유를 통해 애착을 버리는 방법을 가르치려 한다. 그러나 난다는 여전히 정욕을 버리지 못한 채 번뇌에 휘둘리고, 동료 사문은 결국 붓다께 이 사실을 고한다. 이 장에서는 무상한 대상들에 대한 욕망과 집착을 극복하기 위해 필요한 노력을 강조하며, 여전히 고뇌하는 난다의 모습을 그려낸다.

10. 천계의 현시(śikṣāpadāni)

집으로 돌아가려는 난다의 결심에 대해 들은 붓다는 난다를 데리고 히말라야 상공의 천계로 향한다. 붓다는 천계의 경이로운 경치와 아름다운 천녀들을 난다에게 보여주며, 욕망이 상위 차원의 존재에도 영향을 미친다는 점을 가르친다. 난다는 천녀들의 압도적인 아름다움에 사로잡혀 순다리에 대한 애착이 약해진 것을 느끼지만, 동시에 욕망의 무상성과 자신의 나약함을 깨닫고 붓다에게 다시금 가르침을 청한다. 붓다는 천녀들에 대한 난다의 욕망을 방편 삼아 그를 수행으로 이끈다. 이 장에서는 천계라는 공간을 통해 욕망의 대상이 지닌 무상함, 그리고 방편을 통한 발심의 과정을 묘사하고 있다.

11. 천계에 대한 부정(svargāpavādaḥ)

천녀들을 얻기 위해 수행을 시작한 난다에게 아난다(Ānanda)가 다가와 조언한다. 아난다는 천계에서도 영원하고 완전한 평화는 없으며, 결국 필멸로 돌아온다는 사실을 난다가 깨달을 수 있도록 다양한 비유와 옛 이야기를 통해 진심어린 충고를 전한다. 이 장에서는 잘못된 수행의 목적과 더불어 천계가 지닌 한계와 무상성을 논하며, 수행의 올바른 동기와 목적을 제시한다.

12. 통찰(pratyavamarśaḥ)

아난다의 조언을 통해 난다는 천녀를 목표로 수행했던 자신을 반성하고 진정한 다르마의 길을 걷기로 결심한다. 그는 천계의 무상함과 인간의 고통을 통찰하며, 고통의 원인을 제거하고 궁극적 깨달음으로 나아가는 단계로 진입한다. 올바른 길로 들어선 난다는 붓다에게 가르침을 청하고, 붓다는 다르마를 향한 의욕과 믿음에 대해 설한다. 이 장은 불교 수행론이 본격적으로 소개되는 장으로서 난다의 내적 성숙과 수행이 심화되는 과정이 담겨 있다. 또한 이후 이어지는 장들의 내용을 포함해서 저자 아쉬바고샤의 불교적 견해를 엿볼 수 있어 학술적 가치가 높은 것으로 평가된다.

13. 계를 통한 감관의 정복(śīlendriyajayaḥ)

정진할 준비가 된 난다에게 붓다의 가르침이 이어지며, 계(戒, śīla)의 실천을 통해 감관을 제어하는 방법이 설해진다. 붓다는 감관이 욕망을 초래하고 번뇌의 원인이 되기 때문에 계의 실천을 통해 이를 절제하고 억제해야 한다고 가르친다. 또한 감각적 유혹에 대처하기 위해 감각 기관들이 갈망하는 대상을 관찰하고, 이를 있는 그대로 받아들이는 훈련을 통해 애착과 혐오를 극복할 수 있음이 설해진다. 이 장에서는 감각 기관의 변덕스러움이 수행의 길에 큰 장애가 된다는 점이 강조되며, 난다는 감각적 속박에서 벗어나 평정심을 유지하는 법을 익히게 된다.

14. 첫 출발(ādiprasthānaḥ)

제13장에 이어 붓다의 가르침이 계속된다. 붓다는 과도한 음식은 신체를 둔화시키고, 너무 적은 음식은 수행에 필요한 에너지를 빼앗기 때문에 음식에 대한 절제가 필요함을 가르친다. 또한 취침 전 수행과 명상을 통

해 깨어 있는 상태를 유지하며, 감각을 제어하고 주의집중을 강화하는 법을 설하기도 한다. 아울러 홀로 머물며 고독을 실천하는 것이 정신적 평화와 지혜로 가는 중요한 과정임을 깨달아 몸소 실천해야 함을 설한다. 이 장에서는 음식이나 수면에 대한 절제와 주의집중의 강화 등 본격적인 수행에 임하는 수행자가 고려해야 할 세부 지침에 대해 언급한다.

15. 사변을 버림(vitarkaprahāṇaḥ)

수행에 대한 붓다의 교설이 이어진다. 이 장에서는 부정적 사고와 불선(不善)을 제거하고 대치(對治)로써 긍정적인 감정을 배양하는 방법, 자신과 관계된 것들이나 영원성에 대한 헛된 믿음을 버리는 방법 등에 대하여 다양한 비유를 통한 상세한 가르침이 담겨 있다. 붓다는 이러한 교설을 통해 난다에게 마음을 고요하게 유지하며 욕망의 대상에서 자유로워질 수 있도록 돕고, 불선한 생각을 자제하며 다르마를 실천하는 길로 이끈다.

16. 사성제에 관한 설법(āryasatyavyākhyānaḥ)

난다를 향한 붓다의 교설이 이어진다. 이 장은 사성제(四聖諦)의 가르침을 통해 윤회의 고통에서 벗어나기 위한 길을 설명한다. 제12장 수행방법에 대한 안내에서 시작된 붓다의 가르침은 이 장에 이르러 핵심적인 교학과 올바른 수행 방식의 적용 및 해탈지의 교설에 다다르게 된다. 여기서 붓다는 다섯 가지 신통과 고(苦), 집(集), 멸(滅), 도(道)의 네 가지 진리, 계(戒), 정(定), 혜(慧) 삼학(三學)과 팔정도(八正道)의 실천, 마음의 상태에 따른 올바른 수행방식을 설하고, 정진을 통해 번뇌를 소멸시키고 궁극적으로 열반에 도달할 수 있는 길을 제시한다.

17. 불사의 획득(amṛtādhigamaḥ)

이 장에서 난다는 붓다의 가르침에 따라 바르고 온전한 수습에 나아가며, 번뇌를 제거하고 해탈의 경지에 도달한다. 그는 몸과 마음을 통제하며 선정(禪定)을 통해 점진적으로 깨달음을 얻는다. 무상 · 고 · 공 · 무아에 대한 깨달음을 얻고, 네 가지 선정[四禪]을 거쳐 끝내 아라한(阿羅漢)의 경지에 도달한 그는 더 이상 윤회하지 않으며 완전한 해탈을 이룬다. 난다는 스스로의 노력을 통해 얻게 된 진정한 자유와 안락을 말하며 스승에 대한 깊은 감사의 마음을 표한다.

18. 깨달음의 수기(ājñāvyākaraṇaḥ)

드디어 난다는 완전한 해탈을 이루고 스승 붓다에게 자신의 성취를 알린다. 붓다는 난다의 성취를 칭찬하고, 그가 다른 중생들을 위해 설법하여 그들을 깨달음으로 이끌도록 당부한다. 난다는 스승의 가르침에 따라 세속적인 욕망에서 벗어나, 고통받는 중생들을 돕고자 하는 의지를 다지며 설법의 길로 나선다.

작품의 가치와 의의

이 작품은 불교 문학뿐 아니라 인도 산스끄리뜨 문학사에서도 매우 이른 시기에 만들어진 걸작으로 평가된다. 더군다나 불교적 주제를 고전 산스끄리뜨 까비야(kāvya) 양식으로 표현한 최초의 사례 중 하나로, 고전 산스끄리뜨 문학 전통의 미학을 능숙하게 활용함으로써 불교 문학의 저변을 한층 풍부하게 만드는 원동력이 되었다.

당시의 독자층이 산스끄리뜨를 사용하는 브라만이나 끄샤뜨리야 계층이었던 점을 감안하면 이러한 선택은 불교 사상을 이들 계층에게 전달하려는 의도가 포함된 것으로 해석되며, 동시에 전통적으로 여러 지역어를 사용하던 불교계에 산스끄리뜨 문학의 가치를 소개한 시도이기도 하다. 그 결과 아쉬바고샤의 작품들은 북인도 불교의 "산스끄리뜨화(Sanskritization)" 과정에서 중요한 연결 고리로 언급된다.

문체상의 특징으로는 현란한 비유와 은유, 다층적 의미망을 갖춘 우아한 표현이 두드러져, 겉보기에는 평이하면서도 깊은 함의를 담은 까비야의 전형을 보여준다. 실제로 이 작품은 감각적 쾌락을 묘사하는 생생한 서사인 동시에 그것을 넘어서 진리를 전달하는 교훈적 성격을 지니며, 주인공 난다의 너무나도 평범한 인간적인 번민과 그에 대한 극복을 통해 초월적 목적을 향한 한 인물의 성장기로서의 완성도 또한 뛰어나다.

한편 난다가 아내 순다리에 대한 그리움과 애욕을 극복하고 해탈지를 얻어가는 과정에서 설해지는 붓다의 가르침은 사실상 불교의 교리와 수행론을 응축하여 담은 것으로서, 아쉬바고사가 붓다와 난다의 대화를 빌려 불교 사상의 핵심을 추려 담아낸 것이라 할 수 있다. 예를 들어 무상(無常)과 고(苦)의 인식, 사성제에 대한 통찰 등의 교학적 내용과 더불어 계를 지키는 것의 중요성, 음식과 수면에 대한 절제 등 수행자에 대한 지침뿐 아니라, 일상 생활에서 활용할 수 있는 실천적 지혜에 대해서도 다양한 비유를 통해 상당한 게송을 할애하여 설하고 있다. 일부 학자들은 작품 내에 나타난 수행론을 분석하여 아쉬바고샤의 부파 소속에 대한 연구를 진행하였고, 이는 『사운다라난다』의 학술적 가치를 방증하는 것이기도 하다. 중요한 것은 그가 자신의 독자들에게 불교의 교리적 정수와 수행 방법을 생동감 있게 전달함으로써 독자들로 하여금 불교에 대한 관심과 수행 의욕을 일으키고자 했다는 점이며, 번역을 하면서 작품 전체를 접한 입장에서 이는 꽤나 성공적이라고 생각된다.

판본과 이역본

『사운다라난다』의 산스끄리뜨 사본은 1908년 네팔의 한 도서관에서 샤스뜨리(H. Shastri)에 의해 처음 발견되었다. 그의 출판 이후 1928년에 존스턴(E. H. Johnston)이 산스끄리뜨 교정본을 출간하고 1932년에 *The Saundarananda or Nanda the Fair*라는 영문 번역을 간행함으로써 학계에 소개되었다. 이를 통해『사운다라난다』에 대한 문학적, 불교 교학적 연구들이 활발히 진행될 수 있었다.

또 다른 영역본으로는 2007년 클레이 산스끄리뜨 시리즈(The Clay Sanskrit Series)를 통해 린다 코빌(Linda Covill)의 *Handsome Nanda by Aśvaghoṣa*, 마이크 크로스(Mike Cross)가 온라인으로 공개한 번역인 2016년 *Aśvaghoṣa's Gold, Translation of Buddhacarita and Saundarananda*가 출판되어 있으며, 번역 과정에서 이들을 주로 참고하였다. 아울러 번역이 포함되어 있지는 않지만 교토대학의 아담 캣(Adam Catt, 2016)의 에디션이 온라인으로 공개되어 있다.

그 외에 본 번역에서 참고한 힌디어 번역으로는 자가디쉬 찬드라 미슈라(Jagadish Chandra Mishra)의 *Saundarananda Mahakavya of Sri Asvaghosa*(2011)가 있으며, 일본어 번역으로는 마츠나미 세이렌(松涛誠廉)의 유고집(遺稿集)을 통해 공개된『端正なる難陀』(1983)가 있다.

이 책의 번역 작업은 존스턴의 교정본 원문에 바탕을 두되, 앞서 열거한 다양한 판본의 원문을 대조하며 각 번역과 주석을 참고하여 일부 원문을 교정하였다. 아울러 책의 구성면에서는 클레이 산스끄리뜨 시리즈의 형식을 참고했다. 클레이 시리즈는 작품의 서사적 성격을 살려 대부분의 원문을 산문 형태로 번역하여 독자들이 현대 문학을 접하듯 읽을 수 있게 하면서도 산스끄리뜨 원문과 영역을 페이지 양쪽에 배치하여 운문으로 된 원문을 함께 볼 수 있도록 하는 형식을 취하고 있다. 이 번역서는 이를 참고하여 원문과국역을 양쪽 페이지에 배치하면서 가능한 한 시의 형식을 살려 전체를 운문 형식으로 번역하였고, 독자들의 이해를 돕기 위해 번역 과정에서 임의로 작성한 소제목을 추가하였다.

번역 작업 과정 소개

전체 18장 1,063개 게송으로 이루어진 이 책의 번역 작업은 원문 번역, 1차 교정, 주석 달기, 2차 교정 등의 순서로 진행되었다. 원문 번역은 역자들이 번갈아가며 매주 강독하는 형식으로 진행하였고, 이 과정에서 여러 선후배들이 함께 해주었다. 그들의 훌륭한 조언과 아이디어를 참고하여 전체 원문의 초벌을 끝낸 후 역자들이 교차적으로 읽어나가며 교정 작업을 거쳤고, 이 과정에서 각주를 추가하거나 삭제하기도 하였다.

초벌 작업에서는 산스끄리뜨 원어의 한국어 독음 표기에 대해 현행 국어 외래어 표기법에 따라 된소리 대신 거센소리(ㅋ, ㅊ, ㅌ, ㅍ 등)를 사용했고, 직역이나 의역에 따른 번역어 선택 과정에 대해 산스끄리뜨 문법과 함께 설명하는 각주를 상세히 달기도 하였다. 그러나 불교소장학자지원사업회의 출판 심사 과정에서 번역 지침과 관련된 다소간의 변화를 겪게 되었다. 예컨대, 현지어에 가까운 산스끄리뜨 표기와 가독성을 위한 과도한 각주의 삭제, 클레이 시리즈 형식의 책 구성 등 독자들이 편하고 익숙하게 읽을 수 있는 방식을 심사위원들에게 제안 받았고, 그에 따라 2차 교정을 진행하였다. 아울러 교정을 보는 과정에서 불교의 교학적인 측면에 대해서도 여러 도움을 받아 많은 보완을 거칠 수 있었다. 이로써 완벽하지는 않지만 원문의 의미를 가급적 살리면서도 국내 독자들이 문학 작품을 읽듯 편하게 읽어내려갈 수 있는 책이 될 수 있게끔 노력을 기울일 수 있었다.

다만 고유명사를 비롯하여 국어로 표현하기 어려운 산스끄리뜨 단어는 원어 독음을 그대로 수록하되 각 장에 포함된 미주에 이해를 돕기 위한 설명을 덧붙였다. 한국인들에게는 낯선 단어나 이름들이 종종 등장하지만 아무쪼록 고유명사임을 감안하여 읽어주기를 바란다. 또한 아쉬바고샤의 원문은 산스끄리뜨 단어의 운율과 라임(rhyme)을 풍부하게 활용하여 함축적이면서도 리드미컬한 아름다운 시로 이루어져 있지만, 번역 과정에서 운율적 리듬과 라임을 살리는 데에는 한계가 있었기에 가급적 대구를 이루거나 시적으로 표현될 수 있도록 최대한 노력하였다.

번역 작업에 대한 소회

19세기 프랑스 시인 말라르메가 "시는 낱말에 의해 쓰여진다"고 했던 것처럼, 『사운다라난다』 역시 함축적인 산스끄리뜨 낱말의 울림과 리듬에 의해 정교하게 직조되어 있지만, 한국어로 번역하는 과정에서 이 치밀한 아름다움을 오롯이 살리기에는 본 역자들의 역량이 그저 부족하다고 변명할 수밖에는 없다.

결과적으로 산스끄리뜨 까비야(kāvya)가 지닌 본연의 다의성(多義性)이나 함축성, 운율의 리듬, 수사적 아름다움은 다소 퇴색하였을지도 모르겠다. 다만 이 글을 읽는 한국 독자들을 위해 원문의 직역보다는 얼마 간의 의역을 불사하더라도 나름대로 쉬이 읽힐 수 있는 글로 빚어내고자 노력하였다는 데에 그 의의를 두고자 한다. 아울러 이러한 과정에서 원문에는 없지만 이야기의 맥락에 따라 임의로 소제목을 붙여 이야기의 전체적인 흐름을 비교적 쉽게 볼 수 있게끔 하였다.

『사운다라난다』는 문학적 아름다움과 불교적 수행론의 가치를 탁월하게 조화시킨 작품이다. 작품 속에는 인간의 고뇌와 성장, 그리고 깨달음이라는 보편적 주제가 담겨 있으며, 이를 통해 불교 수행의 본질을 서사적으로 전달한다. 난다의 여정은 단순한 종교적 이야기를 넘어, 현대인들이 직면하는 욕망과 집착, 그리고 내적 평화의 추구라는 주제와도 깊이 연결된다.

이 작품은 단순한 고전 문학 텍스트를 넘어, 삶을 깊이 이해하는 도구로서 현대 독자들에게도 여전히 중요한 메시지를 전한다. 내면의 성찰과 자기 변화를 통한 해방이라는 주제는 시공간을 초월하여 인간 경험의 핵심을 건드린다. 특히 현대 사회의 물질적 욕망과 정신적 공허함 속에서, 『사운다라난다』는 진정한 행복과 평화를 찾기 위한 지혜의 원천으로 작용할 수 있다.

부족하나마 이 번역본을 통해 『사운다라난다』라는 작품이 국내 독자들에게 알려져 불교 문학의 아름다움과 지혜가 공유될 수 있기를 바란다. 아쉬바고샤가 이 작품을 통해 브라만과 왕들을 교화시키고자 했던 것처럼 이 책을 접한 사람들이 자신의 욕망과 생활에 대해 한 번쯤 되돌아보는 계기가 된다면, 그리하여 이천 년 전 인도에서 비롯된 아쉬바고샤의 의도가 작금의 한국에서 조금이나마 실현된다면 역자들에게는 그야말로 보람 있는 일이 될 것이다.

2017년 이후 이 책이 완성되기까지 거의 8년의 시간 동안 많은 분들의 도움을 받았다. 강독을 진행할 때마다 참여하며 중요한 코멘트를 주신 방정란 박사님, 꼼꼼한 감수와 더불어 수행론과 불교학 용어에 대하여 가르침을 주신 김성철 교수님과 완성도 높은 번역서 출판을 위해 많은 조언을 해주신 황순일 교수님, 바쁘신 와중에도 꼼꼼하게 번역을 감수하며 소중한 의견을 전달해 주신 박문성 신부님께 이 자리를 빌려 심심한 감사의 마음을 전하고 싶다. 아울러 열악한 환경 속에서 불교 소장학자 지원 사업에 힘써주신 법상스님과 김종환 선생님, 그리고 씨아이알 김성배 사장님과 최장미 님께도 감사의 인사를 전한다. 무엇보다 긴 번역 작업 동안 바쁜 일과와 개인사로 지치고 게을러질 때마다 서로를 독려하고 시간과 노력을 양보하며, 드디어 『사운다라난다』 번역의 짐을 벗게 된 우리 역자 서로에게도 응원과 축하를 보내고 싶다.

아쉬바고샤는 이 책을 마치면서 자신의 작품을 일컬어 "꿀을 섞어 쓰디쓴 약을 마실 수 있게 하는 것"이라고 비유했다. 해탈이라고 하는 초월적 목표나 어려운 불교의 가르침을 재미있는 이야기에 엮어내어 누구나 쓴 약을 달게 마실 수 있도록 했다는 뜻일 것이다. 저자의 이러한 의도에 발맞추어, 독자들이 흥미롭게 읽으면서도 불교의 가르침과 통찰에 대해 배워나가고, 나아가 자신의 삶에 조금이나마 긍정적인 영향을 줄 수 있다면 그저 본 번역의 목적을 다하는 것이 아닐까 조심스레 안도해 보며 서문을 마친다.

최지연, 류현정

차례

제1장

까삘라바스뚜에 대한 설명

kapilavāstuvarṇanaḥ

|| oṃ namo buddhāya ||

gautamaḥ kapilo nāma
munir dharmabhṛtāṃ varaḥ |
babhūva tapasi śrāntaḥ
kākṣīvān iva gautamaḥ || 1.1 ||

aśiśriyad yaḥ satataṃ
dīptaṃ kāśyapavat tapaḥ |
āśiśrāya ca tadvṛddhau
siddhiṃ kāśyapavat parām || 1.2 ||

havīṃṣi yaś ca svātmārthaṃ
gām adhukṣad vasiṣṭhavat |
tapaḥśiṣṭeṣu śiṣyeṣu
gām adhukṣad vasiṣṭhavat || 1.3 ||

māhātmyād dīrghatapaso
yo dvitīya ivābhavat |
tṛtīya iva yaś cābhūt
kāvyāṅgirasayor dhiyā || 1.4 ||

tasya vistīrṇatapasaḥ
pārśve himavataḥ śubhe |
kṣetraṃ cāyatanaṃ caiva
tapasām āśramo 'bhavat || 1.5 ||

성자 까삘라 가우따마

옴, 붓다께 경배드립니다.

까삘라 가우따마[1]라는 이름의 성자는
뛰어난 다르마[2]의 수호자이니,
깍시밧 가우따마[3]와 같이
금욕행으로 고행자가 되었습니다. ‖ 1.1 ‖

그는 언제나 타오르는 태양같이[4]
격렬한 고행에 전념했고,
후에 [고행이] 증장하여 까쉬야빠 성자처럼
최고의 성취에 도달하였답니다. ‖ 1.2 ‖

바시슈타[5]가 제사를 지낼 적에
자신을 위해 소젖을 짜내었듯,
그는 제자들이 고행할 적에
바시슈타처럼 가르침을 주었습니다. ‖ 1.3 ‖

위대함으로는
디르가따빠스[6]에 버금가는 자요,
수행으로는
까비야[7]와 앙기라스[8]에 이어
세 번째인 자였지요. ‖ 1.4 ‖

히말라야 산기슭 청정한 곳에서
수없이 고행에 매진한 그에게는
자리한 곳이 어디든
고행을 위한 수행처가 되었답니다. ‖ 1.5 ‖

āruvīruttaruvanaḥ
prasnigdhamṛduśadvalaḥ |
havirdhūmavitānena
yaḥ sadābhra ivābabhau || 1.6 ||

mṛdubhiḥ saikataiḥ snigdhaiḥ
kesarāstarapāṇḍubhiḥ |
bhūmibhāgair asaṃkīrṇaiḥ
sāṅgarāga ivābhavat || 1.7 ||

śucibhis tīrthasaṃkhyātaiḥ
pāvanair bhāvanair api |
bandhumān iva yas tasthau
sarobhiḥ sasaroruhaiḥ || 1.8 ||

paryāptaphalapuṣpābhiḥ
sarvato vanarājibhiḥ |
śuśubhe vavṛdhe caiva
naraḥ sādhanavān iva || 1.9 ||
nīvāraphalasaṃtuṣṭaiḥ
svasthaiḥ śāntair anutsukaiḥ |
ākīrṇo 'pi tapobhṛdbhiḥ
śūnyaśūnya ivābhavat || 1.10 ||

성자 까삘라 가우따마의 수행처

[수행처의] 숲은 풀과 나무들로 우거지고,
강은 몹시 부드럽고 잔잔했으며,
[제사지내는 불이 뿜어내는] 연기로 자욱하여
언제나 구름처럼 보였습니다. ‖ 1.6 ‖

[땅은] 모래처럼 부드럽고도 비옥하며,
황백색 사프란꽃이 융단마냥 뒤덮여 있으되,
대지 곳곳에 오염됨이 없으니,
마치 몸에 성유(聖油) 두른 이와 같았습니다. ‖ 1.7 ‖

청정하며 성지로 알려져 있어
행복을 늘리는 곳이요,
연꽃 만발한 호수는
마치 벗과 같이 머물렀지요. ‖ 1.8 ‖

어디에나 열매와 꽃들이 풍부하여
아름다운 숲을 이루었으니,
마치 수행이 높은 사람처럼
빛나고 번성하였답니다. ‖ 1.9 ‖

쌀과 과일만으로 만족하고
자족하고 적정하며 평화로운
고행자들로 가득하였으니,
마치 비어 있는 듯 [고요했답니다]. ‖ 1.10 ‖

agnīnāṃ hūyamānānāṃ
śikhināṃ kūjatām api |
tīrthānāṃ cābhiṣekeṣu
śuśruve tatra nisvanaḥ || 1.11 ||

virejur hariṇā yatra
suptā medhyāsu vediṣu |
salājair mādhavīpuṣpair
upahārāḥ kṛtā iva || 1.12 ||

api kṣudramṛgā yatra
śāntāś ceruḥ samaṃ mṛgaiḥ |
śaraṇyebhyas tapasvibhyo
vinayaṃ śikṣitā iva || 1.13 ||

saṃdigdhe 'py apunarbhāve
viruddheṣv āgameṣv api |
pratyakṣiṇa ivākurvaṃs
tapo yatra tapodhanāḥ || 1.14 ||

yatra sma mīyate brahma
kaiścit kaiścin na mīyate |
kāle nimīyate somo
na cākāle pramīyate || 1.15 ||

nirapekṣāḥ śarīreṣu
dharme yatra svabuddhayaḥ|
saṃhṛṣṭā iva yatnena
tāpasās tepire tapaḥ || 1.16 ||

신성한 영지의
정화의식 치르는 곳들에서는
희생 제사의 불에 공물 태우는 소리와
공작새 우는 소리만이 들려왔고, || 1.11 ||

신성한 제단에는
사슴들이 잠들어 있으며,
아름답고 향기로운 곡식과
마다비꽃[9]을 공물 삼은 것처럼 보였지요. || 1.12 ||

또한 유순한 어린 짐승들이
큰 짐승과 함께 다니니,
마치 [그들을] 돌보는 고행자들에게서
예의를 배운 듯하였습니다. || 1.13 ||

다시 태어나지 않는 것을 의심하고,
[제각기] 따르는 경전들의 내용이 달랐음에도,
뛰어난 고행자들이
마치 깨달은 이들처럼 그곳에서 수행했답니다. || 1.14 ||

어떤 이는 브라흐만을 사색하였고,
어떤 이도 상처 입는 일이 없었으며,
올바른 때에만 소마주(酒)[10]를 측량하니,
올바르지 않은 때에 측량하는 법이 없었지요.[11] || 1.15 ||

다르마에 대하여
자신의 견해를 지닌 고행자들은,
그곳에서 몸을 돌보지 않은 채
기꺼운 듯 성심껏 고행에 전념하였고, || 1.16 ||

śrāmyanto munayo yatra
svargāyodyuktacetasaḥ |
taporāgeṇa dharmasya
vilopam iva cakrire || 1.17 ||

atha tejasvisadanaṃ
tapaḥkṣetraṃ tam āśramam |
kecid ikṣvākavo jagmū
rājaputrā vivatsavaḥ || 1.18 ||

suvarṇastambhavarṣmāṇaḥ
siṃhoreskā mahābhujāḥ |
pātraṃ śabdasya mahataḥ
śriyāṃ ca vinayasya ca || 1.19 ||

arharūpā hy anarhasya
mahātmānaś calātmanaḥ |
prājñāḥ prajñāvimuktasya
bhrātṛvyasya yavīyasaḥ || 1.20 ||

mātṛśulkād upagatāṃ
te śriyaṃ na viṣehire
rarakṣuś ca pituḥ satyaṃ
yasmāc chiśriyire vanam || 1.21 ||

성자들은 천상에 가고저
노력하는 마음으로 그곳에서 고행하니,
고행을 향한 의욕이 넘쳐
다르마조차 소멸시킬 듯 수행하였답니다. ‖ 1.17 ‖

익슈바꾸 왕자들의 방문

어느 날,
익슈바꾸[12]의 후예인 어느 왕자들이
빛나는 자(까쉬야빠)가 머무는 고행의 장인 수행처에
머물고자 하여 찾아왔습니다. ‖ 1.18 ‖

황금 기둥 같은 몸과,
사자의 가슴, 강한 팔을 지닌 그들은
위대한 명성과 영예와 규율을 [담은]
[훌륭한] 그릇이나 진배없는 이들이었지요. ‖ 1.19 ‖

왕자들은 존귀한 성품을 갖추었고 지혜로웠으며
확고한 마음을 지녔기에,
비록 어린 이복동생이 존귀하지 못하고 지혜가 없는 데다
변덕스러운 마음을 지니고 있었음에도 ‖ 1.20 ‖

[이복동생의] 모친이 지참금으로 얻어낸 왕권을
취하려 하지 않았고,
[왕위다툼에서 물러나] 숲으로 들어오며
부왕과의 약조를 지켰던 것이었습니다.[13] ‖ 1.21 ‖

teṣaṃ munir upādhyāyo
gautamaḥ kapilo 'bhavat |
gurugotrād ataḥ kautsās
te bhavanti sma gautamāḥ || 1.22 ||

ekapitror yathā bhrātroḥ
pṛthagguruparigrahāt |
rāma evābhavad gārgyo
vāsubhadro 'pi gautamaḥ || 1. 23 ||

śākavṛkṣapraticchannaṃ
vāsaṃ yasmāc ca cakrire |
tasmād ikṣvākuvaṃśyās te
bhuvi śākyā iti smṛtāḥ || 1.24 ||

sa teṣāṃ gautamaś cakre
svavaṃśasadṛsīḥ kriyāḥ |
munir ūrdhvam kumārasya
sagarasyeva bhārgavaḥ || 1.25 ||

kaṇvaḥ śākuntalasyeva
bharatasya tarasvinaḥ |
vālmīkir iva dhīmāṃś ca
dhīmator maithileyayoḥ || 1.26 ||

가우따마족의 성자 까삘라가
그들의 스승이 되었으니,
그리하여 '까웃사'라는 성을 지녔던 그들은
스승의 성을 따라 '가우따마'가 되었습니다. ‖ 1.22 ‖

마치 아버지가 같은 두 형제가
서로 다른 스승을 모시고 [각기 다른 이름을 받으니],
라마(발라라마)는 '가르기야'가 되고
바수바드라(끄리슈나) 또한 '가우따마'가 된 것과 같았지요. ‖ 1.23 ‖

한편 왕자들은
샤까나무 드리워진 곳에서 살았기에
익슈바꾸의 후예인 그들이
세상에서는 '샤끼야'라고 알려지게 되었답니다.[14] ‖ 1.24 ‖

가우따마 성자는 제 아들에게 하듯
왕자들을 대하였으니,
마치 바르가바 성자가
[부친이] 죽은 후의 사가라 왕자에게 하듯이, ‖ 1.25 ‖

마치 깐바 성자가
샤꾼딸라의 [아들] 용맹한 바라따에게 하듯이,
마치 발미끼 현자가
마이틸리(시따)의 현명한 두 아들에게 하듯이 하였지요.[15] ‖ 1.26 ‖

tad vanaṃ muninā tena
taiś ca kṣatriyapuṃgavaiḥ |
śāntāṃ guptāṃ ca yugapad
brahmakṣatraśriyaṃ dadhe || 1.27 ||

athodakalaśaṃ gṛhya
teṣāṃ vṛddhicikīrṣayā |
muniḥ sa viyad utpatya
tān uvāca nṛpātmajān || 1.28 ||

yā patet kalaśād asmād
akṣayyasalilān mahīm |
dhārā tām anatikramya
mām anveta yathā kramam || 1.29 ||

tataḥ paramam ity uktvā
śirobhiḥ praṇipatya ca |
rathān āruruhuḥ sarve
śīghravāhān alaṃkṛtān || 1.30 ||

tataḥ sa tair anugataḥ
syandanasthair nabhogataḥ |
tad āśramamahīprāntaṃ
paricikṣepa vāriṇā || 1.31 ||

가우따마 성자와 끄샤뜨리야 영웅들이 있기에,
성자와 전사들의 영광을 통하여
그 숲은 [성자의] 평화와 [전사의] 보호를
더불어 얻을 수 있었답니다. || 1.27 ||

가우따마 성자의 예언과 죽음

어느 날, 가우따마 성자는
왕자들을 성숙하게 하고자
물병을 들고서 공중으로 올라가
그들에게 말하였습니다. || 1.28 ||

"이 멈추지 않는 물이 있는 병에서
[물이] 땅에 떨어지면
물 자국이 [생길 것이니,] 그것을 넘지 말고
차례대로 나를 따르도록 하거라." || 1.29 ||

이에 [왕자들은 스승께]
"그리 하겠나이다."
말씀드리고 머리를 조아린 후,
모두 아름답게 꾸며진 날랜 전차에 올랐으니, || 1.30 ||

이윽고 전차에 탄 왕자들과
공중에 뜬 가우따마 성자는
수행처의 땅에 물을 뿌려
경계를 [만들었습니다]. || 1.31 ||

aṣṭāpadam ivālikhya
nimittaiḥ surabhīkṛtam |
tān uvāca muniḥ sthitvā
bhūmipālasutān idam || 1.32 ||

asmin dhārāparikṣipte
nemicihnitalakṣaṇe |
nirmimīdhvaṃ puraṃ yūyaṃ
mayi yāte triviṣṭapam || 1.33 ||

tataḥ kadācit te vīrās
tasmin pratigate munau |
babhramur yauvanoddāmā
gajā iva niraṅkuśaḥ || 1.34 ||

baddhagodhāṅgulīvāṇā
hastaviṣṭhitakārmukāḥ |
śarādhmātamahātūṇā
vyāyatābaddhavāsasaḥ || 1.35 ||

jijñāsamāṇa nāgeṣu
kauśalaṃ svāpadeṣu ca |
anucakrur vanasthasya
dauṣmanter devakarmaṇaḥ || 1.36 ||

tān dṛṣṭvā prakṛtiṃ yātān
vṛddhān vyāghraśiśūn iva |
tāpasās tadvanaṃ hitvā
himavantaṃ siṣevire || 1.37 ||

상서로운 무늬로 꾸며진 장기판처럼
[땅에 경계를] 그리고 나서,
성자는 멈추어 선 채
왕자들에게 이렇게 말씀하셨지요. || 1.32 ||

"내가 천상으로 간 후에,
물이 뿌려지고 수레바퀴 자국 찍힌 이곳에
너희는 도시를 일구도록 하여라." || 1.33 ||

그 후 어느 때에 성자가 세상을 떠나자,
그 영웅들은 마치 조련봉 없는 코끼리마냥
고삐 풀린 젊음으로 인하여
방황하게 되었습니다. || 1.34 ||

손가락에는 보호구를 끼고
손에는 활을 든 채,
화살 가득한 커다란 화살통을 [메고서는]
화살 깃을 드날리곤 하였지요. || 1.35 ||

코끼리와 들짐승들 사이에서
뛰어난 [사냥] 기술을 알리고 싶어 하면서,
마치 신과 같은 [오만한] 행위를 하며
숲에 머물렀던 다우슈만띠[16]를 모방하곤 하였답니다. || 1.36 ||

[왕자들이] 나이 들어감에 따라
호랑이 새끼 마냥 드러나는 그 본성을 보고서,
고행자들은 그 숲을 버리고
히말라야 산속 깊이 은거하고 말았으니, || 1.37 ||

tatas tadāśramasthānaṃ
śūnyaṃ taiḥ śūnyacetasaḥ |
paśyanto manyunā taptā
vyālā iva niśaśvasuḥ || 1.38 ||

atha te puṇyakarmāṇaḥ
pratyupasthitavṛddhayaḥ |
tatra tajjñair upākhyātān
avāpur mahato nidhīn || 1.39 ||

alaṃ dharmārthakāmānāṃ
nikhilānām avāptaye |
nidhayo naikavidhayo
bhūrayas te gatārayaḥ || 1.40 ||

tatas tatpratilambhāc ca
pariṇāmāc ca karmaṇaḥ |
tasmin vāstuni vāstujñāḥ
puraṃ śrīman nyaveśayan || 1.41 ||

saridvistīrṇaparikhaṃ
spaṣṭāñcitamahāpatham |
śailakalpamahāvapraṃ
girivrajam ivāparam || 1.42 ||

그 후 수행처가 비어 있는 것을 본 왕자들은
마음이 텅 빈 것만 같아
비통함이 가득하여
씩씩거리는 뱀처럼 되었지요. ‖ 1.38 ‖

까삘라바스뚜의 건설과 왕의 즉위

그 후 그들은
공덕을 쌓아 성숙해졌고,
그곳에서 지혜로 일컬어지는
위대한 보물들을 얻게 되었답니다. ‖ 1.39 ‖

그 [보물은] 다르마(의무), 아르타(재산), 까마(쾌락)[17]를
온전히 향유하기에 충분하되,
다양하고 풍부했으며,
무적이었답니다. ‖ 1.40 ‖

그 후 그 [보물을] 얻음으로써,
[또한] 업이 무르익음에 따라,
그들은 건축에 대한 지식으로
바로 그 터에 아름다운 도시를 지었습니다. ‖ 1.41 ‖

[그 도시는] 강만큼이나 커다란 해자와
곧고 아름다운 대로(大路),
산처럼 거대한 성벽이 있어
마치 또 하나의 '기리브라자'[18] 같은 곳이었지요. ‖ 1.42 ‖

pāṇḍurāṭṭālasumukhaṃ
suvibhaktāntarāpaṇam |
harmyamālāparikṣiptaṃ
kukṣiṃ himagirer iva || 1.43 ||

vedavedāṅgaviduṣas
tasthuṣaḥ ṣaṭsu karmasu |
śāntaye vṛddhaye caiva
yatra viprān ajījapan || 1.44 ||

tadbhūmer abhiyoktṝṇāṃ
prayuktān vinivṛttaye |
yatra svena prabhāvena
bhṛtyadaṇḍān ajījapan || 1.45 ||

cāritradhanasaṃpannān
salajjān dīrghadarśinaḥ |
arhato 'tiṣṭhipan yatra
śūrān dakṣān kuṭumbinaḥ || 1.46 ||

vyastais tais tair guṇair yuktān
mativāgvikramādibhiḥ |
karmasu pratirūpeṣu
sacivāṃs tān nyayūyujan || 1.47 ||

vasumadbhir avibhrāntair
alaṃvidyair avismitaiḥ |
yad babhāse naraiḥ kīrṇaṃ
mandaraḥ kinnarair iva || 1.48 ||

새하얀 망루가 입구를 장식하고,
성내 시장은 잘 구획되어 있으며,
저택들이 줄지어 늘어선 모습이
마치 히말라야의 협곡처럼 보였답니다. ‖ 1.43 ‖

[왕자들은] 바로 그곳에서
베다와 관련 학문에 통달하고
여섯 직무[19]에 종사하는 브라만들에게
평온함과 번영을 위하여
[기도문을] 암송토록 하였습니다. ‖ 1.44 ‖

또한 그 영토의 적들을 물리치기 위해
자신의 위엄으로 잘 갈무리된
각료와 군대를 소집하였지요. ‖ 1.45 ‖

[또한] 좋은 성품과 재산을 갖추고
겸손하며 선견지명을 지닌 자들,
존경받고 강하며 훌륭한 가장들을
도시에 살도록 하였습니다. ‖ 1.46 ‖

지성, 말솜씨, 용맹함을 비롯하여
각자의 다양한 미덕에 적합하도록,
적절한 업무에 알맞은
신하들을 등용하였답니다. ‖ 1.47 ‖

부유하되 방탕하지 않고,
충분한 지식을 지니되 오만하지 않은
그러한 사람들로 가득한 [도시는 마치]
낀나라[20]들로 가득한 만다라산[21]과 같았으니, ‖ 1.48 ‖

yatra te hṛṣṭamanasaḥ
paurapr̄ticikīrṣayā |
śrīmanty udyānasaṃjñāni
yaśodhāmāny acīkaran || 1.49 ||

śivāḥ puṣkariṇīś caiva
paramāgryaguṇāṃbhasaḥ |
nājñayā cetanotkarṣād
dikṣu sarvāsv acīkhanan || 1.50 ||

manojñāḥ śrīmatīḥ prasṭhīḥ
pathiṣūpavaneṣu ca |
sabhāḥ kūpavatīś caiva
samantāt pratyatiṣṭhipan || 1.51 ||

hastyaśvarathasaṃkīrṇam
asaṃkīrṇajanākulam |
anigūḍhārthivibhavaṃ
nigūḍhajñānapauruṣam || 1.52 ||

saṃnidhānam ivārthānām
ādhānam iva tejasām |
niketam iva vidyānāṃ
saṃketam iva saṃpadām || 1.53 ||

왕자들은 시민들을 기쁘게 하고자
정성스러운 마음을 담아
그곳에 유원지를 방불케 하는
아름답고 상서로운 주거지들을 지었습니다. ‖ 1.49 ‖

또한 명령에 따른 것이 아니라
[사람들의] 마음에서 우러나는 대로
가장 좋은 물이 담긴 상서로운 연지(蓮池)들을
곳곳에 파도록 하였으며, ‖ 1.50 ‖

아울러 길과 숲속에는
[여행자들이] 환영할 만한
우물을 갖춘 최상의 휴식처들을
곳곳에 짓도록 하였지요. ‖ 1.51 ‖

[도시는] 코끼리, 말, 전차로 가득하되
혼잡하거나 번잡스럽지 않았고,
재물을 원하는 자는 얼마든지 구할 수 있었으며,
비밀스러운 지식과 힘이 있는 곳이었으니, ‖ 1.52 ‖

마치 재화(財貨)의 곳간이요,
빛의 광장과 같았으며,
지식의 전당이자,
영광의 보고(寶庫)와 같았답니다. ‖ 1.53 ‖

vāsavṛkṣaṃ guṇavatām
āśrayaṃ śaraṇaiṣiṇām |
ānartaṃ kṛtaśāstrāṇām
ālānaṃ bāhuśālinām || 1.54 ||

samājair utsavair dāyaiḥ
kriyāvidhibhir eva ca |
alaṃcakrur alaṃvīryās
te jagaddhāma tatpuram || 1.55 ||

yasmād anyāyatas te ca
kaṃcin nācīkaran karam |
tasmād alpena kālena
tat tadāpūpuran puram || 1.56 ||

kapilasya ca tasya ṛṣes
tasminn āśramavāstuni |
yasmāt te tatpuraṃ cakrus
tasmāt kapilavāstu tat || 1.57 ||

kakandasya makandasya
kuśāmbasyeva cāśrame |
puryo yathā hi śrūyante
tathaiva kapilasya tat || 1.58 ||

āpuḥ puraṃ tat puruhūtakalpās
te tejasāryeṇa na vismayena |
āpur yaśogandham ataś ca śaśvat
sutā yayāter iva kīrtimantaḥ || 1.59 ||

덕 있는 자들에게는 거주처인 나무요,
보호를 청하는 자들에게는 피난처이며,
경전을 짓는 자들에게는 무대이고,
힘 가진 자들에게는 기둥이었으니,[22] || 1.54 ||

그 영웅들은
모임과 축제와 보시,
종교 의례를 통해
세상의 기쁨인 그 도시를 장엄하게 하였지요. || 1.55 ||

또한 적절치 않은 세금은
조금도 거두는 일이 없었기에,
얼마 지나지 않아
도시를 풍족하게 하였답니다. || 1.56 ||

까삘라 성자의 은둔처가 있는 곳에
도시를 지은 연유로
그곳은 까삘라바스뚜가 되었습니다. || 1.57 ||

마치 까깐디, 마깐디, 꾸샴바의 은둔처에 [세워진] 도시들이
[그들의 이름을 따] 불렸던 것처럼,[23]
까삘라의 도시 또한
그처럼 [이름붙여진 것입니다.] || 1.58 ||

[왕자]들은 희생제사를 위해 요청하는 자(인드라)가 그리하였듯
도시를 교만이 아닌 빛과 고귀함으로 채웠고,
또한 영광이라는 향을 언제나 갖추어,
마치 명성 자자한 야야띠의 아들들[24]과 같았답니다. || 1.59 ||

tan nāthavṛttair api rājaputrair
arājakaṃ naiva rarāja rāṣṭram |
tārāsahasrair api dīpyamānair
anutthite candra ivāntarīkṣam || 1.60 ||

yo jyāyān atha vayasā guṇaiś ca teṣāṃ
bhrātṝṇāṃ vṛṣabha ivaujasā vṛṣāṇām |
te tatra priyaguravas tam abhyaṣiñcann
ādityā daśaśatalocanaṃ divīva || 1.61 ||

ācāravān vinayavān nayavān kriyāvān
dharmāya nendriyasukhāya dhṛtātapatraḥ |
tad bhrātṛbhiḥ parivṛtaḥ sa jugopa rāṣṭraṃ
saṃkrandano divam ivānusṛto marudbhiḥ || 1.62 ||

|| saundaranande mahākāvye kapilavāstuvarṇano nāma prathamaḥ sargaḥ ||1||

왕자들이 통치하고 있다 한들
왕 없는 왕국이란 결코 빛을 발하지 못하니,
마치 수천 개의 별이 빛난다 한들
달 뜨지 않은 때의 하늘과 같은 법이지요. ‖ 1.60 ‖

그리하여 마치 소들 가운데 힘에서 뛰어난 소와 같이
그 형제들 가운데, 형을 존경하는 동생들이
연배와 미덕을 갖춘 첫째를 그곳에서 관정하였으니,
마치 천상의 태양신들이
천 개의 눈 지닌 자(인드라)를 관정하는 듯하였습니다. ‖ 1.61 ‖

그는 바른 행위와 규율, 통치력을 지니고 의례를 바르게 지낼 줄 아는 자요,
감관의 안락함을 위해서가 아니라 다르마를 위해 일산(日傘)을 쓴 자이니,[25]
그처럼 형제들에게 둘러싸인 그가 왕국을 보호하매,
마치 폭풍신의 수행을 받는 하늘의 포효자(인드라)와 같았답니다. ‖ 1.62 ‖

대서사시[26] 『사운다라난다』에서 "까삘라바스뚜에 대한 설명"이라는 이름의 첫 번째 장을 마친다.

〚 미주 〛

1 까삘라 가우따마는 석가모니 붓다의 가문인 샤끼야족의 연원과 고향인 까삘라바스뚜의 탄생 일화에 중요한 역할을 하는 성자이다.

2 다르마(dharma)는 어근 기본적으로 '우주의 질서를 유지하는 원리나 법칙'을 의미한다. 그러나 문헌의 성격과 문맥 또는 복합어의 성격에 따라 '성전의 가르침', '종교적 또는 사회적 의무', '요소' 등 다양한 의미를 지닌다. 본 번역 또한 문맥에 따라 다양한 번역어를 채택하되, 기본적인 의미를 지니는 경우 원어의 한글 독음인 '다르마'를 그대로 사용한다.

3 깍시바뜨 가우따마(kākṣīvat Gautama)는 고대 인도의 전설적인 성자이다. 『리그베다 *Ṛgveda*』 일부 게송의 저자로 알려져 있으며, 고행자의 전형으로 유명했던 인물이다.

4 까쉬야빠(Kāśyapa)는 kaśyapa에서 비롯된 부계 이름(patronym)이며, (1) 태양 (2) 고대 인도의 일곱 성자 가운데 한 사람의 이름을 의미한다. 여기에서는 동음이의어의 수사적 활용을 통해 두 가지 의미로 모두 사용되었다.

5 바시슈타(Vasiṣṭha)는 인도신화 속에 등장하는 인물로 '모든 소원을 들어주는 암소 수라비(Surabhi)를 소유한 자'로 불린다. 본 송에서 gām은 여성명사 go의 단수 목적격이며, go는 (1) 소 또는 소젖, (2) 땅, (3) 말씀이나 가르침을 의미한다. 즉 gām adhukṣat는 '소젖을 짰다', '땅을 만들어냈다', '말씀을 했다'는 의미가 모두 가능하다. 본 번역에서는 (1)과 (3)의 의미를 차용하여 첫 번째는 '소젖', 두 번째는 '가르침'으로 번역하였다.

6 디르가따빠스(Dīrghatapas)는 '오랜 고행을 행하는 자'라는 의미로, 성자의 이름이다.

7 까비야(Kāvya) 성자는 성자 우샤나스(Uśanas)의 후예로, 아수라의 스승으로도 알려져 있다.

8 앙기라스(Aṅgiras)는 『리그베다』를 지은 것으로 알려진 일곱 성자 중 한 사람의 이름이다.

9 마다비(mādhavi)는 달콤한 향으로 유명한 꽃이다.

10 소마(soma)는 고대 인도의 베다 전통에서 제식에 사용되는 특정 식물 또는 그 식물의 즙으로 만든 의식용 음료를 말한다. 도취성 음료의 뜻을 살려 주(酒)를 붙여 번역하였다.

11 '올바른 때에 소마를 측량한다'는 것은, 제사를 지내야 할 바른 시간이 지켜진다는 뜻이다.

12 익슈바꾸(Ikṣvāku)는 고대 인도의 전설적인 왕의 이름이자, 그에게서 비롯된 왕조의 명칭이다. ikṣu(사탕수수)에서 파생된 말로, 한문 문헌에서는 흔히 감자왕(甘蔗王)이라고 한역한다. 태양 왕조(sūrya-vaṃśa)의 선조로서 석가모니 붓다의 가계를 비롯한 인도의 많은 왕족들이 자신의 뿌리를 그에게서 찾는다.

13 익슈바꾸 왕자들의 이러한 서사는 인도의 대서사시 『마하바라따』에 등장하는 비슈마(Bhīṣma)의 이야기와 유사하다. 비슈마는 『마하바라따』에서 존경받는 영웅 중 하나로, 샨따누 왕의 적장자였지만 그의 이복동생을 태자로 삼겠다는 아버지의 맹세

를 위해 자신의 권리를 미련 없이 버린 인물이다.

14 붓다의 가계인 '샤끼야(Śākya)'는 티크(teak)나무의 일종인 샤까(śaka)나무의 이름에서 비롯된 말이다. 이 때문에 붓다는 '샤끼야족의 성자', 즉 샤끼야무니(Śākyamuni, 釋迦牟尼)로 불린다.

15 이 예들은 바르가바(Bhārgava), 깐바(Kaṇva), 발미끼(Vālmīki)와 같은 전설적인 성자들이 유복자나 사생아로 태어난 인물의 스승이 되어 그들에게 스승과 아버지가 주어야 할 가르침을 전했음을 말하는 것이다. 사가라(Sagara)는 태양 왕조의 왕이며, 바라따(Bharata)는 『마하바라따』에서 바라따족의 조상이 되는 인물이다. 그리고 '미틸라 출신의 여성'을 뜻하는 마이틸리(Maithilī)는 『라마야나』의 여주인공 시따(Sītā)의 별칭으로서, 그녀의 두 아들이란 라마를 떠나 홀로 낳은 쌍둥이 아들 라바(Lava)와 꾸샤(Kuśa)를 말한다.

16 다우슈만띠(Dauṣmanti 또는 Dauṣyanti)는 '두슈얀따(Duṣyanta)의 아들'이라는 뜻으로서 바라따(Bharata)를 말한다. 그는 인도를 건국한 전설적인 인물로서 『마하바라따』에 등장한다. 인도의 시성(詩聖) 깔리다사(Kālidāsa)의 희곡 『샤꾼딸라』 제7막에서는 어린 소년으로 등장하여 이빨 수를 세기 위해 사자의 입을 벌리게 하는 등 사자와 거칠게 노는 어린 영웅의 모습을 보인다.

17 다르마(dharma), 아르타(artha), 까마(kāma)는 고대 인도 문헌에서 인간이 삶에서 추구해야 하는 세 가지 가치를 말한다. 다르마는 종교·사회적 전통과 의무, 아르타는 부의 축적과 통치술 등 세속에서 통하는 현실적 가치, 까마는 감각적 욕망과 연관된 가치이다. 해탈(mokṣa) 또는 열반(nirvāna)을 추가하여 '인간의 목적'(puruṣārtha)으로 말하기도 한다.

18 기리브라자(Girivraja)는 고대 인도 마가다(Magadha)국의 수도이다. 이 도시는 붓다가 성도 후 자주 방문한 곳으로 언급되며, 다섯 암벽으로 둘러싸인 계곡에 위치하고 있다. 이 때문에 기리브라자, 즉 '산으로 둘러싸인 곳'이라는 이름으로 불린다. 또한 '왕의 집'을 뜻하는 라자그리하(Rāja-gṛha)라는 명칭으로도 알려져 있는데, 현재 인도 비하르 주의 라즈기르(Rajgir)라는 이름은 여기에서 파생된 것으로 여겨진다.

19 고대 인도의 신분제도에서 사제계급인 브라만이 종사하는 여섯 가지 직무를 가리키며, 구체적으로는 다음과 같다. (1) 베다 학습(adhyāyana), (2) 베다의 교육(adhyāpana), (3) 희생제 집전(yajana), (4) 타인을 위한 희생제의 집전(yājana), (5) 보시물을 주는 것(dāna), (6) 보시물을 받는 것(pratigraha).

20 낀나라(kinnara 또는 kiṃnara)는 문자 그대로는 '[저것이] 어찌 사람인가?!'라는 경탄의 의미를 담은 단어로서 정령이나 반신적인 존재를 가리킨다. 불교 신화에서는 간다르바(gandharva)와 함께 춤과 노래로 붓다의 가르침에 대한 환희를 표현하며, 아름답고 에로틱한 존재들로 여겨진다. 불교 미술에서는 반인반조(半人半鳥) 또는 반인반마(半人半馬)의 형상으로 묘사되고, 한문 경전에서는 흔히 긴나라(緊那羅)로 한역한다.

21 만다라(Mandara)산은 다양한 신들과 신화적 존재들이 거주하는 성스러운 산의 이름으로서, 우주의 중심 수미산(須彌山)의 한쪽 면에 붙어 있는 산봉우리를 말한다. 신화에 따르면 신들과 아수라들은 불사(不死)의 음료 아므리따(amṛta)를 건져내기 위해 우유의 바다를 휘저을 때 필요한 큰 막자로서 바로 이 만다라산을 사용하였다.

22 '경전을 만드는 자에게 무대'란 가르침을 펼 수 있는 자유로운 담론의 장이 마련된다는 뜻이고, '힘 가진 자들에게 기둥'이란 힘을 제어하게끔 중심을 잡아주는 역할을 한다는 의미이다.

23 까깐다(Kakanda)의 이름을 딴 도시 까깐디(Kākandī), 마깐다(Makanda)의 이름을 딴 도시 마깐디(Mākandī), 꾸샴바(Kuśāmba)의 이름을 딴 도시 까우샴비(Kauśāmbī)를 말한다.

24 야야띠(Yayāti)는 달 왕조(candra-vaṃśa)의 왕으로, 각종 신화와 『마하바라따』에 등장한다. 그는 두 명의 부인을 통해 다섯 명의 아들을 낳았지만 첫째 장인과의 약속을 어긴 죄로 저주를 받아 젊은 나이에 늙은 몸을 갖게 되었다. 다섯 아들에게 자신의 늙은 몸과 바꾸어 줄 것을 부탁했으나 모두 거절하고 막내 아들인 뿌루(Puru)만이 이에 응하여 결국 그가 야야띠의 후계자가 되었다. 또 다른 이야기에서 야야띠는 인드라의 천계에서 오만한 행동을 하다가 쫓겨났으며, 그의 자손들이 자신들의 공덕을 바쳐 다시 천계로 갈 수 있었다고 한다. 야야띠의 다섯 아들은 고대 인도의 여러 부족들의 기원으로 여겨진다.

25 '다르마를 위해 일산을 쓴 자'는 왕을 의미한다. 왕은 태양 빛을 막을 목적보다는 왕으로서의 위의와 예를 갖춰야 한다는 다르마에 따라 일산을 쓴다.

26 '대서사시'는 마하까비야(mahākāvya)의 번역이다. 마하까비야는 산스끄리뜨 문학 장르 중 하나로서 일정한 규칙에 따라 작성된 사르가(sarga, 章) 형식의 서사시이다.

제2장

왕에 대한 묘사

rājavarṇanaḥ

tataḥ kadācit kālena
tad avāpa kulakramāt |
rājā śuddhodano nāma
śuddhakarmā jitendriyaḥ || 2.1 ||

yaḥ sasañje na kāmeṣu
śrīprāptau na visismiye |
nāvamene parān ṛddhyā
parebhyo nāpi vivyathe || 2.2 ||

balīyān sattvasaṃpannaḥ
śrutavān buddhimān api |
vikrānto nayavāṃś caiva
dhīraḥ sumukha eva ca || 2.3 ||

vapuṣmāṃś ca na ca stabdho
dakṣiṇo na ca nārjavaḥ |
tejasvī na ca na kṣāntaḥ
kartā ca na ca vismitaḥ || 2.4 ||

ākṣiptaḥ śatrubhiḥ saṃkhye
suhṛdbhiś ca vyapāśritaḥ |
abhavad yo na vimukhas
tejasā ditsayaiva ca || 2.5 ||

숫도다나 왕

그 후 어느 정도 시간이 흐르자,
가문의 전통적인 승계에 따라
행위가 청정하고 감관을 제어하는 자[1]인
숫도다나[2]라는 이름의 왕이 [왕위에] 올랐습니다. || 2.1 ||

그는 욕망의 대상에 천착하지 않았고
권위를 얻어도 자만하지 않았으며,
[자신의] 성취로 다른 이들을 깔보는 일도,
다른 이들에게 위축되는 일도 없었지요. || 2.2 ||

강한 힘과 용기를 지녔으며,
베다의 지식을 갖추어 지성을 겸비하였을뿐더러,
참으로 용맹하고도 신중하니,
그야말로 진중하고도 자애로운 자였답니다. || 2.3 ||

단정한 용모를 갖추되 교만하지 않았으며,
능력을 갖추되 교활하지 않았고,
위엄이 있으되 인내를 지녔으며,
행동력이 있으되 고압적이지 않았지요. || 2.4 ||

전장에서 적들에게 도전받을 때에는
[비겁하게] 등 돌리는 법이 없었고,
벗들이 의지하고자 할 때에는
기꺼이 베풀어 [등 돌리는 법이 없었답니다.] || 2.5 ||

yaḥ pūrvai rājabhir yātāṃ
yiyāsur dharmapaddhatim |
rājyaṃ dīkṣām iva vahan
vṛttenānvagamat pitṝn || 2.6 ||

yasya suvyavahārāc ca
rakṣaṇāc ca sukhaṃ prajāḥ |
śiśyire vigatodvegāḥ
pitur aṅkagatā iva || 2.7 ||

kṛtaśāstraḥ kṛtāstro vā
jāto vā vipule kule |
akṛtārtho na dadṛśe
yasya darśanam eyivān || 2.8 ||

hitaṃ vipriyam apy ukto
yaḥ śuśrāva na cukṣubhe |
duṣkṛtaṃ bahv api tyaktvā
sasmāra kṛtam aṇv api || 2.9 ||

praṇatān anujagrāha
vijagrāha kuladviṣaḥ |
āpannān parijagrāha
nijagrāhāsthitān pathi || 2.10 ||

그는 이전의 왕들이 나아간
다르마의 길을 따르고자 하였으며,
왕권을 마치 사명(使命)처럼 여겨
[올바른] 행위를 통해 선조들을 따랐지요. ‖ 2.6 ‖

그의 올바른 통치와 보호로
백성들은 기뻐하였으니,
마치 아버지의 무릎에 있는 듯
두려움에서 벗어나
안락하게 쉴 수 있었습니다. ‖ 2.7 ‖

경전에 통달한 자나 무예에 통달한 자,
또는 훌륭한 가문에서 태어난 자는
그와 만나면 목적한 바에 대해
이루지 못할 일 없었으니, ‖ 2.8 ‖

상소할 적에 뜻에 반하는 말이 들려 와도
언짢아하지 않고 들었으며,
[상대의] 실수가 크다 해도 개의치 않았고,
호의는 아무리 작은 일이라도 기억하였답니다. ‖ 2.9 ‖

굽혀 오는 자들에게는 호의를 보이되
가문의 적들은 물리쳤으며,
불행한 자들에게는 손을 내밀되
도리를 벗어난 자들은 제지하였으니, ‖ 2.10 ‖

prāyeṇa viṣaye yasya
tacchīlam anuvartinaḥ |
arjayanto dadṛśire
dhanānīva guṇān api || 2.11 ||

adhyaiṣṭa yaḥ paraṃ brahma
na vyaiṣṭa satataṃ dhṛteḥ |
dānāny adita pātrebhyaḥ
pāpaṃ nākṛta kiṃ cana || 2.12 ||

dhṛtyāvākṣīt pratijñāṃ sa
sadvājīvodyatāṃ dhuram |
na hy avāñcīc cyutaḥ satyān
muhūrtam api jīvitam || 2.13 ||

viduṣaḥ paryupāsiṣṭa
vyakāśiṣṭātmavattayā |
vyarociṣṭa ca śiṣṭebhyo
māsīṣe candramā iva || 2.14 ||

avedīd buddhiśāstrābhyām
iha cāmutra ca kṣamam |
arakṣīd dhairyavīryābhyām
indriyāṇy api ca prajāḥ || 2.15 ||

ahārṣīd duḥkham ārtānāṃ
dviṣatāṃ corjitaṃ yaśaḥ |
acaiṣīc ca nayair bhūmiṃ
bhūyasā yaśasaiva ca || 2.16 ||

대저 그의 영토에서
그의 품행을 따르는 자들은
마치 재보를 모으듯
덕을 모은 자들로 보였답니다. ‖ 2.11 ‖

그는 최고의 지식을 익혔으되
결코 만족하여 멈추는 일이 없었고,
받아 마땅한 이들에게 재산을 주었으며,
그 어떤 악행도 저지르지 않았지요. ‖ 2.12 ‖

훌륭한 말이 [성실히] 짐을 옮기듯
신실하게 약속을 지켰고,
아주 잠시라도 진실에서 멀어진 채로는
삶을 살지 않았답니다. ‖ 2.13 ‖

현명한 이들을 존경하면서도
스스로 [지혜의] 빛을 갖추니,
스승들보다도 [뛰어나]
수확의 달에[3] [뜨는] 달과 같이 빛났습니다. ‖ 2.14 ‖

지성과 경전을 통해
이 세상과 저 세상의 질서를 알았으며,
확고함과 정진을 통해
감관을 [제어하고] 백성들을 보호했답니다. ‖ 2.15 ‖

괴로워하는 자들의 고통을 [없애고],
적들의 높은 명성을 없앴으니,
지도력과 뛰어난 명성으로
영토를 뒤덮었습니다. ‖ 2.16 ‖

apy āsīd duḥkhitān paśyan
prakṛtyā karuṇātmakaḥ |
nādhauṣīc ca yaśo lobhād
anyāyādhigatair dhanaiḥ || 2.17 ||

sauhārdadṛḍhabhaktitvān
maitreṣu viguṇeṣv api |
nādidāsīd aditsīt tu
saumukhyāt svaṃ svam arthavat || 2.18 ||

anivedyāgram arhadbhyo
nālikṣat kiṃ cid aplutaḥ |
gām adharmeṇa nādhukṣat
kṣīratarṣeṇa gām iva || 2.19 ||

nāsṛkṣad balim aprāptaṃ
nārukṣan mānam aiśvaram |
āgamair buddhim ādhikṣad
dharmāya na tu kīrtaye || 2.20 ||

kleśārhān api kāṃś cit tu
nākliṣṭa kliṣṭakarmaṇaḥ |
āryabhāvāc ca nāghukṣad
dviṣato 'pi sato guṇān || 2.21 ||

ākṛkṣad vapuṣā dṛṣṭīḥ
prajānāṃ candramā iva |
parasvaṃ bhuvi nāmṛkṣan
mahāviṣam ivoragam || 2.22 ||

고통받는 이들을 보면
본성적으로 연민을 느꼈으며,
탐욕으로 마구잡이로 재물을 쌓아
명예를 훼손하는 일이 없었지요. ‖ 2.17 ‖

별 볼일 없는 벗들이라도
깊은 우정으로 신의를 충실히 지켰으며,
받으려 하지 않고 [그들을] 격려함으로써
각자에게 필요한 것을 베풀었답니다. ‖ 2.18 ‖

[공물의] 첫 부분을 성자들에게 주지 않거나[4]
목욕재계를 하지 않고서는 그 무엇도 먹지 않았고,
젖이 마른 암소[에게서 우유를] 짜내지 [않듯]
법도에 맞지 않게 대지[의 고혈]을 짜내지 않았습니다. ‖ 2.19 ‖

때에 맞지 않는 공물을 바치지 않았고
오만한 권력을 내세우지 않았으며,
명성을 위해서가 아니라 다르마를 위해
경전들로 지성을 증장시켰답니다. ‖ 2.20 ‖

죄를 범하여 벌을 받을 만한 자라 해도
고문하지 않았고,
또한 고귀한 성품에서 비롯된 선한 덕을
적 앞에서조차 감추지 않았으니, ‖ 2.21 ‖

달과 같이 아름다운 모습으로 백성들의 시선을 사로잡았고,
세상에서 다른 사람의 것에 대해서는
마치 맹독 지닌 독사처럼 [여겨]
손을 대려고도 하지 않았습니다. ‖ 2.22 ‖

nākrukṣad viṣaye tasya
kaś cit kaiś cit kva cit kṣataḥ |
adikṣat tasya hastastham
ārtebhyo hy abhayaṃ dhanuḥ || 2.23 ||

kṛtāgaso 'pi praṇatān
prāg eva priyakāriṇaḥ |
adarśat snigdhayā dṛṣṭyā
ślakṣṇena vacasāsicat || 2.24 ||

bahvīr adhyagamad vidyā
viṣayeṣv akutūhalaḥ |
sthitaḥ kārtayuge dharme
dharmāt kṛcchre 'pi nāsrasat || 2.25 ||

avardhiṣṭa guṇaiḥ śaśvad
avṛdhan mitrasampadā |
avartiṣṭa ca vṛddheṣu
nāvṛtad garhite pathi || 2.26 ||

śarair aśīśamac chatrūn
guṇair bandhūn arīramat |
randhrair nācūcudad bhṛtyān
karair nāpīpiḍat prajāḥ || 2.27 ||

rakṣaṇāc caiva śauryāc ca
nikhilāṃ gām avīvapat |
spaṣṭayā daṇḍanītyā ca
rātrisattrān avīvapat || 2.28 ||

그의 나라에서는 누구도, 누구에 의해서도,
어디에서도 상해를 입지 않았지요.
왜냐하면 그의 손에 있는 활이 고통받는 이들에게
무해함을 선사하였기 때문이랍니다. ‖ 2.23 ‖

앞에서 공손한 행동을 하는 사람이라면
충신만이 아니라 죄인이라도
다정한 시선으로 바라보며
부드러운 말을 건넸습니다. ‖ 2.24 ‖

감각적인 대상에는 흥미가 없었고
수많은 지식을 공부하였으니,
[마치] 황금시대[5]의 다르마 속에 있는 것처럼,
힘든 시기에도 다르마를 멀리하지 않았지요. ‖ 2.25 ‖

[그의] 미덕들은 계속해서 늘어났고,
친구의 행복에 기뻐했으며,
어른의 [말씀에] 따르되
바른 길이 아니면 따르지 않았습니다. ‖ 2.26 ‖

화살로는 적들을 제압하고
덕으로는 친척들을 기쁘게 했으며,
약점으로 신하들을 괴롭히지 않았고
세금으로 백성들을 괴롭히지 않았답니다. ‖ 2.27 ‖

오로지 보호와 기개로
온 대지를 경작하였고,
분명하고도 엄정한 통치에 맞추어
제사[6]들을 집행하였지요. ‖ 2.28 ‖

kulaṃ rājarṣivṛttena
yaśogandham avīvapat |
dīptyā tama ivādityas
tejasārīn avīvapat || 2.29 ||

apaprathat pitṝṃś caiva
satputrasadṛśair guṇaiḥ |
salileneva cāmbhodo
vṛttenājihladat prajāḥ || 2.30 ||

dānair ajasravipulaiḥ
somaṃ viprān asūṣavat |
rājadharmasthitatvāc ca
kāle sasyam asūṣavat || 2.31 ||

adharmiṣṭhām acakathan
na kathām akathaṃkathaḥ|
cakravartīva ca parān
dharmāyābhyudasīṣahat || 2.32 ||

rāṣṭram anyatra ca baler
na sa kiṃcid adīdapat |
bhṛtyair eva ca sodyogaṃ
dviṣaddarpam adīdapat || 2.33 ||

svair evādīdapac cāpi
bhūyo bhūyo guṇaiḥ kulam |
prajā nādīdapac caiva
sarvadharmavyavasthayā || 2.34 ||

왕이며 현자인 그는
행위로는 가문에 명예의 향을 흩뿌렸고,
마치 태양신이 빛으로 어둠을 밝히듯
위광(威光)으로 적들을 흩어놓았습니다. ‖ 2.29 ‖

훌륭한 자손에 걸맞은 미덕으로
조상들을 빛나게 하였고,
구름이 비로 대지를 기쁘게 하듯
행위로 백성들을 기쁘게 하였답니다. ‖ 2.30 ‖

지속적으로 제한없는 보시를 함으로써
사제들에게 소마주를 마련토록 하였고,
왕의 다르마가 확고하기에
때에 맞게 곡물을 준비하도록 하였지요. ‖ 2.31 ‖

의심과 의문을 떠나 있어
불경한 이야기를 하지 않았고,
전륜성왕처럼 다른 사람으로 하여금
다르마를 향하도록 하였답니다. ‖ 2.32 ‖

그는 자국 외에 [타국의]
어떠한 조공도 받지 않았고,
[자신의] 군대만으로 힘써
적들의 오만함에 대가를 치르게 하였습니다. ‖ 2.33 ‖

또한 더욱더 많은 자신의 덕을
가문에 안겼으며,
모든 다르마가 확고하였기에
백성들에게 강요하는 법이 없었습니다. ‖ 2.34 ‖

aśrāntaḥ samaye yajvā
yajñabhūmim amīmapat |
pālanāc ca dvijān brahma
nirudvignān amīmapat || 2.35 ||

gurubhir vidhivat kāle
saumyaḥ somam amīmapat |
tapasā tejasā caiva
dviṣatsainyam amīmapat || 2.36 ||

prajāḥ paramadharmajñaḥ
sūkṣmaṃ dharmam avīvasat |
darśanāc caiva dharmasya
kāle svargam avīvasat ||2.37 ||

vyaktam apy arthakṛcchreṣu
nādharmiṣṭham atiṣṭhipat |
priya ity eva cāśaktaṃ
na saṃrāgād avīvṛdhat || 2.38 ||

tejasā ca tviṣā caiva
ripūn dṛptān abībhasat |
yaśodīpena dīptena
pṛthivīṃ ca vyabībhasat || 2.39 ||

ānṛśaṃsyān na yaśase
tenādāyi sadārthine |
dravyaṃ mahad api tyaktvā
na caivākīrti kiṃ cana || 2.40 ||

제주(祭主)로서 때에 맞게 제식을 지내고
제사의 장을 세우도록 하였으니,
[그의] 비호 아래 재생족[7]들이
브라흐만의 진중함을 알게 하였지요. ‖ 2.35 ‖

소마에서 비롯된 자[8]인 그는 스승을 통해
[제사를 지내기] 적절한 때에 적절한 절차에 따라
소마를 준비하도록 하였고,
힘과 위광으로 적군을 해산시켰습니다. ‖ 2.36 ‖

최고의 다르마를 아는 자인 그는
백성들이 미세한 다르마 속에 머물도록 하였고,
다르마에 대한 식견을 통해
때가 되면 천상을 바라며 살도록 하였답니다. ‖ 2.37 ‖

위기의 상황에서 적임자라 할지라도
다르마에 맞지 않은 이는 등용하지 않았고,
어여삐 여기는 자라도 능력이 없으면
호의만으로 등용하지 않았지요. ‖ 2.38 ‖

위광과 힘으로
오만한 적들을 깨닫게 하였고,
또한 명성의 등불을 밝힘으로써
세상을 고루 비추었습니다. ‖ 2.39 ‖

그는 명성을 위해서가 아니라
자비로써 항상 필요한 사람들에게 베풀었고,
큰 재산을 베풀면서도
그 어떤 말도 얻지 않았답니다. ‖ 2.40 ‖

tenārir api duḥkhārto
nātyāji śaraṇāgataḥ |
jitvā dṛptān api ripūn
na tenākāri vismayaḥ || 2.41 ||

na tenābhedi maryādā
kāmād dveṣād bhayād api |
tena satsv api bhogeṣu
nāsevīndriyavṛttitā || 2.42 ||

na tenādarśi viṣamaṃ
kāryaṃ kva cana kiṃ cana |
vipriyapriyayoḥ kṛtye
na tenāgāmi nikriyāḥ || 2.43 ||

tenāpāyi yathākalpaṃ
somaś ca yaśa eva ca |
vedaś cāmnāyi satataṃ
vedokto dharma eva ca || 2.44 ||

evamādibhir atyakto
babhūvāsulabhair guṇaiḥ |
aśakyaḥ śakyasāmantaḥ
śākyarājaḥ sa śakravat || 2.45 ||

고통에 괴로워하여 의탁해 오는 자는
적이라도 내치지 않았고,
오만한 적들에게 승리하여도
자만하지 않았습니다. || 2.41 ||

욕망과 혐오와 공포로 인해
[지켜야 할] 경계를 깨뜨리는 법 없었으며,
즐거움을 누리면서도
감관의 활동에 천착하지 않았지요. || 2.42 ||

어디에서든 그 어떤 옳지 못한 행위도
보고만 있지 않았고,
벗이든 적이든 [그들의] 행위에 대해
[변덕스레] 동조하지 않았습니다. || 2.43 ||

그는 법도에 따라
소마를 마시고 명예를 지켰으며,
베다와 더불어 베다에서 가르친 다르마를
언제나 부지런히 익혔답니다. || 2.44 ||

이와 같은 매우 드문 미덕들을 갖춘
그 샤끼야족의 [슛도다나] 왕은
주변국들을 정복한 강력한 자였으니,
[수많은 신을 거느린] 샤끄라(인드라)[9]와 같았습니다. || 2.45 ||

atha tasmiṃs tathā kāle
dharmakāmā divaukasaḥ |
vicerur diśi lokasya
dharmacaryāṃ didṛkṣavaḥ || 2.46 ||

dharmātmānaś carantas te
dharmajijñāsayā jagat |
dadṛśus taṃ viśeṣeṇa
dharmātmānaṃ narādhipam || 2.47 ||

devebhyas tuṣitebhyo 'tha
bodhisattvaḥ kṣitiṃ vrajan |
upapattiṃ praṇidadhe
kule tasya mahīpateḥ || 2.48 ||

tasya devī nṛdevasya
māyā nāma tadābhavat |
vītakrodhatamomāyā
māyeva divi devatā || 2.49 ||

svapne 'tha samaye garbham
āviśantaṃ dadarśa sā |
ṣaḍdantaṃ vāraṇaṃ śvetam
airāvatam ivaujasā || 2.50 ||

신들의 선택과 두 왕자의 탄생

그리고 그때,
그와 같이 다르마를 원하여
다르마가 행해지는 것을 보고자
천상의 신들이 세상 곳곳으로 나아갔습니다. ‖ 2.46 ‖

다르마를 갖춘 그 신들은
다르마를 알고자 하여 세상을 누비니,
다르마를 갖춘 [숫도다나] 왕이
그들의 눈에 유독 띄었지요. ‖ 2.47 ‖

그리하여 보살께서는
도솔천의 신들을 [떠나] 지상으로 가서는
그 왕의 가문에서
태어나기로 서원하셨답니다. ‖ 2.48 ‖

그때 왕에게는
마야라는 이름의 왕비가 있었으니,
마치 천상의 여신 마야처럼
분노와 어리석음과 거짓을 벗어난 여인이었지요. ‖ 2.49 ‖

그리고 [마야 왕비]는 꿈속에서
마치 아이라바따[10]와 같이 강력하게,
여섯 상아를 지닌 하얀 코끼리가
태내로 들어오는 것을 보았으니. ‖ 2.50 ‖

taṃ vinirdidiśuḥ śrutvā
svapnaṃ svapnavido dvijāḥ |
tasya janma kumārasya
lakṣmīdharmayaśobhṛtaḥ || 2.51 ||

tasya sattvaviśeṣasya
jātau jātikṣayaiṣiṇaḥ |
sācalā pracacālorvī
taraṅgābhihateva nauḥ || 2.52 ||

sūryaraśmibhir akliṣṭaṃ
puṣpavarṣaṃ papāta khāt |
digvāraṇakarādhūtād
vanāc caitrarathād iva || 2.53 ||

divi dundubhayo nedur
dīvyatāṃ marutām iva |
didīpe 'bhyadhikaṃ sūryaḥ
śivaś ca pavano vavau || 2.54 ||

tutuṣus tuṣitāś caiva
śuddhāvāsāś ca devatāḥ |
saddharmabahumānena
sattvānāṃ cānukampayā || 2.55 ||

그 꿈에 대해 듣고서
해몽을 하는 브라만들은
번영과 다르마와 명성을 갖춘
왕자의 탄생을 예언하였습니다. ‖ 2.51 ‖

탄생의 [굴레를] 끊고자 하는
그 특별한 존재가 탄생할 때에,
파도에 부딪친 배마냥
산과 대지가 요동쳤답니다. ‖ 2.52 ‖

태양 빛에도 바래지 않는
[티 없이 환한] 꽃비가 하늘에서 내리니,
마치 사방[을 지키는] 코끼리들[11]의 코로 뒤흔들린
간다르바 왕[12]의 숲으로부터 [내리는] 듯하였답니다. ‖ 2.53 ‖

하늘에서는 마치 폭풍신 무리가 [주사위를] 굴리듯
[엄청난] 북소리가 울렸고,
태양은 더없이 환하게 내리쬐었으며,
상서로운 바람이 불었습니다. ‖ 2.54 ‖

도솔천과 정거천[13]의 신들은
[이 왕자의 탄생을 보고]
진실한 다르마에 대한 크나큰 존경심과
중생들에 대한 자애로 기뻐하였지요. ‖ 2.55 ‖

samāyayau yaśaḥketuṃ
śreyaḥketukaraḥ paraḥ |
babhrāje śāntayā lakṣmyā
dharmo vigrahavān iva || 2.56 ||

devyām api yavīyasyām
araṇyām iva pāvakaḥ |
nando nāma suto jajñe
nityānandakaraḥ kule || 2.57 ||

dīrghabāhur mahāvakṣāḥ
siṃhāṃso vṛṣabhekṣaṇaḥ |
vapuṣāgryeṇa yo nāma
sundaropapadaṃ dadhe || 2.58 ||

madhumāsa iva prāptaś
candro nava ivoditaḥ |
aṅgavān iva cānaṅgaḥ
sa babhau kāntayā śriyā || 2.59 ||

sa tau saṃvardhayām āsa
narendraḥ parayā mudā |
arthaḥ sajjanahastastho
dharmakāmau mahān iva || 2.60 ||

명성을 기치로 삼은 이에게
뛰어남을 기치로 삼은 최고의 존재가 왔으니,
마치 다르마가 현신한 듯
평화와 번영으로 빛났습니다. || 2.56 ||

[한편] 부시나무에 [제사의] 불이 [생기]듯,
[숫도다나의] 더 어린 왕비에게도
가문에 영원한 기쁨을 주는 자인
난다[14]라는 이름의 아들이 태어났으니. || 2.57 ||

긴 팔과 넓은 가슴, 사자의 어깨,
무소의 눈을 지닌 그는
뛰어난 아름다움으로
'순다라'[15]라는 별칭을 얻었답니다. || 2.58 ||

봄의 계절이 도래한 듯하고,
초승달이 뜬 것과도 같으며,
몸 없는 사랑의 신[16]이 몸을 얻은 듯한 난다는
사랑스러움과 아름다움으로 빛났지요. || 2.59 ||

왕은 크게 기뻐하여
두 [아들]을 키웠으니,
마치 큰 재산을 지닌 선한 자가
다르마와 까마를 손에 넣은 듯하였습니다.[17] || 2.60 ||

tasya kālena satputrau
vavṛdhāte bhavāya tau |
āryasyārambhamahato
dharmārthāv iva bhūtaye || 2.61 ||

tayoḥ satputrayor madhye
śākyarājo rarāja saḥ |
madhyadeśa iva vyakto
himavatpāriyātrayoḥ || 2.62 ||

tatas tayoḥ saṃskṛtayo krameṇa
narendrasūnvoḥ kṛtavidyayoś ca |
kāmeṣv ajasraṃ pramamāda nandaḥ
sarvārthasiddhas tu na saṃrarañja || 2.63 ||

sa prekṣyaiva hi jīrṇam āturaṃ ca mṛtaṃ ca
vimṛśan jagad anabhijñam ārtacittaḥ |
hṛdayagataparaghṛṇo na viṣayaratim agamaj
jananamaraṇabhayam abhito vijighāṃsuḥ || 2.64 ||

두 왕자의 성장과 붓다의 출가

시간이 흘러 훌륭한 두 아들은
그의 자랑거리로 장성하였으니,
마치 번영을 위해 큰 노력을 하는 존자에게
다르마와 아르타[18]가 있는 듯하였지요. ‖ 2.61 ‖

샤끼야족 왕이
훌륭한 두 아들과 더불어 통치하니,
마치 중부의 평야가
[위로는] 히말라야 산맥, [아래로는] 빈디야 산맥[19]으로
둘러싸인 것과 같았습니다. ‖ 2.62 ‖

그 후 점차 두 왕자는 학문을 익히며
성장해 갔으나,
난다는 언제나 욕망의 대상에 빠져 방탕하게 지낸 반면,
싯다르타[20]는 [욕망의 대상들에] 물들지 않았답니다. ‖ 2.63 ‖

싯다르타는 노인, 병자, 죽은 자를 보고서
마음이 고통스러워졌고,
무지한 중생을 보며 타인에 대한 자비심을 마음에 담아,
생과 사에 대한 두려움을 완전히 없애고자 하여
대상에 애착하지 않았던 것입니다. ‖ 2.64 ‖

udvegād apunarbhave manaḥ praṇidhāya
sa yayau śayitavarāṅganād anāsthaḥ |
niśi nṛpatinilayanād vanagamanakṛtamanāḥ
sarasa iva mathitanalināt kalahaṃsaḥ || 2.65 ||

|| saundaranande mahākāvye rājavarṇano nāma dvitīyaḥ sargaḥ || 2 ||

[윤회하는 세상에 대한] 불안함에
다시 태어나지 않고자 마음을 정하고,
한밤중에 숲을 향해 가고자 마음먹은 그는
잠든 아름다운 여인이 있는 왕궁을 뒤로한 채 떠났지요.
마치 휘저어져 [더럽혀진] 연지(蓮池)로부터
거위가 [떠나가듯] 말입니다. ‖ 2.65 ‖

대서사시『사운다라난다』에서 "왕에 대한 묘사"라는 이름의 두 번째 장을 마친다.

〚 미주 〛

1 '감관을 정복한 자'(jitendriya)는 인격적으로나 정신적으로 뛰어난 사람을 가리키는 관용적 표현이다. 감관이 이끄는 욕망을 제어하였기에 옳고 그름에 따라 마음을 다스릴 수 있다는 의미로서 인도 문학이나 논서에서 뛰어난 인물이나 신을 칭송하는 표현으로 자주 쓰인다.

2 슛도다나(śuddhodana)는 '청정한 쌀(음식)을 갖춘 자'라는 의미로, 석가모니 붓다의 아버지이다. 흔히 정반왕(淨飯王)으로 한역된다.

3 '수확의 달'은 인도력(印度曆)으로 아쉬비나(āśvina) 달을 의미하며, 9월과 10월 사이에 위치한다.

4 제사의 공물을 처음 섭취하는 것은 브라만 계급에게 허용되는 것이다.

5 '황금시대'는 까르따 유가(kārtayuga 또는 kṛtayuga)의 번역이다. 고대 인도 세계관에서 우주는 생성과 소멸을 반복하는데, 생성부터 소멸까지 한 단위의 과정을 네 기간인 유가(yuga)로 설명한다. 까르따 유가는 네 유가 중 첫 번째로서, 정의와 평화가 충만하고 고통이 없으며 인간의 수명도 4,000년이나 이어지는 최상의 시대를 말한다.

6 '제사'는 라뜨리삿뜨라(rātrisattra)의 번역이다. 문자 그대로는 '밤의 희생제'를 말한다. 여러 날에 걸쳐 지내는 소마제의 일종으로, 집행자에게 풍요와 번영을 주는 제사이다.

7 재생족(再生族, dvija)은 '두 번 태어난 자'라는 뜻으로, 의례를 통하여 다시 태어난다는 의미에서 유래한다. 좁게는 브라만 계급을 의미하며, 넓게는 사성계급 중 상위 세 계급(브라만, 끄샤뜨리야, 바이샤)을 통칭하는 말로도 쓰인다.

8 '소마에서 비롯된 자'라는 것은 원문의 사우미야(saumya)의 의미를 살린 것이다. 소마는 달의 신의 또 다른 이름이기도 하며 빛으로 한밤을 밝히는 미덕을 지니기 때문에 '다정한 자, 부드러운 자, 선한 자'라는 의미를 갖기도 한다. 이후 붓다가 난다를 부를 때에 사용되는 호칭이기도 하다. 본 송에서는 소마와 라임을 맞추기 위해 어감을 살려 번역하였다.

9 샤끄라(śakra)는 '가능한 자, 강력한 자'를 의미하며 신들의 제왕 인드라의 별칭이다.

10 아이라바따(airāvata)는 인드라가 타고 다니는 코끼리의 이름이다.

11 고대인도의 세계관에서는 네 마리의 거대한 코끼리 왕들이 네 방위에서 세상을 떠받쳐 지키고 있는 것으로 설명한다.

12 '간다르바 왕의 숲'은 짜이뜨라라타(caitraratha)의 번역어이다. 이는 '찌뜨라라타(citraratha)에게서 비롯된 것'이라는 의미로서, 찌뜨라라타는 소마를 지키는 천상의 존재인 간다르바 왕의 이름이다.

13 도솔천(tuṣita, 兜率天)과 정거천(śuddhāvāsa, 淨居天)은 천계의 명칭들이다. 도솔천은 욕계(欲界) 6천 중 제4천에 해당하며 미륵보살 등 다음에 성불할 보살들이 머무는 곳이다. 정거천은 색계(色界) 제4선의 9개 천계 가운데 5개의 천계를 통칭한 것이다. 이곳에 머무르는 성인은 더 이상 욕계로 돌아오지 않기 때문에 불환천(不還天)이라고도 불린다.

14 난다는 이 작품의 주인공으로서 석가모니 붓다의 이복동생이다. 난다(nanda)라는 이름은 '기쁨'을 의미한다.

15 순다라(sundara)는 '아름다운 자, 잘생긴 자'라는 뜻이다. 작품의 제목인 '사운다라난다'(Saundarananda)는 '아름다운 난다에 관한 [이야기]'를 의미한다.

16 '몸 없는 사랑의 신'은 아낭가(anaṅga)에 대한 번역이다. 문자 그대로는 '몸이 없는 자'라는 뜻으로, 사랑의 신 까마(kāma)의 별칭이다. 한 신화에 따르면 까마가 고행하던 쉬바 신에게 사랑의 화살을 쏘아 히말라야의 딸 빠르바띠와 사랑에 빠지도록 하였는데, 고행을 방해받은 쉬바신은 분노의 불길로 까마의 몸을 태워 사라지게 만들었다.

17 고대 인도에서 인간의 삶의 목적으로 꼽는 뜨리바르가(tri-varga), 즉 아르타(재산), 다르마(의무), 까마(욕망)를 모두 완성하였다는 의미이다.

18 다르마와 아르타는 각각 샤꺄무니 붓다와 난다 두 왕자를 비유한 것이다.

19 원문의 히마밧-빠리빠뜨라(himavat-pāripātra)는 각각 인도 북부 히말라야 산맥과 중부 빈디야 산맥을 의미한다.

20 원문의 사르바르타싯다(sarvārthasiddha)는 '모든 목적을 달성한 자'라는 뜻으로, 붓다의 이름으로 잘 알려진 '싯다르타'(siddhārtha)와 동일한 의미이다.

제3장

여래에 대한 묘사

tathāgatavarṇanaḥ

tapase tataḥ kapilavāstu
hayagajarathaughasaṃkulam |
śrīmad abhayam anuraktajanaṃ
sa vihāya niścitamanā vanaṃ yayau || 3.1 ||

vividhāgamāṃs tapasi tāṃś ca
vividhaniyamāśrayān munīn |
prekṣya sa viṣayatṛṣākṛpaṇān
anavasthitam tapa iti nyavartata || 3.2 ||

atha mokṣavādinam arāḍam
upaśamamatiṃ tathoḍrakaṃ |
tattvakṛtamatir upāsya jahāv
ayam apy amārga iti mārgakovidhaḥ || 3.3 ||

sa vicārayan jagati kiṃ nu
paramam iti taṃ tam āgamaṃ |
niścayam anadhigataḥ parataḥ
paramaṃ cacāra tapa eva duṣkaraṃ || 3.4 ||

atha naiṣa mārga iti vīkṣya
tad api vipulaṃ jahau tapaḥ |
dhyānaviṣayam avagamya paraṃ
bubhuje varānnam amṛtatvabuddhaye || 3.5 ||

여래의 깨달음과 전법

그리하여 흔들림 없는 마음을 지닌 싯다르타는
언제나 말과 코끼리와 전차로 붐비는,
훌륭하고 평화로우며 백성을 기쁘게 하는 까삘라바스뚜를 떠나
고행을 위하여 숲을 향해 떠났습니다. ‖ 3.1 ‖

그러나 고행에 대한 온갖 전승(경전)을 익히고
다양한 규율을 갖춘 그 성자들이
대상에 대한 집착으로 괴로워하는 모습을 보고서,
그는 '고행은 믿을 만하지 않다'며 그들마저 떠났답니다. ‖ 3.2 ‖

진리를 추구하는 현명한 싯다르타는,
다음으로 해탈을 말하는 자인 아라다와,
적정을 아는 자 우드라까를 [스승으로] 모신 후,[1]
'이 또한 [최고의 경지로 가는] 길이 아니다'라며
[올바른] 길을 아는 자로서 [그들도] 떠났지요. ‖ 3.3 ‖

그는 '세상에서 무엇이 최고인가' 하며
이런 저런 전승을 찾아다녔지만,
다른 곳에서는 확신을 얻지 못했기에
결국 가장 어려운 고행을 행하였답니다.[2] ‖ 3.4 ‖

그 후 '이 길이 아니다'라고 알고서
그 오랜 고행 또한 버렸고,
선정의 영역이 최상임을 깨닫고서
불사의 지혜를 얻고자 공양 받은 음식을[3] 취하였습니다. ‖ 3.5 ‖

sa suvarṇapīnayugabāhur
ṛṣabhagatir āyatekṣaṇaḥ |
plakṣam avaniruham abhyagamat
paramasya niścayavidher bubhutsayā || 3.6 ||

upaviśya tatra kṛtabuddhir
acaladhṛtir adrirājavat |
mārabalam ajayad ugram atho
bubudhe padaṃ śivam ahāryam avyayaṃ || 3.7 ||

avagamya taṃ ca kṛtakāryam
amṛtamanaso divaukasaḥ |
harṣam atulam agaman muditā
vimukhī tu māraparișat pracukṣubhe || 3.8 ||

sanagā ca bhūḥ pravicacāla
hutavahasakhaḥ śivo vavau |
nedur api ca suradundubhayaḥ
pravavarṣa cāmbudharavarjitaṃ nabhaḥ || 3.9 ||

avabudhya caiva paramārtham
ajaram anukampayā vibhuḥ |
nityam amṛtam upadarśayituṃ
sa varāṇasīparikarām ayāt purīm || 3.10 ||

atha dharmacakram ṛtanābhi
dhṛtimatisamādhinemimat |
tatra vinayaniyamāram ṛṣir
jagato hitāya pariṣady avartayat || 3.11 ||

황금빛 긴 두 팔을 지니고,
황소처럼 걸으며 긴 눈을 한[4] 그는
최상의 확고한 방법을 찾고자 하여
보리수에 이르렀지요. ‖ 3.6 ‖

그곳에 앉아 깨달음을 얻은 그는
마치 움직임 없이 굳건한 산의 왕 히말라야와 같았으니,
거센 마라의 군대를 정복하고 나서[5]
변하지 않고 멸하지 않는 상서로운 단계를 깨닫게 되었답니다. ‖ 3.7 ‖

그리고 그가 해야 할 일을 완수한 것을 알고서,
불사를 원하는 천신들은[6]
행복해 하면서 무한한 기쁨에 도달했지만
마라의 무리는 적대하고 불안에 떨었습니다. ‖ 3.8 ‖

산을 지탱하는 땅이 흔들리고
상서로운 바람이[7] 불었으며,
또한 신들의 북소리가 울렸고,
구름 없는 하늘에서 비가 내렸습니다. ‖ 3.9 ‖

쇠하지 않는 최고의 진리를 깨달은 승자(勝子)께서는
[중생을 향한] 연민을 느끼고,
[그들에게] 영원한 불사를 보여주기 위해
바라나시로 향하셨지요. ‖ 3.10 ‖

이윽고 성자(붓다)께서는 세상의 이익을 위하여
다섯 비구가 모인 곳에서 다르마의 수레바퀴를 굴리셨으니,[8]
바퀴통은 진리요, 바퀴테는 만족과 지혜와 삼매이며,
바큇살은 율과 규칙이랍니다. ‖ 3.11 ‖

iti duḥkham etad iyam asya
samudayalatā pravartikā |
śāntir iyam ayam upāya iti
pravibhāgaśaḥ param idaṃ catuṣṭayam || 3.12 ||

abhidhāya ca triparivartam
atulam anivartyam uttamaṃ |
dvādaśaniyatavikalpam ṛṣir
vininãya kauṇḍinasagotram āditaḥ || 3.13 ||

sa hi doṣasāgaram agādham
upadhijalam ādhijantukaṃ |
krodhamadabhayataraṅgacalaṃ
pratatāra lokam api ca vyatārayat || 3.14 ||

sa vinīya kāśiṣu gayeṣu
bahujanam atho girivraje |
pitryam api paramakāruṇiko
nagaraṃ yayāv anujighṛkṣayā tadā || 3.15 ||

viṣayātmakasya hi janasya
bahuvividhamārgasevinaḥ |
sūryasadṛśavapur abhyudito
vijahāra sūrya iva gautamas tamaḥ || 3.16 ||

그리하여 "이것은 고통이다.
이것은 그것의 원인인 집(集)이라는 덩굴이다.
이것은 적정이다. 이것은 수단이다."라는
최상의 [진리인] 사제(四諦)를 각별하셨습니다. ‖ 3.12 ‖

또한 성자(붓다)께서는
비교할 수 없는 불퇴전의 최상법(사제)이
세 번 변화하여 12가지로 확정된 양상[9]을 말씀하시고,
까운디나를 성으로 가진 자를 시작으로[10] 가르치셨답니다. ‖ 3.13 ‖

실로 그분께서는
고통을 낳으며 집착의 대상인 물과,
분노, 욕망, 두려움의 파도가 출렁이는
깊은 어둠(무명)의 바다를 건너셨고,
또한 세상 사람들도 건너게 하셨지요. ‖ 3.14 ‖

까삘라바스뚜로 향한 붓다

이 최고의 자비를 가진 분(붓다)께서는
까쉬와 가야, 기리브라자[11]에서 많은 사람을 가르치신 후,
[진리를] 보여주고자
아버지의 도시 [까삘라바스뚜]로 가셨습니다. ‖ 3.15 ‖

마치 태양이 뜰 때 어둠이 사라지듯,
태양과 같은 훌륭한 가우따마(붓다)께서는
대상에 집착하는 갖가지 길을 따르는 중생들에게서
[어둠을] 없애주셨답니다. ‖ 3.16 ‖

abhitas tataḥ kapilavāstu
paramaśubhavāstusaṃstutaṃ |
vastumatiśuci śivopavanaṃ
sa dadarśa niḥspṛhatayā yathā vanaṃ || 3.17 ||

aparigrahaḥ sa hi babhūva
niyatamatir ātmanīśvaraḥ |
naikavidhabhayakareṣu kim u
svajanasvadeśajanamitravastuṣu || 3.18 ||

pratipūjayā na sa jaharṣa
na ca śucam avajñayāgamat |
niścitamatir asicandanayor
na jagāma duḥkhasukhayoś ca vikriyāṃ || 3.19 ||

atha pārthivaḥ samupalabhya
sutam upagataṃ tathāgataṃ |
tūrṇam abahuturagānugataḥ
sutadarśanotsukatayābhiniryayau || 3.20 ||

sugatas tathāgatam avekṣya
narapatim adhīram āśayā |
śeṣam api ca janam aśrumukhaṃ
vininīṣayā gaganam utpapāta ha || 3.21 ||

그 근처에서 가장 아름다운 곳으로 유명하고,
부와 지성으로 빛나는
까뻴라바스뚜의 상서로운 정원을
붓다는 마치 숲을 보듯 집착 없이 바라보셨지요. || 3.17 ||

왜냐하면 그는 지혜가 확고하여
스스로를 주인으로 삼고 [무엇에도] 집착하지 않기에,
자신의 가족과 종족, 친구, 재산 중
그 어느 한 가지도 거칠 것이 없었기 때문입니다. || 3.18 ||

확고한 마음을 지닌 붓다는
존경에도 기뻐하지 않았고, 무시에도 낙담하지 않았으며,
칼에 의한 고통이나 전단향이 주는 즐거움에도
미동조차 하지 않으셨답니다. || 3.19 ||

그때 [숫도다나] 왕은
여래가 된 아들이 왔다는 말을 듣고
아들을 보기 위해 몇 필의 말을 끌고
서둘러 [그곳으로] 향하였습니다. || 3.20 ||

희망에 부풀고 기대에 차 찾아온 왕과,
눈물짓는 얼굴을 한 나머지 사람들을 보고서,
잘 가신 분(붓다)께서는[12] [그들을] 일깨우고자
공중으로 떠올랐습니다. || 2.21 ||

sa vicakrame divi bhuvīva
punar upaviveśa tasthivān |
niścalamatir aśayiṣṭa punar
bahudhābhavat punar abhūt tathaikadhā || 3.22 ||

salile kṣitāv iva cacāra
jalam iva viveśa medinīm |
megha iva divi vavarṣa punaḥ
punar ajvalan nava ivodito raviḥ || 3.23 ||

yugapaj jvalan jvalanavac ca
jalam avasṛjaṃś ca meghavat |
taptakanakasadṛśaprabhayā
sa babhau pradīpta iva sandhyayā ghanaḥ || 3.24 ||

tam udīkṣya hemamaṇijāla-
valayinam ivotthitaṃ dhvajam |
prītim agamad atulāṃ nṛpatir
janatā natāś ca bahumānam abhyayuḥ || 3.25 ||

atha bhājanīkṛtam avekṣya
manujapatim ṛddhisampadā |
paurajanam api ca tatpravaṇaṃ
nijagāda dharmavinayam vināyakaḥ || 3.26 ||

nṛpatis tataḥ prathamam āpa
phalam amṛtadharmasiddhaye |
dharmam atulam adhigamya muner
munaye nanāma sa yato gurāv iva || 3.27 ||

흔들림 없는 마음을 지닌 그는
땅에서처럼 공중에서 걷고, 멈추고, 앉고, 누웠고,
또한 다양한 모습이 되었다가,
다시 한 모습이 되었습니다. ‖ 3.22 ‖

땅에서처럼 물에서 움직였고,
물[에 들어가]듯 땅속에 들어갔으며,
또한 공중에서 구름과 같이 비를 내리고,
새로이 떠오르는 태양과 같이 빛을 내셨지요. ‖ 3.23 ‖

불과 같이 타오르면서도
동시에 구름과 같이 물을 뿌리는 [붓다]께서는
녹인 금과 같은 빛을 지니시어
마치 동틀 무렵 [햇빛에] 반짝이는 구름 같이 빛났답니다.[13] ‖ 3.24 ‖

마치 금과 보석으로 된 그물망 두른 깃발처럼
[공중에] 솟아오른 그를 올려다보고서,
왕은 더없이 기뻐하였고,
백성들은 깊은 존경심을 표하였지요. ‖ 3.25 ‖

그리고 지도자(붓다)[14]께서는 신통력을 통해
왕이 역할을 올바로 수행하는 것과,
백성들 또한 그에 따르는 것을 보고서,
다르마와 비나야[15]를 설하셨답니다. ‖ 3.26 ‖

그 후 슛도다나 왕은
멸하지 않는 다르마의 완성을 위한 첫 열매[16]를 얻었으니,
성자(붓다)에게서 견줄 데 없는 다르마를 얻고서
그는 스승에게 하듯 붓다를 향해 존경을 표하였습니다. ‖ 3.27 ‖

bahavaḥ prasannamanaso ’tha
jananamaraṇārtibhīravaḥ |
śākyatanayavṛṣabhāḥ kṛtino
vṛṣabhā ivānalabhayāt pravavrajuḥ || 3.28 ||

vijahus tu ye ’pi na gṛhāni
tanayapitṛmātrapekṣayā |
te ’pi niyamavidhim āmaraṇāj
jagṛhuś ca yuktamanasaś ca dadhrire || 3.29 ||

na jihiṃsa sūkṣmam api jantum
api paravadhopajīvanaḥ |
kiṃ bata vipulaguṇaḥ kulajaḥ
sadayaḥ sadā kimu muner upāsakaḥ || 3.30 ||

akṛśodyamaḥ kṛśadhano ’pi
paraparibhavāsaho ’pi san |
nānyadhanam apajahāra tathā
bhujagād ivānyavibhavād dhi vivyathe || 3.31 ||

그리하여 강하고 선하며 순수한 마음을 지닌
수많은 샤끼야족 [사람]들이
마치 불에 대한 두려움으로 [물러나는] 황소와 같이
생과 사의 고통을 두려워하며 유행(遊行)을 떠났답니다.[17] ‖ 3.28 ‖

한편 자식과 부모에 대한 책임감 때문에
집을 떠나지 않는 이들조차
생이 다할 때까지 올바른 마음을 지니고
절제의 도를 지키고 유지하였습니다. ‖ 3.29 ‖

10선업의 실천, 까삘라바스뚜의 번영

유정을 살생하여 생활 수단으로 삼는 자일지라도
작은 것이라도 살아 있는 것을 해치지 않았거늘,
하물며 좋은 가문에서 태어나
광대한 덕을 지닌 자비로운 자는 어떠할 것이며,
더욱이 성자를 따르는 우바새는 말해 무엇 하겠습니까?[18] ‖ 3.30 ‖

[재산을 위해] 많은 노력을 하는 자나 재산이 적은 자도,
다른 이의 멸시를 견딜 수 없는 자도
다른 자의 재산을 갈취하지 않았으니,

마치 뱀을 [두려워하듯]
다른 이의 재물을 두려워하기 때문이랍니다. ‖ 3.31 ‖

vibhavānvito 'pi taruṇo 'pi
viṣayacapalendriyo 'pi san |
naiva ca parayuvatīr agamat
paramaṃ hi tā dahanato 'py amanyata || 3.32 ||

anṛtam jagāda na ca kaścid
ṛtam api jajalpa nāpriyaṃ |
ślakṣṇam api ca na jagāv ahitaṃ
hitam apy uvāca na ca paiśunāya yat || 3.33 ||

manasā lulobha na ca jātu
paravasuṣu gṛddhamānasaḥ |
kāmasukham asukhato vimṛśan
vijahāra tṛpta iva tatra sajjanaḥ || 3.34 ||

na parasya kaścid apaghātam
api ca saghṛṇo vyacintayat |
mātṛpitṛsutasuhṛtsadṛśaṃ
sa dadarśa tatra hi parasparaṃ janaḥ || 3.35 ||

niyatam bhaviṣyati paratra
bhavad api ca bhūtam apy atho |
karmaphalam api ca lokagatir
niyateti darśanam avāpa sādhu ca || 3.36 ||

iti karmaṇā daśavidhena
paramakuśalena bhūriṇā |
bhraṃśini śithilaguṇo 'pi yuge
vijahāra tatra munisaṃśrayāj janaḥ || 3.37 ||

재산을 갖춘 자나 젊어 [혈기 왕성한] 자라도,
대상 따라 흔들리는 감관을 지닌 자라 할지라도,
절대 다른 이의 여인에게 다가가지 않았으니,
다른 이의 여인을 불보다 더욱 [위험하게] 여겼기 때문이랍니다. ‖ 3.32 ‖

어떠한 자도 거짓을 말하지 않았으며,
진실이 담겨있어도 아름답지 않은 말은[19] 하지 않았으며,
부드러워도 [타인에게] 이익이 되지 않는 것은[20] 말하지 않았으며,
이익이 되더라도 이간질을 위해서는 말하지 않았답니다. ‖ 3.33 ‖

탐욕스러운 마음을 지닌 [어떠한 자도]
결코 다른 이의 이익을 탐하는 마음으로 갈망하지 않았으니,
욕망의 대상에 대한 기쁨을 [진정한] 행복이 아니라 여긴 올바른 자는
만족한 듯 [세속적 탐욕으로부터] 떠나갔습니다. ‖ 3.34 ‖

자비로운 [자는] 다른 어떤 누구에게도
그 어떠한 적의도 느끼지 않았으니,
그 사람은 상대를 어머니와 아버지, 아들과 친구처럼
[정다운 존재로] 여겼기 때문이랍니다. ‖ 3.35 ‖

[사람들은] 업의 결과가 언제나
[과거에도] 존재했고, 지금도 존재하며, 미래에도 존재할 것이라는
[이것이] 영원한 세상의 도리라는
올바른 견해를 얻었지요. ‖ 3.36 ‖

이처럼 타락하고 덕이 해이해진 시대라 할지라도
[까삘라바스뚜]의 사람들은
성자(붓다)에게 의지하기에
위의 열 가지 뛰어난 선업을 지니고 나아갔답니다. ‖ 3.37 ‖

na ca tatra kaścid upapatti-
sukham abhilalāṣa tair guṇaiḥ |
sarvam aśivam avagamya bhavaṃ
bhavasaṃkṣayāya vavṛte na janmane || 3.38 ||

akathaṃkathā gṛhiṇa eva
paramapariśuddhadṛṣṭayaḥ |
srotasi hi vavṛtire bahavo
rajasas tanutvam api cakrire pare || 3.39 ||

vavṛte 'tra yo 'pi viṣayeṣu
vibhavasadṛśeṣu kaścana |
tyāgavinayaniyamābhirato
vijahāra so 'pi na cacāla satpathāt || 3.40 ||

api ca svato 'pi parato 'pi
na bhayam abhavan na daivataḥ |
tatra ca susukhasubhikṣaguṇair
jahṛṣuḥ prajāḥ kṛtayuge manor iva || 3.41 ||

iti muditam anāmayaṃ nirāpat
kururaghupūrupuropamaṃ puraṃ tat |
abhavad abhayadaiśike maharṣau
viharati tatra śivāya vītarāge || 3.42 ||

|| iti saundaranande mahākāvye tathāgatavarṇano nāma tṛtīyaḥ sargaḥ ||3||

그리하여 그곳에서는 그러한 미덕들로 인해
어느 누구도 생의 기쁨을 갈망하지 않았으며,
모든 존재가 고통스러운 것임을 이해하고,
존재의 탄생이 아닌 사라짐을 위해 살아갔습니다. || 3.38 ||

가장 청정한 견해를 지닌 재가자들은
결코 의심하지도 질문을 가지지도 않았으니,
많은 자들이 예류(預流)에 도달[21]하였기 때문이며,
[그렇지 못한] 다른 이들은 욕망을 줄였답니다. || 3.39 ||

어떠한 사람이든 이곳에서
부유함과 같은<절멸과 같은>[22] 대상들에서 행동했던 사람은
포기와 계율에 만족하며 살아갔고,
올바른 길에서 벗어나지 않았습니다. || 3.40 ||

또한 스스로에게서도, 다른 사람에게서도,
운명으로부터도 두려움을 느끼지 않았으며,
그곳에서 사람들은 마누의[23] 황금시대[24] 처럼
큰 행복과 풍요로움, 미덕들을 갖추어 기뻐하였지요. || 3.41 ||

그리하여 집착에서 벗어나 두려움 없는 스승인 위대한 성자(붓다)께서
[까삘라바스뚜에서] 상서로이 머무시는 동안,
그 도시는 행복하고, 질병이 없이 번영하여
마치 [그 옛날] 꾸루, 라구, 뿌루의 도시와 같았답니다.[25] || 3.42 ||

대서사시 『사운다라난다』에서 "여래에 대한 묘사"라는 이름의 세 번째 장을 마친다.

〖 미주 〗

1 여러 전승에 따르면 석가모니는 출가 후 깨달음을 위한 방법을 찾아다니는데 그 여정 가운데 아라다 깔라마(Arāḍa Kālāma, 빨리어로 Ālāra Kālāma)로부터 무소유처(無所有處) 선정을 배우고, 우드라까 라마뿌뜨라(Uḍraka Rāmaputra, 빨리어로 Uddaka Rāmaputta)로부터 비상비비상처(非想非非想處) 선정을 배웠다고 전해진다.

2 석가모니는 앞서 만난 스승들을 떠난 다음, 다섯 명의 고행자와 함께 6년 동안 단식, 무호흡 명상 등 극심한 고행을 하였다.

3 수자따(Sujātā)가 공양 올린 우유죽을 말한다.

4 인도 문화에서는 위대한 인물이 신체에 지니는 상서로운 특징들을 자주 언급하는데, 석가모니 붓다의 32상도 여기에 해당한다. 황금빛 몸, 긴 팔, 긴 눈 등이 이러한 특징에 속한다.

5 석가모니의 정각(正覺) 순간에 마라가 자신의 딸들과 군대를 보내 방해한 일화를 말하는 것이다.

6 '불사를 원하는 천신들'은 원문의 '아므리따(amṛta)를 원하는 자'(amṛtamanasa)를 번역한 것이다. 인도 신화에서 천신 데바(deva)와 악신 아수라(asura)들은 불사의 음료인 아므리따를 얻기 위해 우유의 바다를 휘젓는 엄청난 과업을 진행했으며 이후 이를 차지하기 위해 전투를 벌이게 된다.

7 '바람'은 원문의 '공물을 옮기는 자의 벗'(hutavahasakha)을 번역한 것이다. 제식에서 공물을 하늘로 옮기는 존재는 불의 신 아그니(Agni)이며, 아그니의 벗이란 공물을 태운 연기를 하늘로 옮겨주는 이, 곧 바람을 말한다.

8 붓다는 성도한 후 함께 수행했던 다섯 명의 고행자를 찾아 첫 설법을 하게 된다. 처음으로 법의 바퀴를 굴렸다는 의미에서 이를 초전법륜(初轉法輪)으로 부른다.

9 삼전십이행상(三轉十二行相)을 말한다. 4제를 사실 그대로 보이고(示轉), 권하며(勸轉), 경험으로 증명하는(證轉) 방법이다.

10 석가모니가 함께 수행하고 성도 후 첫 설법을 베푼 다섯 고행자를 말하며, 까운딘야(Kauṇḍinya)는 그중 한 사람이다.

11 까쉬(Kāśi), 가야(Gaya), 기리브라자(Girivraja)는 각각 바라나시, 보드가야, 라자그리하를 말한다.

12 '(깨달음으로) 잘 가신 분'을 의미하는 수가따(sugata)는 보통 선서(善逝)라고 한역되는 붓다의 별칭이다.

13 숫도다나왕이 석가모니와 상봉하는 이 장면에서 붓다는 직접 신통을 보여 아버지와 일가친척들을 감화시킨다. 흔히 물과 불을 번갈아 내뿜는 쌍신변(雙神變)과 몸을 여럿으로 화현한 천불화현 등으로 묘사되며 많은 불교 예술 작품에서 소재로 사용되었다.

14 '지도자', '스승'을 의미하는 비나야까(vināyaka)는 붓다의 별칭이다.

15 다르마(dharma)와 비나야(vinaya)는 법(法)과 율(律)로 한역된다. 다르마는 세상의 이치 및 진리에 대한 붓다의 가르침을 말하고 비나야는 수행을 위한 지침을 말한다.

16 '멸하지 않는 다르마의 완성'이란 깨달음의 성취를 말하는 것으로서, 첫 열매란 깨달음의 첫 단계로서 붓다에게 귀의하여 예류(預流)에 든 것을 의미한다.

17 출가하여 수행자가 되었음을 의미한다.

18 3장 제30송부터 제36송은 불교의 10선법에 대한 내용으로서 30송은 불살생(不殺生), 31송은 불투도(不偸盜), 32송은 불사음(不邪婬), 33송은 차례대로 불망어(不妄語), 불악구(不惡口), 불기어(不綺語), 불양설(不兩舌), 34송은 불탐(不貪), 35송은 부진(不瞋), 36송은 불치(不癡)에 해당한다.

19 '아름답지 않은(apriya) 말'이란 듣기에 거슬리는 말, 욕설과 같이 거친 말을 뜻한다.

20 '부드럽지만(ślakṣṇa) 이익이 되지 않는(ahita) 말'이란 듣기에는 좋으나 도움이 되지 않는 말로서 아첨이나 실없는 말을 뜻한다.

21 예류(預流, srota-āpanna)는 수다원(須陀洹)이라고 음사하기도 한다. 깨달음의 네 단계로 설명하는 사향사과(四向四果) 중 첫 번째에 해당한다.

22 원문의 '부유함과 같은'(vibhava-sadṛśa)에서 vibhava는 '부유함, 재산'이라는 뜻과 '파괴, 절멸'이라는 두 가지 뜻을 지닌다. 욕망의 대상을 가리키는 말로서 부유함을 원하는 물질적인 대상의 의미와 더불어 욕망의 대상이 결국은 소멸될 운명에 있음을 암시적으로 표현하고 있는 것으로 보인다.

23 마누(manu)는 인도 신화에서 인간세계를 지배하는 왕이자 선조로 묘사되는 전설적 존재로, 새로운 세계가 창조될 때 질서를 확립하는 인물이기도 하다.

24 우주가 생성된 직후의 평안하고 안정된 시대로서 제2장 26송에도 언급되었다. 해당 각주 참조.

25 꾸루(Kuru), 라구(Raghu), 뿌루(Puru)는 모두 고대 인도의 성스러운 일족의 조상이 되는 전설적인 왕들의 명칭이다. 이들은 큰 번영을 이루어 후대까지 전승되며 계보를 형성하고 있다.

제4장

아내의 애원

bhāryāyācitakaḥ

munau bruvāṇe 'pi tu tatra dharmaṃ
dharmaṃ prati jñātiṣu cādṛteṣu |
prāsādasaṃstho madanaikakāryaḥ
priyāsahāyo vijahāra nandaḥ || 4.1 ||

sa cakravākyeva hi cakravākas
tayā sametaḥ priyayā priyārhaḥ |
nācintayad vaiśravaṇaṃ na śakraṃ
tatsthānahetoḥ kuta eva dharmam || 4.2 ||

lakṣmyā ca rūpeṇa ca sundarīti
stambhena garveṇa ca māninīti |
dīptyā ca mānena ca bhāminīti
yāto babhāṣe trividhena nāmnā || 4.3 ||

sā hāsahaṃsā nayanadvirephā
pīnastanātyunnatapadmakośā |
bhūyo babhāse svakuloditena
strīpadminī nandadivākareṇa || 4.4 ||

rūpeṇa cātyantamanohareṇa
rūpānurūpeṇa ca ceṣṭitena |
manuṣyaloke hi tadā babhūva
sā sundarī strīṣu nareṣu nandaḥ || 4.5 ||

난다와 순다리

한편 성자(붓다)께서 그곳에서 다르마를 가르칠 때에도,
친지들이 다르마를 숭배할 때에도,
난다는 오로지 아내와 더불어 사랑놀음에만 빠져
궁전에 머물며 [시간을] 보내고 있었습니다. ‖ 4.1 ‖

매력적인 그는 사랑하는 아내와
마치 암수 원앙[1] 처럼 함께하며
꾸베라[2] 도, 인드라도 생각하지 않았거늘[3]
하물며 그 상황에서 다르마는 얼마나 생각했겠습니까! ‖ 4.2 ‖

[난다의 부인]은 세 가지 이름으로 불렸으니,
상서로움과 아름다움으로는 순다리,
고고함과 자부심으로는 마니니,
반짝임과 당당함으로는 바미니[라 불렸답니다].[4] ‖ 4.3 ‖

그녀는 마치 연지(蓮池)와 같은 여인이었으니,
웃음은 [연못에 떠있는] 백조요,
눈은 [연꽃에 앉은] 검은 벌이며,
봉긋한 가슴은 솟아오른 연꽃 봉우리였으니,
자신의 혈통에서 떠오른 태양[5] 같은 난다에 의해
[그녀라는 연지는] 더욱 빛을 발하였지요. ‖ 4.4 ‖

너무도 뛰어나게 아름다운 외모를 갖추고,
외모에 어울리는 품행을 갖추었기에,
당시 인간계에서 여자들 중에는 순다리요,
남자들 중에는 난다가 있었습니다. ‖ 4.5 ‖

sā devatā nandanacāriṇīva
kulasya nandījananaś ca nandaḥ |
atītya martyān anupetya devān
sṛṣṭāv abhūtām iva bhūtadhātrā || 4.6 ||

tāṃ sundarīṃ cen na labheta nandaḥ
sā vā niṣeveta na taṃ natabhrūḥ |
dvandvaṃ dhruvaṃ tadvikalaṃ na śobhe-
tānyonyahīnāv iva rātricandrau || 4.7 ||

kandarparatyor iva lakṣyabhūtaṃ
pramodanāndyor iva nīḍabhūtam |
praharṣatuṣṭyor iva pātrabhūtaṃ
dvandvaṃ sahāraṃsta madāndhabhūtam|| 4.8 ||

parasparodvīkṣaṇatatparākṣaṃ
parasparavyāhṛtasaktacittam |
parasparāśleṣahṛtāṅgarāgaṃ
parasparaṃ tanmithunaṃ jahāra || 4.9 ||

bhāvānuraktau girinirjharasthau
tau kiṃnarīkiṃpuruṣāv ivobhau |
cikrīḍatuś cābhivirejatuś ca
rūpaśriyānyonyam ivākṣipantau || 4.10 ||

난다나 정원[6] 거니는 여신 같은 그녀와
가문에 기쁨을 주는 자인 난다는
그들을 만든 창조신만큼은 아니되,
인간을 넘어서도록
[아름답게] 빛은 것만 같았습니다. ‖ 4.6 ‖

만일 난다가 그 순다리를 얻지 못했거나,
혹은 둥근 눈썹 가진 그녀[7]가 그를 따르지 않았다면,
분명 이 연인은 마치 서로를 여읜 밤과 달이 그러하듯,
[서로를 향한] 갈급으로 빛나지 않았을 테지요. ‖ 4.7 ‖

까마와 라띠[8]의 표적이 된 것처럼,
즐거움과 기쁨의 보금자리가 된 것처럼,
흥분과 만족을 담는 그릇이 된 것처럼,
둘은 맹목적으로 함께 [쾌락에] 탐닉했답니다. ‖ 4.8 ‖

서로의 눈은 서로를 보기 위한 것이었고,
마음은 서로의 말에 감응하기 위한 것이었으며,
몸에 바르는 향료는 서로를 향한 포옹으로 닦이기 위한 것이니
그 연인은 서로를 갈망했지요. ‖ 4.9 ‖

산 속 폭포에 머물며 사랑에 빠진
[한 쌍의] 낀나리와 낌뿌루샤[9] 같은 그 두 사람은
서로의 아름다움과 광채로 매혹하듯
즐겼으며, 또한 빛났습니다. ‖ 4.10 ‖

anyonyasaṃrāgavivardhanena
taddvandvam anyonyam arīramac ca |
klamāntare 'nyonyavinodanena
salīlam anyonyam amīmadac ca || 4.11 ||

vibhūṣayām āsa tataḥ priyāṃ sa
siṣeviṣus tāṃ na mṛjāvahārtham |
svenaiva rūpeṇa vibhūṣitā hi
vibhūṣaṇānām api bhūṣaṇaṃ sā || 4.12 ||

dattvātha sā darpaṇam asya haste
mamāgrato dhāraya tāvad enam |
viśeṣakaṃ yāvad ahaṃ karomīty
uvāca kāntaṃ sa ca taṃ babhāra || 4.13 ||

bhartus tataḥ śmaśru nirīkṣamāṇā
viśeṣakaṃ sāpi cakāra tādṛk |
niśvāsavātena ca darpaṇasya
cikitsayitvā nijaghāna nandaḥ || 4.14 ||

sā tena ceṣṭālalitena bhartuḥ
śāṭhyena cāntarmanasā jahāsa |
bhavec ca ruṣṭā kila nāma tasmai
lalāṭajihmāṃ bhrukuṭiṃ cakāra || 4.15 ||

사랑의 유희

그 둘은 서로의 열정을 북돋우며
상대를 즐겁게 하였고,
노곤할 때에는 서로 장난스러운 행위를 통해
상대를 기꺼이 흥분시켰습니다. ‖ 4.11 ‖

어느 날 그가 아내에게 장신구를 달아주니,
그녀를 꾸미려는 것이 아니라
그저 [애정으로] 그녀를 받들기 위한 것들이었지요.
왜냐하면 그녀는 스스로의 아름다움으로 장식되어 있기에
[오히려] 장신구를 꾸며주는 여인이었기 때문이랍니다. ‖ 4.12 ‖

그 후 순다리는 난다의 손에 거울을 건네고서
"내가 비셰샤까[로 화장][10]을 하는 동안
내 앞에서 이것을 들어줘요."라며 연인에게 말하였고,
그가 그 거울을 들었습니다. ‖ 4.13 ‖

그 후 남편의 수염을 본 그녀가
[거울에 수염과] 똑같이 비셰샤까로 그리자,
난다는 거울을 보고서
깊은 숨을 불어서 지워버렸지요. ‖ 4.14 ‖

남편의 짓궂고 장난스러운 행동을 보고
마음속으로는 웃었지만,
순다리는 자못 기분이 상한 척 눈썹을 치켜올리고
그를 향해 미간을 찌푸렸답니다. ‖ 4.15 ‖

cikṣepa karṇotpalam asya cāṃse
kareṇa savyena madālasena |
pattrāṅguliṃ cārdhanimīlitākṣe
vaktre 'sya tām eva vinirdudhāva || 4.16 ||

tataś calannūpurayoktritābhyām
nakhaprabhodbhāsitarāṅgulibhyām |
padbhyāṃ priyāyā nalinopamābhyāṃ
mūrdhnā bhayān nāma nanāma nandaḥ || 4.17 ||

sa muktapuṣponmiṣitena mūrdhnā
tataḥ priyāyāḥ priyakṛd babhāse |
suvarṇavedyām anilāvabhagnaḥ
puṣpātibhārād iva nāgavṛkṣaḥ || 4.18 ||

sā taṃ stanodvartitahārayaṣṭir
utthāpayām āsa nipīḍya dorbhyām |
kathaṃ kṛto 'sīti jahāsa coccair
mukhena sācīkṛtakuṇḍalena || 4.19 ||

patyus tato darpaṇasaktapāṇer
muhur muhur vaktram avekṣamāṇā |
tamālapattrārdratale kapole
samāpayām āsa viśeṣakaṃ tat || 4.20 ||

tasyā mukhaṃ tat satamālapattraṃ
tāmrādharauṣṭhaṃ cikurāyatākṣam |
raktādhikāgraṃ patitadvirephaṃ
saśaivalaṃ padmam ivābabhāse || 4.21 ||

그녀는 사랑을 나누어 나른해진 왼손으로
귀에 꽂혀 있던 푸른 연꽃을 그의 어깨로 던졌고,
눈을 반쯤 뜬 그의 얼굴에
향료를 흩뿌렸습니다. ‖ 4.16 ‖

그러자 난다는 찰랑이는 발찌가 채워지고
발톱 광택이 찬연한 발가락을 지닌,
사랑하는 이의 연꽃 닮은 두 발에
짐짓 두려워하는 척 머리를 조아렸지요. ‖ 4.17 ‖

그리고 흩뿌려진 꽃 [사이로 구부린 그의] 머리가 피어나니,
연인에게 애정어린 행동을 하는 그는
마치 꽃을 잔뜩 진 채 바람결에 구부러진,
금빛 제단 위의 나가나무[11]처럼 보였답니다. ‖ 4.18 ‖

그녀가 두 손으로 그를 끌어안자
진주목걸이가 가슴에서 튕겨 떠올랐고,
그녀가 "뭐 하는 거예요."라며 크게 웃자
귀걸이가 얼굴께에서 찰랑거렸지요. ‖ 4.19 ‖

그리고 손에 거울을 쥔 남편의 얼굴을
지긋이 바라보며
따말라 잎의 즙 바른 볼에[12]
비세샤까를 덧발랐습니다. ‖ 4.20 ‖

붉게 물든 아랫입술과 흔들리는 긴 눈이 있고,
따말라 잎 즙이 어린 그녀의 [발그레한] 얼굴은
마치 검은 벌이 앉은 부초를 갖춘
가장자리 붉은 연꽃같이 보였더랬지요. ‖ 4.21 ‖

nandas tato darpaṇam ādareṇa
bibhrat tadā maṇḍanasākṣibhūtam |
viśeṣakāvekṣaṇakekarākṣo
laḍatpriyāyā vadanaṃ dadarśa || 4.22 ||

tatkuṇḍalād aṣṭaviśeṣakāntaṃ
kāraṇḍavakliṣṭam ivāravindam |
nandaḥ priyāyā mukham īkṣamāṇo
bhūyaḥ priyānandakaro babhūva || 4.23 ||

vimānakalpe sa vimānagarbhe
tatas tathā caiva nananda nandaḥ |
tathāgataś cāgatabhaikṣakālo
bhaikṣāya tasya praviveśa veśma || 4.24 ||

avāṅmukho niṣpraṇayaś ca tasthau
bhrātur gṛhe 'nyasya gṛhe yathaiva |
tasmād atho preṣyajanapramādād
bhikṣām alabdhvaiva punar jagāma || 4.25 ||

kācit pipeṣānuvilepanaṃ hi
vāso 'ṅganā kācid avāsayac ca |
ayojayat snānavidhiṃ tathānyā
jagranthur anyāḥ surabhīḥ srajaś ca || 4.26 ||

그리고 그때 난다는
치장하는 모습을 비추는 거울을 조심스레 들었고,
비셰샤까를 보며 가늘게 눈을 뜨고서
장난스러운 연인의 얼굴을 바라보았답니다. || 4.22 ||

비셰샤까 자국 가장자리는 그녀의 귀걸이로 [번져]
마치 오리가 어지럽힌 연꽃과 같았으니,
아내의 얼굴을 바라보는 난다는
한층 더 연인에게 즐거움을 주는 자가 되었지요. || 4.23 ||

붓다의 방문

난다가 신의 궁궐[13] 같은 집안에서
그처럼 즐기고 있을 적에,
탁발할 때를 맞이한 여래께서
탁발하기 위해 난다의 집으로 들어가셨습니다. || 4.24 ||

여래께서는 다른 이들의 집에서와 마찬가지로
동생의 집 앞에서 고개를 숙이고 침착하게 기다리셨으나,
시종의 부주의로 보시를 받지 못한 채
[빈손으로] 되돌아가게 되었습니다. || 4.25 ||

[시종들 가운데] 어떤 여인은 고약을 갈고 있었고,
어떤 여인은 옷에 향을 입히고 있었으며,
다른 여인은 목욕을 준비하였고,
또 다른 이들은 향 입힌 화환을 엮고 있었기 때문이었지요. || 4.26 ||

tasmin gṛhe bhartur ataś carantyaḥ
krīḍānurūpaṃ lalitaṃ niyogam |
kāścin na buddhaṃ dadṛśur yuvatyo
buddhasya vaiṣā niyataṃ manīṣā || 4.27 ||

kācit sthitā tatra tu harmyapṛṣṭhe
gavākṣapakṣe praṇidhāya cakṣuḥ |
viniṣpatantaṃ sugataṃ dadarśa
payodagarbhād iva dīptam arkam || 4.28 ||

sā gauravaṃ tatra vicārya bhartuḥ
svayā ca bhaktyārhatayārhataś ca |
nandasya tasthau purato vivakṣus
tadājñayā ceti tadācacakṣe || 4.29 ||

anugrahāyāsya janasya śaṅke
gurur gṛhaṃ no bhagavān praviṣṭaḥ |
bhikṣām alabdhvā giram āsanaṃ vā
śūnyād araṇyād iva yāti bhūyaḥ || 4.30 ||

śrutvā maharṣeḥ sa gṛhapraveśaṃ
satkārahīnaṃ ca punaḥ prayāṇam |
cacāla citrābharaṇāmbarasrak
kalpadrumo dhūta ivānilena || 4.31 ||

그리하여 그 집에서 [일하는] 여인들은
주인의 유희를 좇아 놀이를 준비하느라
어떤 이도 붓다를 보지 못했고,
붓다를 전혀 고려하지 못하였습니다. ‖ 4.27 ‖

그러나 그 건물 위 창가에서는
한 여인이 [바깥에] 눈을 두고 있었고,
마치 구름에서 빛나는 태양이 나오듯
[궁 밖으로] 나서는 잘 가신 분(붓다)을 보았지요. ‖ 4.28 ‖

그때 그녀는 주인이 존귀한 분을 존경하는 것을 떠올리고,
자신의 신심에 따라 존경심을 담아
난다의 앞에서 고하고자 하였으며,
그의 허락을 받아 이렇게 말씀드렸답니다. ‖ 4.29 ‖

"스승이신 세존께서 우리에게 은혜를 베푸시고자
저희 궁으로 들어오신 듯하나이다.
[허나] 아무런 보시도, 환영의 말도, 앉으실 자리도 받지 못하시고
마치 텅 빈 황야에 계신 것처럼 돌아가셨습니다." ‖ 4.30 ‖

위대한 성자가 집에 들어왔다가
대접받지 못한 채 다시 떠나셨다는 말을 듣고서,
난다는 알록달록하게 장식된 옷과 화환을 [걸친 채]
천상의 나무가 바람에 흔들리듯 떨었습니다. ‖ 4.31 ‖

kṛtvāñjaliṃ mūrdhani padmakalpaṃ
tataḥ sa kāntāṃ gamanaṃ yayāce |
kartuṃ gamiṣyāmi gurau praṇāmaṃ
mām abhyanujñātum ihārhasīti || 4.32 ||

sā vepamānā parisasvaje taṃ
śālaṃ latā vātasamīriteva |
dadarśa cāśruplutalolanetrā
dīrghaṃ ca niśvasya vaco 'bhyuvāca || 4.33 ||

nāhaṃ yiyāsor gurudarśanārtham
arhāmi kartuṃ tava dharmapīḍām |
gacchāryaputraihi ca śīghram eva
viśeṣako yāvad ayaṃ na śuṣkaḥ || 4.34 ||

saced bhaves tvaṃ khalu dīrghasūtro
daṇḍaṃ mahāntaṃ tvayi pātayeyam |
muhur muhus tvāṃ śayitaṃ kucābhyāṃ
vibodhayeyaṃ ca na cālapeyam || 4.35 ||

athāpy anāśyānaviśeṣakāyāṃ
mayy eṣyasi tvaṃ tvaritaṃ tatas tvām |
nipīḍayiṣyāmi bhujadvayena
nirbhūṣaṇenārdravilepanena || 4.36 ||

ity evam uktaś ca nipīḍitaś ca
tayāsavarṇasvanayā jagāda |
evaṃ kariṣyāmi vimuñca caṇḍe
yāvad gurur dūragato na me saḥ || 4.37 ||

그리고 머리 위에 연꽃 모양으로 두 손을 합장한 채
[붓다께] 가고자 부인에게 간청하였답니다.
"스승께 인사를 드리고저 가려 하오.
허니 나를 가게끔 허락하여주오." ‖ 4.32 ‖

순다리는 바람에 흔들리는 덩굴마냥 바들거리며
샬라나무[14] 같은 그를 끌어안았고,
눈물 그렁그렁한 눈으로 바라본 후
깊이 한숨을 쉬고서 말을 건네었습니다. ‖ 4.33 ‖

"스승을 보기 위해 가고자 하시는 것인데,
당신이 다르마를 어기는 것을 제가 두고 볼 수는 없지요.
가셔요, 여보. 하지만 돌아오셔요.
[제 얼굴에서] 이 비셰샤까가 마르기 전까지 말이에요. ‖ 4.34 ‖

만일 당신이 늦으시면
정말로 당신께 큰 벌을 내리겠어요.
잠든 당신을 계속해서 가슴으로 깨워
[괴롭히고는] 말도 안 할 테여요. ‖ 4.35 ‖

그러나 당신이 화장이 마르기 전에
서둘러 나에게 돌아오면,
당신을 장신구 없이
촉촉한 향이 발린 팔로 꼭 안아주겠어요." ‖ 4.36 ‖

그녀가 불안한 목소리로 이렇게 말하자
안겨 있던 난다는 말했습니다.
"그리하겠소. 놓아주시구려. 나의 여신[15]이여,
스승께서 멀리 가시기 전에 말이요." ‖ 4.37 ‖

tataḥ stanodvartitacandanābhyāṃ
mukto bhujābhyāṃ na tu mānasena |
vihāya veṣaṃ madanānurūpaṃ
satkārayogyam sa vapur babhāra || 4.38 ||

sā taṃ prayāntaṃ ramaṇaṃ pradadhyau
pradhyānaśūnyasthitaniścalākṣī |
sthitoccakarṇā vyapaviddhaśaṣpā
bhrāntaṃ mṛgaṃ bhrāntamukhī mṛgīva || 4.39 ||

didṛkṣayākṣīptamanā munes tu
nandaḥ prayāṇaṃ prati tatvare ca |
vivṛttadṛṣṭiś ca śanair yayau tāṃ
karīva paśyan sa laḍatkareṇum || 4.40 ||

chātodarīṃ pīnapayodharoruṃ
sa sundarīṃ rukmadarīm ivādreḥ |
kākṣeṇa paśyan na tatarpa nandaḥ
pibann ivaikena jalaṃ kareṇa || 4.41 ||

taṃ gauravaṃ buddhagataṃ cakarṣa
bhāryānurāgaḥ punar ācakarṣa |
so 'niścayān nāpi yayau na tasthau
turaṃs taraṅgeṣv iva rājahaṃsaḥ || 4.42 ||

순다리와의 이별

그는 샌달 향 입혀진 [그녀의] 가슴과 팔에서는 벗어났지만,
[그녀의] 마음에서는 [벗어날 수 없었습니다.]
사랑을 나누기 좋은 옷을 벗어놓고서
[붓다께] 예를 표하기에 적합한 모습을 갖추었답니다. ‖ 4.38 ‖

그녀는 공허하고 침울하여 움직이지 않는 눈을 한 채 생각에 빠져
떠난 연인을 떠올리고 있었으니,
[그 모습이 마치] 떠도는 수사슴을 [생각하며] 귀를 세우고 서서
[입에 문] 새싹을 떨구며 당황한 낯빛의 암사슴과도 같았답니다. ‖ 4.39 ‖

성자를 뵙고자 하는 마음으로 가득한 난다는
걸음을 더욱 서둘렀으나,
그는 마치 장난치는 암코끼리를 바라보는 수코끼리처럼
천천히 그녀에게 눈길을 돌렸습니다. ‖ 4.40 ‖

마치 산속 황금 골짜기같이 풍만한 가슴과 허벅지,
가는 허리를 지닌 순다리를 슬쩍 보면서
난다는 한 손으로 물을 [받아] 마시는 듯
[갈증이 나] 만족할 수가 없었지요. ‖ 4.41 ‖

붓다에 대한 존경심이 그를 [앞으로] 이끌었지만,
부인에 대한 애착은 또다시 그를 [뒤로] 잡아끌었으니,
결정을 내리지 못한 채, 마치 물결에 [앞뒤로] 흔들리는 백조처럼
그는 나아가지도 서 있지도 못하였습니다. ‖ 4.42 ‖

adarśanaṃ tūpagataś ca tasyā
harmyāt tataś cāvatatāra tūrṇam |
śrutvā tato nūpuranisvanaṃ sa
punar lalambe hṛdaye gṛhītaḥ || 4.43 ||

sa kāmarāgeṇa nigṛhyamāṇo
dharmānurāgeṇa ca kṛṣyamāṇaḥ |
jagāma duḥkhena vivartyamānaḥ
plavaḥ pratisrota ivāpagāyāḥ || 4.44 ||

tataḥ kramair dīrghatamaiḥ pracakrame
kathaṃ nu yāto na gurur bhaved iti|
svajeya tāṃ caiva viśeṣakapriyāṃ
kathaṃ priyām ārdraviśeṣakām iti || 4.45 ||

atha sa pathi dadarśa muktamānaṃ
pitṛnagare 'pi tathā gatābhimānam|
daśabalam abhito vilambamānaṃ
dhvajam anuyāna ivaindram arcyamānam || 4.46 ||

|| saundaranande mahākāvye bhāryāyācitako nāma caturthaḥ sargaḥ || 4 ||

이윽고 난다는 그녀가 보이지 않게 되자
궁으로부터 서둘러 떠나려 했으나,
그 후 [순다리의] 발찌 소리를 듣고서는
마음이 사로잡혀 다시 머뭇거렸지요. ‖ 4.43 ‖

애욕에 사로잡혔으면서도
다르마를 향한 열망에도 이끌린 그는
강물의 흐름을 거스르는 배처럼
[뒤로] 밀려나면서도 힘들게 [앞을 향해] 나아갔답니다. ‖ 4.44 ‖

그리고 '스승(붓다)께서 가버리시지는 않겠지!
비셰샤까가 마르기 전에 [돌아와 나의] 연인,
너무나도 사랑스러운 그녀를 안아야겠다!'라며
늘어질 대로 늘어진 [마지못한] 걸음걸이로 헤매었지요. ‖ 4.45 ‖

그러던 그때, 그는 자만심을 벗어난 분이요,
아버지의 도시에 머물며 그와 같이 아만심에서 떠나신 분,
마치 [사람들이] 뒤따르며 예배하는 인드라의 깃발처럼
[대중에게] 둘러싸여 [갈 길이] 지체된
열 가지 힘을 갖추신 분(붓다)을[16] 길에서 보게 되었습니다. ‖ 4.46 ‖

대서사시 『사운다라난다』에서 "아내의 애원"이라는 이름의 네 번째 장을 마친다.

〚 미주 〛

1 ‘원앙’은 짜끄라바까(cakravāka)의 번역이다. 짜끄라바까는 기러기목 오리과에 속하는 새로, 원앙이나 기러기와 같이 인도 문학에서는 금슬 좋은 한 쌍의 새로 자주 묘사된다.

2 ‘꾸베라’는 재물의 신으로, 원문의 바이쉬라바나(vaiśravaṇa)는 ‘비쉬라바 선인의 아들’을 의미하며 꾸베라 신의 별칭이다.

3 꾸베라는 재물의 신이며, 인드라는 무용(武勇)의 신이다. 난다와 순다리가 사랑의 유희에 빠져 재산을 모으는 실리(artha), 끄샤뜨리야 계급으로서의 전투의 의무도 저버린 것을 암시적으로 표현하였다.

4 순다리(sundarī)는 ‘아름다운 여인’, 마니니(māninī)는 ‘고고한 여인’, 바미니(bhāminī)는 ‘빛나는 여인’을 뜻한다.

5 난다는 석가모니의 이복동생으로서 이들이 속한 샤끼야족은 태양 왕조의 첫 번째 왕 익슈바꾸의 후예들이다. 본서 제1장 18송 참조. 순다리를 연꽃 핀 연못에, 난다를 태양에 비유하여 태양빛에 아름답게 피어난 연꽃이 만발한 연못의 이미지를 만들어내고 있다.

6 난다나(nandana)는 천계에 있는 인드라신의 정원을 말한다. 의도적으로 난다의 이름과 유사한 단어가 사용되었다.

7 ‘둥글게 휜 눈썹을 지닌 여인’(nata-bhrū)은 아름다운 눈썹을 지닌 미인을 말한다.

8 원문에서는 ‘깐다르빠(kandarpa)와 라띠(ratī)’라고 되어 있다. 깐다르빠는 사랑의 신 까마이며, 라띠는 까마의 부인으로 ‘쾌락’을 의미한다.

9 낀나리(kiṃnarī)와 낌뿌루샤(kiṃpuruṣa)는 천상의 반신적 존재이다. 낀나리는 낀나라(kiṃnara)의 여성형이다. 천상에서 음악과 가무를 담당하는 아름다운 반신적 존재의 남녀 한 쌍을 의미한다. 제1장 48송 각주 참조.

10 비셰샤까(viśeṣaka)는 샌달 가루로 된 화장용 색분을 가리킨다.

11 나가나무(nāga-vṛkṣa)는 세일론 무쇠나무(Ceylon ironwood) 또는 코브라 사프론(cobra saffron)으로 불리는 큰 나무이다. 주로 흰색의 크고 화려한 꽃이 피며, 본 송에서는 난다의 모습에 비유되어 나뭇가지가 무거울 정도로 꽃이 피어 축 늘어져 쓰러질 듯한 이미지로 표현되었다.

12 따말라(tamāla)는 인도 월계수로 알려진 나무이다.

13 ‘신의 궁궐’은 원문의 비마나(vimāna)를 번역한 말이다. 비마나는 신들이 타고 다니는 하늘을 나는 전차나 화려한 궁궐을 의미한다. 한편으로 ‘불명예’라는 뜻도 있어 난다의 방만한 생활을 비판하듯 암시적으로 말장난을 하고 있다.

14 샬라나무(śāla, 娑羅樹)는 석가모니가 열반하실 때 옆에 있던 나무로서 당시 쌍으로 있었기 때문에 사라쌍수로도 불린다. 높이 40m까지 자랄 수 있을 만큼 크고 잎이 풍성한 나무이다. 힌두교에서도 비슈누 신의 나무로서 신성시된다.

15 ‘여신’은 짠다(caṇḍā)를 번역한 말로, 두르가(Durgā) 여신의 별칭이다.

16 '열 가지 힘을 갖추신 분'(daśabala)은 붓다의 별칭이다. 열 가지 힘이란 여래의 10가지 지혜로 언급되는 십력(十力)을 말한다. 즉 ① 가능한 것과 불가능한 것을 그대로 아는 지혜, ② 과거·현재·미래의 업의 인과를 그대로 아는 지혜, ③ 육도를 통해 윤회하는 것을 그대로 아는 지혜, ④ 오온을 그대로 아는 지혜, ⑤ 중생들의 다양함을 그대로 아는 지혜, ⑥ 중생들의 근기를 그대로 아는 지혜, ⑦ 선정과 해탈, 삼매를 아는 지혜, ⑧ 전생을 아는 지혜, ⑨ 천안통으로 모든 생을 아는 지혜, ⑩ 모든 번뇌를 소멸하는 지혜이다.

제5장

난다의 출가

nandapravrājanaḥ

athāvatīryāśvarathadvipebhyaḥ
śākyā yathāsvarddhigṛhītaveṣāḥ |
mahāpaṇebhyo vyavahāriṇaś ca
mahāmunau bhaktivaśāt praṇemuḥ || 5.1 ||

kecit praṇamyānuyayur muhūrhaṃ
kecit praṇamyārthavaśena jagmuḥ |
kecit svayaivāyatane tu tasthuḥ
kṛtvāñjalīn vīkṣaṇatatparākṣāḥ || 5.2 ||

buddhas tatas tatra narendramārge
sroto mahadbhaktimato janasya |
jagāma duḥkhena vigāhamāno
jalāgame srota ivāpagāyāḥ || 5.3 ||

atho mahadbhiḥ pathi saṃpatadbhiḥ
saṃpūjyamānāya tathāgatāya |
kartuṃ praṇāmaṃ na śaśāka nandas
tenābhireme tu guror mahimnā || 5.4 ||

svaṃ cāvasaṅgaṃ pathi nirmumukṣur
bhaktiṃ janasyānyamateś ca rakṣan |
nandaṃ ca gehābhimukhaṃ jighṛkṣan
mārgaṃ tato 'nyaṃ sugataḥ prapede || 5.5 ||

붓다와의 만남과 출가 권유

그때 자신의 재산과 성취에 걸맞은 옷을 걸친 샤끼야족 사람들이
말과 전차, 코끼리에서 내려섰고,
상인들은 큰 가게에서 [나와] 신심에 가득 차
위대한 성자(붓다)께 예를 올리고 있었습니다. ‖ 5.1 ‖

어떤 이들은 [붓다께] 인사를 드리고서 얼마간 따라왔고,
어떤 이들은 인사를 드린 후 일 때문에 돌아갔으며,
또 어떤 이들은 자신의 거처에 선 채
합장하고 눈으로만 바라보곤 하였지요. ‖ 5.2 ‖

그리고 붓다께서는
마치 우기에 넘쳐흐르는 강으로 들어가듯
대로[1]에서 큰 존경심을 표하는 인파 속으로
힘겹게 들어가셨답니다. ‖ 5.3 ‖

이처럼 여래를 숭배하고자
길에 모인 사람들로 인해
난다는 스승께 경배드릴 수는 없었지만,
스승의 위대함으로 뿌듯함을 느꼈지요. ‖ 5.4 ‖

그리고 잘 가신 분(붓다)께서는
길에서 자신에게 모여든 자들에게서 벗어나,
다른 신앙을 가진 사람들의 믿음을 돌보면서,
집으로 가려는 난다를 막기 위해 다른 길을 택하셨습니다. ‖ 5.5 ‖

tato viviktaṃ ca viviktacetāḥ
sanmārgavin mārgam abhipratasthe |
gatvāgrataś cāgryatamāya tasmai
nāndīvimuktāya nanāma nandaḥ || 5.6 ||

śanair vrajann eva sa gauraveṇa
paṭāvṛtāṃso vinatārdhakāyaḥ |
adhonibaddhāñjalir ūrdhvanetraḥ
sagadgadaṃ vākyam idaṃ babhāṣe || 5.7 ||

prāsādasaṃstho bhagavantam antaḥ
praviṣṭam aśrauṣam anugrahāya |
atas tvarāvān aham abhyupeto
gṛhasya kakṣyāṃ mahato 'bhyasūyan || 5.8 ||

tat sādhu sādhupriya matpriyārtham
tatrāstu bhikṣūttama bhaikṣakālaḥ |
asau hi madhyaṃ nabhaso yiyāsuḥ
kālaṃ pratismārayatīva sūryaḥ || 5.9 ||

ity evam uktaḥ praṇatena tena
snehābhimānonmukhalocanena |
tādṛṅ nimittaṃ sugataś cakāra
nāhārakṛtyaṃ sa yathā viveda || 5.10 ||

tataḥ sa kṛtvā munaye praṇāmaṃ
gṛhaprayāṇāya matiṃ cakāra |
anugrahārthaṃ sugatas tu tasmai
pātraṃ dadau puṣkarapattranetraḥ || 5.11 ||

홀로 계시는 분이자 옳은 방법을 아시는 분(붓다)께서
한적한 길로 나아가시니,
난다는 그의 앞으로 나서서
환희[2]를 넘어선 최고 중의 최고인 그분께 절을 올렸습니다. ‖ 5.6 ‖

난다는 존경하는 마음으로 조심스레 걸어가
옷으로 한쪽 어깨를 덮어 몸을 숙였고,
구부린 몸으로 합장하며 눈을 위로 들어 올린 채
더듬거리며 이렇게 말하였습니다. ‖ 5.7 ‖

"제가 궁에 있을 때 세존(붓다)께서
축복을 주고자 오셨다는 말을 [나중에야] 들었습니다.
하여 궁궐 내궁에 있는 여러 사람에게
화를 내고 서둘러 왔지요. ‖ 5.8 ‖

[이리 만나] 다행입니다.
훌륭한 이들이 친애하는 분이여, 저를 어여삐 여기소서.
최고의 비구시여, 그곳으로 [다시 가시어] 탁발을 하시지요.
시간을 상기시키듯 태양이 하늘 가운데로 향하고 있습니다."[3] ‖ 5.9 ‖

난다가 몸을 숙여 애정을 담아
위로 올려다보며 이처럼 말했지만,
붓다는 음식을 취하지 않겠다는 몸짓을 하셨고,
난다는 [붓다의 뜻을] 그대로 이해했습니다. ‖ 5.10 ‖

그 후 그가 스승께 경배하고서
집으로 가려고 마음먹었으나,
연꽃잎 눈을 가진 붓다께서는
그에게 이익을 주기 위해 발우를 내미셨지요. ‖ 5.11 ‖

tataḥ sa loke dadataḥ phalārthaṃ
pātrasya tasyāpratimasya pātram |
jagrāha cāpagrahaṇakṣamābhyāṃ
padmopamābhyāṃ prayataḥ karābhyām || 5.12 ||

parāṅmukhas tv anyamanaskam ārād
vijñāya nandaḥ sugataṃ gatāstham |
hastasthapātro 'pi gṛhaṃ yiyāsuḥ
sasāra mārgān munim īkṣamāṇaḥ || 5.13 ||

bhāryānurāgeṇa yadā gṛhaṃ sa
pātraṃ gṛhītvāpi yiyāsur eva |
vimohayām āsa munis tatas taṃ
rathyāmukhasyāvaraṇena tasya || 5.14 ||

nirmokṣabījaṃ hi dadarśa tasya
jñānaṃ mṛdu kleśarajaś ca tīvram
kleśānukūlaṃ viṣayātmakaṃ ca
nandaṃ yatas taṃ munir ācakarṣa || 5.15 ||

saṃkleśapakṣo dvividhaś ca dṛṣṭas
tathā dvikalpo vyavadānapakṣaḥ |
ātmāśrayo hetubalādhikasya
bāhyāśrayaḥ pratyayagauravasya || 5.16 ||

ayatnato hetubalādhikas tu
nirmucyate ghaṭṭitamātra eva |
yatnena tu pratyayaneyabuddhir
vimokṣam āpnoti parāśrayeṇa || 5.17 ||

그 비할 데 없는 발우가 주어지자,
그는 아름다운 연꽃처럼 모은, 활 쥐기에 적합한[4] 두 손으로
세간에서 결실(해탈)을 얻기 위한 발우를
경건히 받았더랍니다. ‖ 5.12 ‖

하지만 난다는 붓다가 다른 뜻을 품으신 것을[5]
바로 알아채 고개를 돌렸고,
손에는 발우를 들고 있었지만, 집에 가고픈 [마음에]
붓다를 바라보며 길에서 벗어났습니다. ‖ 5.13 ‖

[난다]가 발우를 받았음에도
아내에 대한 사랑 때문에 집으로 가고 싶어 하자,
붓다는 그가 대로에 들어서는 입구를 막았고,
그리하여 그를 당황스럽게 하셨답니다. ‖ 5.14 ‖

성자(붓다)께서는 난다가 번뇌에 순응하며
욕망의 대상을 좇는 본성을 가지고 있고,
해탈의 종자인 지혜는 약한 데다
번뇌의 티끌이 짙은 것을 보시고서 그를 이끄셨습니다. ‖ 5.15 ‖

잡염(雜染)의 날개에는 두 가지가 있고,
마찬가지로 정화의 측면에도 두 가지가 있으니,[6]
뛰어난 능력(지혜)을 원인으로 가진 이는 자신에게 의지하지만,
믿음을 원인으로 가진 이는 타인에게 의지하는 법이지요. ‖ 5.16 ‖

[또한] 뛰어난 능력을 원인으로 가진 이는
작은 자극만으로도 별 노력 없이 해탈하지만,
[타인에게] 이끌리는 마음을 원인으로 가진 이는
타인에 대한 의존으로 노력을 통해 해탈을 얻는 법이랍니다. ‖ 5.17 ‖

nandaḥ sa ca pratyayaneyacetā
yaṃ śiśriye tanmayatām avāpa |
yasmād imaṃ tatra cakāra yatnaṃ
taṃ snehapaṅkān munir ujjihīrṣan || 5.18 ||

nandas tu duḥkhena viceṣṭamānaḥ
śanair agatyā gurum anvagacchat |
bhāryāmukhaṃ vīkṣaṇalolanetraṃ
vicintayann ārdraviśeṣakaṃ tat || 5.19 ||

tato munis taṃ priyamālyahāraṃ
vasantamāsena kṛtābhihāram |
ninaya bhagnapramadāvihāraṃ
vidyāvihārābhimataṃ vihāram || 5.20 ||

dīnaṃ mahākāruṇikas tatas taṃ
dṛṣṭvā muhūrtaṃ karuṇāyamānaḥ |
kareṇa cakrāṅkatalena mūrdhni
pasparśa caivedam uvāca cainam || 5.21 ||

하여 [타인에게] 이끌리는 마음을 원인으로 가진 난다는
자신을 이끌어주는 것이라면 어디든지 도달하기에,
이 때문에 그곳에서 붓다는 애욕의 늪에서 그를 건져주고자
이러한 노력을 하셨던 것입니다. || 5.18 ||

하지만 난다는 괴로움으로 갈등하면서,
어쩔 수 없이 조용히 붓다를 따라갔습니다.
눈물로 일렁이는 눈동자로 [자신을] 바라보던,
[이제는] 말라버렸을 비셰샤까 칠한 아내의 얼굴을 떠올리며 말이지요. || 5.19 ||

성자(붓다)께서는
아름다운 화환과 목걸이를 하고 봄의 시절에 집착하는 그를
여인이 주는 즐거움이 사라진 곳이요,
지혜가 주는 즐거움을 갈망하는 사원으로 이끌었습니다. || 5.20 ||

큰 자비를 지니신 분(붓다)은
슬퍼하는 그를 보고 순간 연민을 느꼈으니,
바퀴 표식이 있는 손[7]을 들어
[난다의] 머리에 대고 이렇게 말씀하셨답니다. || 5.21 ||

yāvan na hiṃsraḥ samupaiti kālaḥ
śamāya tāvat kuru saumya buddhim |
sarvāv avasthāsv iha vartamānaḥ
sarvābhisāreṇa nihanti mṛtyuḥ || 5.22 ||

sādhāraṇāt svapnanibhād asārāl
lolaṃ manaḥ kāmasukhān niyaccha |
havyair ivāgneḥ pavaneritasya
lokasya kāmair na hi tṛptir asti || 5.23 ||

śraddhādhanaṃ śreṣṭhatamaṃ dhanebhyaḥ
prajñārasas tṛptikaro rasebhyaḥ |
pradhānam adhyātmasukhaṃ sukhebhyo
'vidyāratir duḥkhatamā ratibhyaḥ || 5.24 ||

hitasya vaktā pravaraḥ suhṛdbhyo
dharmāya khedo guṇavāñ chramebhyaḥ |
jñānāya kṛtyaṃ paramaṃ kriyābhyaḥ
kim indriyāṇām upagamya dāsyam || 5.25 ||

tan niścitaṃ bhīklamaśugviyuktaṃ
pareṣv anāyattam ahāryam anyaiḥ |
nityaṃ śivaṃ śāntisukhaṃ vṛṇīṣva
kim indriyārthārtham anartham ūḍhvā || 5.26 ||

출가를 권하는 붓다의 말씀

"다정한 이여,[8]
죽음은 세상의 모든 상황에서,
모든 공격으로 작용하여 덮쳐 오나니,
끔찍한 시간이 도래하기 전에 적정을 생각하시게. || 5.22 ||

누구나 갖고 있는,
꿈과 같고 실체가 없는 욕망의 대상에 의한 즐거움으로부터
마음이 흔들리는 것을 멈추시게나.
마치 공양물로 지펴지고 바람으로 [커진] 불이 그러하듯
사람들은 욕망의 대상으로 만족하지 못하는 법이니.[9] || 5.23 ||

재보 가운데는 믿음의 재보가 가장 좋은 것이고,
맛 가운데는 지혜의 맛이 만족을 주는 것이며,
행복 가운데는 내적인 행복이 가장 좋은 것이고,
쾌락 가운데는 무지의 쾌락이 가장 고통스러운 법이라네. || 5.24 ||

친구 가운데는 유익한 말을 하는 이가 최고이고,
노력 가운데는 다르마를 위해 하는 것이 훌륭한 노력이며,
행위 가운데는 지혜를 위해 하는 것이 최고의 행위이니,
어찌하여 감각 기관에 끌려다니며 종속되는가? || 5.25 ||

확고하고, 두려움과 침잠과 슬픔을 벗어나고,
타인에게 의존하지 않고, 다른 것에 의해 휘둘리지 않으며,
영원하고 순수한 적정의 행복을 그대는 선택해야 한다네.
어찌하여 쓸모없는 감각적 욕망의 대상을 향유하는가? || 5.26 ||

jarā samā nāsty amṛjā prajānāṃ
vyādheḥ samo nāsti jagaty anarthaḥ |
mṛtyoḥ samaṃ nāsti bhayaṃ pṛthivyām
etat trayaṃ khalv avaśena sevyam || 5.27 ||

snehena kaś cin na samo 'sti pāśaḥ
sroto na tṛṣṇāsamam asti hāri |
rāgāgninā nāsti samas tathāgnis
tac cet trayaṃ nāsti sukhaṃ ca te 'sti || 5.28 ||

avaśyabhāvī priyaviprayogas
tasmāc ca śoko niyataṃ niṣevyaḥ |
śokena conmādam upeyivāṃso
rājarṣayo 'nye 'py avaśā viceluḥ || 5.29 ||

prajñāmayaṃ varma badhāna tasmān
no kṣāntinighnasya hi śokabāṇāḥ |
mahac ca dagdhuṃ bhavakakṣajālaṃ
saṃdhukṣayālpāgnim ivātmatejaḥ || 5.30 ||

yathauṣadhair hastagataiḥ savidyo
na daśyate kaś cana pannagena |
tathānapekṣo jitalokamoho
na daśyate śokabhujaṃgamena || 5.31 ||

사람들에게 늙음만큼 추한 것이 없고,
세상 사람들에게 질병만큼 불행한 것이 없으며,
세상 사람들에게 죽음만큼 공포스러운 것이 없다네.
하지만 어쩔 수 없이 이 세 가지에 굴복해야 하나니. ‖ 5.27 ‖

그 어떤 것도 애착만큼 족쇄가 되는 것이 없고,
갈애 만한 급류도 없으며,
또한 탐욕의 불 만한 불이 없으니,
만약 이 세 가지가 없다면 행복은 그대의 것이니라. ‖ 5.28 ‖

사랑하는 이와 헤어지는 것은 피할 수 없는 일이고,
그렇기에 슬픔이 이는 것을 겪어내야 하나니,
심지어 다른 성자왕들도
슬픔으로 미쳐 만신창이가 되느니라. ‖ 5.29 ‖

허니 지혜로 만든 갑옷을 입으시게.
슬픔의 화살은 인욕이 충만한 자에게는 소용이 없기 때문이라네.
커다란 장작더미를 태우기 위해 작은 불을 붙이는 것처럼
윤회의 그물을 태우기 위해 [그대] 안에서부터 불을 지피시게나. ‖ 5.30 ‖

마치 지혜로운 자가 향 나는 풀을 손에 쥠으로써
뱀에게 물리지 않는 것과 같이,
세상의 미망을 정복하고 [세상에] 무심한 사람은
슬픔이라는 뱀에게 물리는 법이 없다네. ‖ 5.31 ‖

āsthāya yogaṃ parigamya tattvaṃ
na trāsam āgacchati mṛtyukāle |
ābaddhavarmā sudhanuḥ kṛtāstro
jigīṣayā śūra ivāhavasthaḥ || 5.32 ||

ity evam uktaḥ sa tathāgatena
sarveṣu bhūteṣv anukampakena |
dhṛṣṭaṃ girāntarhṛdayena sīdaṃs
tatheti nandaḥ sugataṃ babhāṣe || 5.33 ||

atha pramādāc ca tam ujjihīrṣan
matvāgamasyaiva ca pātrabhūtam |
pravrājayānanda śamāya nandam
ity abravīn maitramanā maharṣiḥ || 5.34 ||

nandaṃ tato 'ntarmanasā rudantam
ehīti vaidehamunir jagāda |
śanais tatas taṃ samupetya nando
na pravrajiṣyāmy aham ity uvāca || 5.35 ||

śrutvātha nandasya manīṣitaṃ tad
buddhāya vaidehamuniḥ śaśaṃsa |
saṃśrutya tasmād api tasya bhāvaṃ
mahāmunir nandam uvāca bhūyaḥ || 5.36 ||

수행에 전념하여 진리에 도달한 자는
죽음에 임하여 두려워하지 않으니,
마치 갑옷을 두르고 활을 잘 다루며 무기를 잘 쓰는 전사가
승리를 바라며 전장에 서 있는 것과 같으니라." ‖ 5.32 ‖

모든 존재에 대한 자비심을 갖추고 계신 여래께서
그에게 이렇게 말씀하시자,
난다는 마음속으로는 마지못해하면서도 목소리만은 크게
"그렇습니다." 하고 잘 가신 분(붓다)께 말씀드렸습니다. ‖ 5.33 ‖

그리하여 위대한 성자(붓다)께서는
교설을 받을 만한 자인 난다를
태만으로부터 구하겠노라 생각하시며
"아난다여, 난다를 적정으로 출가하게 하라." 하고
친절하게 말씀하셨습니다. ‖ 5.34 ‖

그리하여 비데하의 성자(아난다)가[10]
마음속으로 울고 있던 난다에게 "오십시오."라고 하니,
난다는 그에게 천천히 다가가
"저는 출가할 수 없습니다."라고 말했지요. ‖ 5.35 ‖

그러자 난다의 바람을 듣고서
아난다가 붓다께 그것을 알려드렸습니다.
그에게서 난다의 상태에 대해 듣고서,
위대한 성자(붓다)께서는 다시금 난다에게 말씀하셨답니다. ‖ 5.36 ‖

mayy agraje pravrajite 'jitātman
bhrātṛṣv anupravrajiteṣu cāsmān |
jñātīṃś ca dṛṣṭvā vratino gṛhasthān
saṃvinnavit te 'sti na vāsti cetaḥ || 5.37 ||

rājarṣayas te viditā na nūnaṃ
vanāni ye śiśriyire hasantaḥ |
niṣṭhīvya kāmān upaśāntikāmāḥ
kāmeṣu naivaṃ kṛpaṇeṣu saktāḥ || 5.38 ||

bhūyaḥ samālokya gṛheṣu doṣān
niśāmya tattyāgakṛtaṃ ca śarma |
naivāsti moktuṃ matir ālayaṃ te
deśaṃ mumūrṣor iva sopasargam || 5.39 ||

saṃsārakāntāraparāyaṇasya
śive kathaṃ te pathi nārurukṣā |
āropyamāṇasya tam eva mārgaṃ
bhraṣṭasya sārthād iva sārthikasya || 5.40 ||

yaḥ sarvato veśmani dahyamāne
śayīta mohān na tato vyapeyāt |
kālāgninā vyādhijarāśikhena
loke pradīpte sa bhavet pramattaḥ || 5.41 ||

붓다의 꾸짖음과 설득

"스스로를 다스리지 못하는 자여, 형인 내가 출가하였고,
형제들도 나를 따라 출가하였으며,
또한 집에 머물며 계를 지키는 친척들을 보았거늘,
그대의 마음은 [이를] 제대로 아는 것인가, 그렇지 않은 것인가? ‖ 5.37 ‖

저 성자왕들이 기쁘게 숲으로 [몸을] 의탁한 것을
그대는 실로 알지 못하는구나.
욕망의 대상을 버리고 적정을 원하는 자들은
그처럼 하찮은 욕망에 천착하지 않느니라. ‖ 5.38 ‖

게다가 집에 [머물러 생기는] 허물들을 보고,
그것을 버리는 행위[가 주는] 기쁨에 대해 배우고서도
그대의 마음은 집을 벗어나려 하지 않는구나.
마치 고통 가득한 곳에서 죽으려는 자와 같도다. ‖ 5.39 ‖

윤회의 진창을 구르고 있거늘
어찌 그대는 상서로운 길에 오르지 않으려 하는가?
[이미] 그 길로 들어서 있는데도 말일세.
마치 상인의 무리에서 외떨어진 상인과 같구나. ‖ 5.40 ‖

온 사방에서 집이 불타고 있는데도
빠져나가지 않고 어리석음 때문에 자고만 있으니,
질병과 늙음이라는 불꽃인 종말의 화염으로[11] 세상이 타오를 때조차도
그자는 태만할 것이네. ‖ 5.41 ‖

praṇīyamānaś ca yathā vadhāya
matto hasec ca pralapec ca vadhyaḥ |
mṛtyau tathā tiṣṭhati pāśahaste
śocyaḥ pramādyan viparītacetāḥ || 5.42 ||

yadā narendrāś ca kuṭumbinaś ca
vihāya bandhūṃś ca parigrahāṃś ca |
yayuś ca yāsyanti ca yānti caiva
priyeṣv anityeṣu kuto 'nurodhaḥ || 5.43 ||

kiṃcin na paśyāmi ratasya yatra
tadanyabhāvena bhaven na duḥkham |
tasmāt kvacin na kṣamate prasaktir
yadi kṣamas tadvigamān na śokaḥ || 5.44 ||

tat saumya lolaṃ parigamya lokaṃ
māyopamaṃ citram ivendrajālam |
priyābhidhānaṃ tyaja mohajālaṃ
chettuṃ matis te yadi duḥkhajālam || 5.45 ||

varaṃ hitodarkam aniṣṭam annaṃ
na svādu yat syād ahitānubaddham |
yasmād ahaṃ tvā viniyojayāmi
śive śucau vartmani vipriye 'pi || 5.46 ||

또한 마치 미쳐버린 사형수가
사형장에 끌려가면서 웃거나 횡설수설해대는 것과 같은 바,
그와 같이 죽음이 올가미를 손에 쥐고 [찾아올] 때인데도
그는 태만하여 전도(顚倒)된 마음으로 있으니, 참으로 비참한 자로다. ‖ 5.42 ‖

왕들과 가장들이 친척들과 재산을 두고서
떠났고, 떠나고 있으며, 떠날 것이거늘,
그토록 무상하기 그지없는 아끼는 것들에
구애될 일이 무엇이던가? ‖ 5.43 ‖

나는 쾌락이 다른 상태가 될 적에
고통이 되지 않는 그 어떤 경우도 보지 못하니,
그 [어떤 대상]이 없을 때 생기는 슬픔을 견디지 못한다면
[그대는] 어떠한 경우에도
애착[이 초래하는 결과]를 견디지 못할 것이다. ‖ 5.44 ‖

그러니 다정한 이여,
그대의 마음이 고통의 그물을 끊고자 한다면
세상이 마치 신기루와 같이 흔들리는 것이고,
인드라의 그물(마술)처럼 변화무쌍한 것임을 완전히 알고
사랑이라 부르는 미망의 그물을 버리시게. ‖ 5.45 ‖

[맛이] 좋지 않더라도 [몸에] 좋은 음식이 좋은 것이며,
달콤할지언정 [몸에] 좋지 않은 [음식]은 그렇지 않나니,
그렇기에 나는 그대로 하여금 비록 아름답지는 않을지언정
상서롭고 청정한 길로 향하게 하려 하는 것이라네. ‖ 5.46 ‖

bālasya dhātrī vinigṛhya loṣṭaṃ
yathoddharatyāsya puṭapraviṣṭam |
tathojjihīrṣuḥ khalu rāgaśalyaṃ
tat tvām avocaṃ paruṣaṃ hitāya || 5.47 ||

aniṣṭam apy auṣadham āturāya
dadāti vaidyaś ca yathā nigṛhya |
tadvan mayoktaṃ pratikūlam etat
tubhyaṃ hitodarkam anugrahāya || 5.48 ||

tad yāvad eva kṣaṇasaṃnipāto
na mṛtyur āgacchati yāvad eva |
yāvad vayo yogavidhau samarthaṃ
buddhiṃ kuru śreyasi tāvad eva || 5.49 ||

ity evam uktaḥ sa vināyakena
hitaiṣiṇā kāruṇikena nandaḥ |
kartāsmi sarvaṃ bhagavan vacas te
tathā yathā jñāpayasīty uvāca || 5.50 ||

ādāya vaidehamunis tatas taṃ
nināya saṃśliṣya viceṣṭamānam |
vyayojayac cāśrupariplutākṣaṃ
keśaśriyaṃ chatranibhasya mūrdhnaḥ || 5.51 ||

마치 유모가 아이를 단단히 붙잡고서
입안에 들어간 흙을 꺼내는 것처럼,
바로 그와 같이 그 애욕의 화살을 빼내고자
아끼는 마음으로 그대에게 강경하게 말한 것이라네. ‖ 5.47 ‖

또한 마치 의사가 아픈 사람을 위해
[그를] 붙잡고 쓴 약을 주듯이
그처럼 나는 그대를 돕고자
불쾌하지만 이익을 주는 이러한 말을 한 것일세. ‖ 5.48 ‖

그러니 [출가의 기회가 있는 이] 순간과 맞닥뜨리고,
죽음이 아직 닥치지 않는 동안,
수행에 임할 젊음이 갖추어져 있는 한,
더 좋은 것을 고려하시게." ‖ 5.49 ‖

[다른 이의] 이익을 생각하시며
자비로 이끌어 주시는 분(붓다)에게서
이처럼 들은 난다는
"세존이시여, 명하신 대로
당신의 모든 말씀을 행하겠나이다."라고 말씀드렸습니다. ‖ 5.50 ‖

그러자 아난다가 다가가
망설이는 난다를 붙잡고 이끌었으니,
흘러넘치는 눈물을 글썽이는 [난다의]
일산(日傘)같이 아름다운 머리카락을 잘라내었답니다. ‖ 5.51 ‖

atho nataṃ tasya mukhaṃ sabāṣpaṃ
pravāsyamāneṣu śiroruheṣu |
vakrāgranālaṃ nalinaṃ taḍāge
varṣodakaklinnam ivābabhāse || 5.52 ||

nandas tatas tarukaṣāyaviraktavāsāś
cintāvaśo navagṛhīta iva dvipendraḥ |
pūrṇaḥ śaśī bahulapakṣagataḥ kṣapānte
bālātapena pariṣikta ivābabhāse || 5.53 ||

|| saundaranande mahākāvye nandapravrājano nāma pañcama sargaḥ || 5 ||

그렇게 머리카락이 사라졌을 때조차,
눈물 머금고 떨구어진 [난다]의 얼굴은
마치 빗방울 머금어 줄기 끝이 굽어진
연못 속 연꽃처럼 [아름답게] 보였지요. || 5.52 ||

그 후 나무껍질로 붉게 물들여진 가사[12]를 걸친 난다는
갓 잡힌 코끼리마냥 넋이 나갔으니,
마치 밤의 끝자락에 아침 햇살이 흩뿌려지매
삭월이 되어가는 보름달처럼 보였답니다. || 5.53 ||

대서사시 『사운다라난다』에서 "난다의 출가"라는 이름의 다섯 번째 장을 마친다.

〖 미주 〗

1 원문에서 사용된 '왕들의 길'(narendra-mārga)은 왕이나 귀족들이 다니는 큰길, 즉 대로(大路)를 의미한다.

2 여기에서는 '환희'라는 뜻의 난디(nāndī)가 사용되었다. 주인공 난다(nanda)의 이름과 엮여 '난다가 가는 길 너머'라는 물리적인 의미를 가지는 한편, '환희를 넘어선 존재', 즉 난다가 사로잡힌 성적인 열락이나 욕망을 넘어선 존재라는 두 가지 의미를 가진다.

3 정오가 되었음을 뜻하는 것으로서 탁발하여 음식을 먹을 때가 되었음을 알리는 말이다.

4 난다의 출신이 끄샤뜨리야임을 나타내는 말이다.

5 '다른 뜻'(anya-manaska)이란 출가를 권하는 뜻을 말한다.

6 문맥에 따르면 잡염의 두 날개는 무명과 번뇌이고 정화의 두 날개는 지혜와 믿음이다.

7 손과 발의 바퀴 표식은 붓다의 32상 중 하나이다.

8 원문의 사우미야(saumya)는 '달 같은', '부드러운', '다정한', '선한' 등의 의미로 부드럽고 다정한 사람을 뜻한다. 본 역서에서는 난다를 부를 때에 '다정한 이'로 번역하였다.

9 공양물을 끊임없이 던져 불을 계속 키울 수 없듯이 끊임없는 쾌락을 통해 사람을 만족시키는 것은 불가능하다는 의미이다.

10 '비데하의 성자'(videha-muni)는 붓다의 제자 아난다(Ānanda)의 별칭으로서 비데하는 아난다의 고향이다.

11 '종말의 화염'으로 번역한 원문의 깔라아그니(kālāgni)는 인도 우주관에서 다음 우주의 생성을 위해 세계의 소멸을 일으키는 거대한 불이다.

12 가사(袈裟)는 까샤야(kaṣāya)를 음사한 것으로서 '염색한 옷' 혹은 '더러운 옷'이라는 뜻이다. 이에 따라 염의(染衣), 분소의(糞掃衣) 등으로 한역하기도 한다. 부처님 당시 깨끗한 옷 대신 진흙물에 염색한 황갈색의 천을 몸에 두르고 한쪽 어깨만 감싸는 형태로 착용한 것에서 유래했다. 현재 한국에서는 회색 승복 위에 걸치는 갈색 법의를 말하며 의례나 격식을 갖추는 자리에서 착용한다.

제6장

아내의 절망

bhāryāvilāpaḥ

tato hṛte bhartari gauraveṇa
prītau hṛtāyām aratau kṛtāyām |
tatraiva harmyopari vartamānā
na sundarī saiva tadā babhāse || 6.1 ||

sā bhartur abhyāgamanapratīkṣā
gavākṣam ākramya payodharābhyām |
dvāronmukhī harmyatalāl lalambe
mukhena tiryaṅnatakuṇḍalena || 6.2 ||

vilambahārā calayoktrakā sā
tasmād vimānād vinatā cakāśe |
tapaḥkṣayād apsarasāṃ vareva
cyutaṃ vimānāt priyam īkṣamāṇā || 6.3 ||

sā khedasaṃsvinnalalāṭakena
niśvāsaniṣpītaviśeṣakeṇa |
cintācalākṣeṇa mukhena tasthau
bhartāram anyatra viśaṅkamānā || 6.4 ||

tataś cirasthānapariśrameṇa
sthitaiva paryaṅkatale papāta |
tiryak ca śiśye pravikīrṇahārā
sapādukaikārdhavilambapādā || 6.5 ||

남겨진 여인의 슬픔

붓다에 대한 존경심으로 남편이 떠나자
[순다리에게는] 기쁨이 사라지고 슬픔만 일어났으니,
비록 높은 궁전에 머무른들 그녀는 더 이상
순다리(아름다운 여인)가 아닌 듯 보였습니다. ‖ 6.1 ‖

그녀는 남편이 돌아오기를 기대하면서
둥근 창으로 가슴을 내밀어
높은 궁전 꼭대기에서 문 출구 쪽으로,
구부러진 귀걸이가 가로지른 얼굴을[1] 숙였지요. ‖ 6.2 ‖

진주목걸이를 걸치고 향으로 [몸을] 감싼 채
궁전에서 몸을 굽히니,
마치 고행을 포기한 연인을 바라보는
가장 아름다운 천녀[2] 중 하나처럼 보였답니다. ‖ 6.3 ‖

이마를 땀으로 적시고
비셰샤까가 한숨으로 말라버린 채
상념으로 흔들리는 눈빛을 한 얼굴로,
그녀는 남편을 걱정하고 있었습니다. ‖ 6.4 ‖

오래도록 서 있어 지쳤음에도
계속 서 있던 그녀가 낮은 소파에 쓰러지자,
목걸이가 사방으로 흩어졌고,
발에는 한쪽 슬리퍼가 매달린 채 있었습니다. ‖ 6.5 ‖

athātra kā cit pramadā sabāṣpāṃ
tāṃ duḥkhitāṃ draṣṭum anīpsamānā |
prāsādasopānatalapraṇādaṃ
cakāra padbhyāṃ sahasā rudantī || 6.6 ||

tasyāś ca sopānatalapraṇādaṃ
śrutvaiva tūrṇaṃ punar utpapāta |
prītyāṃ prasaktaiva ca saṃjaharṣa
priyopayānaṃ pariśaṅkamānā || 6.7 ||

sā trāsayantī valabhīpuṭasthān
pārāvatān nūpuranisvanena |
sopānakukṣiṃ prasasāra harṣād
bhraṣṭaṃ dukūlāntam acintayantī || 6.8 ||

tām aṅganāṃ prekṣya ca vipralabdhā
niśvasya bhūyaḥ śayanaṃ prapede |
vivarṇavaktrā na rarāja cāśu
vivarṇacandreva himāgame dyauḥ || 6.9 ||

sā duḥkhitā bhartur adarśanena
kāmena kopena ca dahyamānā |
kṛtvā kare vaktram upopaviṣṭā
cintānadīṃ śokajalāṃ tatāra || 6.10 ||

tasyāḥ mukhaṃ padmasapatnabhūtaṃ
pāṇau sthitaṃ pallavarāgatāmre |
chāyāmayasyāmbhasi paṅkajasya
babhau nataṃ padmam ivopariṣṭāt || 6.11 ||

이곳에 있던 어떤 시녀는
눈물 흘리며 괴로워하는 그녀를 보는 것이 힘겨워
느닷없이 발을 굴리며 울기 시작했고,
궁전 꼭대기 계단에서 큰 소리를 내었지요. ‖ 6.6 ‖

그 시녀가 계단에서 낸 큰 소리를 듣자마자
순다리는 재빨리 다시 일어나,
연인이 돌아왔다는 믿음으로
기쁨에 차 흥분했습니다. ‖ 6.7 ‖

그녀는 처마 밑에 앉아 있던 비둘기들을
발찌 소리로 놀래키며
흥분하여 옷자락을 바닥에 떨군 것조차 깨닫지 못하고
안쪽 계단을 내려갔지요. ‖ 6.8 ‖

순다리는 시녀를 보고 실망하여
한숨을 쉬며 다시 소파로 쓰러졌고,
안색은 빛나지 않아
돌연 초겨울 달빛처럼 창백해졌답니다. ‖ 6.9 ‖

남편을 볼 수 없다는 사실에 괴로워진 그녀는
욕망과 분노로 타들어갔고,
손에 얼굴을 묻고 앉자 슬픔의 물줄기가
생각의 강으로 흘러들었습니다. ‖ 6.10 ‖

연꽃 같은 그녀의 얼굴이
붉은 헤나로 물든 꽃봉오리 손에 놓여 있으니,[3]
마치 연못물에 반사된 연꽃 위로
연꽃이 구부러져 있는 것처럼 보였지요. ‖ 6.11 ‖

sā strīsvabhāvena vicintya tat tad
dṛṣṭānurāge 'bhimukhe 'pi patyau |
dharmāśrite tattvam avindamānā
saṃkalpya tat tad vilalāpa tat tat || 6.12 ||

eṣyāmy anāśyānaviśeṣakāyāṃ
tvayīti kṛtvā mayi tāṃ pratijñām |
kasmān nu hetor dayitapratijñaḥ
so 'dya priyo me vitathapratijñaḥ || 6.13 ||

āryasya sādhoḥ karuṇātmakasya
mannityabhīror atidakṣiṇasya |
kuto vikāro 'yam abhūtapūrvaḥ
svenāparāgeṇa mamāpacārāt || 6.14 ||

ratipriyasya priyavartino me
priyasya nūnaṃ hṛdayaṃ viraktam |
tathāpi rāgo yadi tasya hi syān
maccittarakṣī na sa nāgataḥ syāt || 6.15 ||

rūpeṇa bhāvena ca madviśiṣṭā
priyeṇa dṛṣṭā niyataṃ tato 'nyā |
tathā hi kṛtvā mayi moghasāntvaṃ
lagnāṃ satīṃ mām agamad vihāya || 6.16 ||

bhaktiṃ sa buddhaṃ prati yām avocat
tasya prayātuṃ mayi so 'padeśaḥ |
munau prasādo yadi tasya hi syān
mṛtyor ivogrād anṛtād bibhīyāt || 6.17 ||

순다리는 여자의 직감으로 여러모로 생각했으나,
남편을 향한 열렬한 사랑 때문에
그가 다르마[의 길로] 들어선 사실을 알지 못하니,
이리저리 고민하다 이렇게 말했습니다. ‖ 6.12 ‖

"'비셰샤까가 마르기 전에 내 당신에게 돌아오리다.'라며
그 같은 약속을 내게 하였거늘,
약속을 연인처럼 여기던 그가 무슨 까닭으로
이제 와 내게 한 약속을 깨는 남편이 된단 말인가! ‖ 6.13 ‖

고귀하고 선하며 자비로운 성품을 가진 그는
언제나 나를 경외하고 모든 것에 정직한 사람이거늘,
어찌 이리 일찍이 없던 변화가 생긴 것일까?
사랑이 식었을까? 내 잘못 때문일까? ‖ 6.14 ‖

나를 향한 욕구와 애정으로 사랑에 빠져 있던
연인의 마음이 분명 변한 것이야.
만일 그이가 나를 사랑한다면
열정 때문에라도 돌아오지 않을 리 없기 때문이지. ‖ 6.15 ‖

사랑하는 그이가 외모와 성품이 나보다 뛰어난
다른 여인을 본 것이 확실해.
그리하여 나를 빈말로 달래고
그 여자를 따라 나를 버리고 가버린 것이야. ‖ 6.16 ‖

그이가 말했던 붓다에 대한 공경은
그저 내게서 떠나기 위한 핑계일 뿐일 게야.
만일 그가 붓다에 대한 믿음이 있다면
무엇보다도 거짓을 죽음만큼 두려워할 터이니. ‖ 6.17 ‖

sevārtham ādarśanam anyacitto
vibhūṣayantyā mama dhārayitvā |
bibharti so 'nyasya janasya taṃ cen
namo 'stu tasmai calasauhṛdāya || 6.18 ||

necchanti yāḥ śokam avāptum evaṃ
śraddhātum arhanti na tā narāṇām |
kva cānuvṛttir mayi sāsya pūrvaṃ
tyāgaḥ kva cāyaṃ janavat kṣaṇena || 6.19 ||

ity evamādi priyaviprayuktā
priye 'nyad āśaṅkya ca sā jagāda |
saṃbhrāntam āruhya ca tad vimānaṃ
tāṃ strī sabāṣpā giram ity uvāca || 6.20 ||

yuvāpi tāvat priyadarśano 'pi
saubhāgyabhāgyābhijanānvito 'pi |
yas tvāṃ priyo nābhyacarat kadā cit
tam anyathā paśyasi kātarāsi || 6.21 ||

mā svāminaṃ svāmini doṣato gāḥ
priyaṃ priyārhaṃ priyakāriṇaṃ tam |
na sa tvadanyāṃ pramadām avaiti
svacakravākyā iva cakravākaḥ || 6.22 ||

그는 내가 화장하는 것을 도우려
거울을 잡고서는 다른 생각을 한 거야.
만약 그이가 다른 이를 위해 거울을 들고 있다면
그의 변덕스러운 애정에 귀의해야겠구나! || 6.18 ||

이 같은 슬픔을 겪기를 원치 않는 여인들은
남자들을 믿어서는 아니 될 것이니.
예전에는 나에게 그렇게 [살갑게] 행동하고서
어찌 순식간에 이리 남처럼 버릴 수 있단 말인가?" || 6.19 ||

남편의 출가 소식과 부인의 절망

이렇듯 사랑을 잃은 그녀가
연인에게 다른 [이가 생겼다] 의심하며 정신없이 말하는데,
한 시녀가 눈물을 머금고 허둥지둥 궁전으로 올라가
그녀에게 이리 말했답니다. || 6.20 ||

"물론 그분이 젊고 사랑스럽게 보이며
아름다운 데다 매력과 좋은 가문을 타고났지만,
남편께선 한 번도 당신에게 거짓을 행하지 않았습니다.
그런 그를 당신은 판단이 흐려져 잘못 보고 있습니다. || 6.21 ||

마님, 사랑받을 만하고 사랑을 행하는,
바로 그 사랑하는 남편을 비난하지 마시어요.
그는 당신밖에 모릅니다.
마치 수컷 원앙이 암컷 원앙 곁에 있는 것처럼 말이어요. || 6.22 ||

sa tu tvadarthaṃ gṛhavāsam īpsañ
jijīviṣus tvatparitoṣahetoḥ |
bhrātrā kilāryeṇa tathāgatena
pravrājito netrajalārdravaktraḥ || 6.23 ||

śrutvā tato bhartari tāṃ pravṛttiṃ
savepathuḥ sā sahasotpapāta |
pragṛhya bāhū virurāva coccair
hṛdīva digdhābhihatā kareṇuḥ || 6.24 ||

sā rodanāroṣitaraktadṛṣṭiḥ
saṃtāpasaṃkṣobhitagātrayaṣṭiḥ |
papāta śīrṇākulahārayaṣṭiḥ
phalātibhārād iva cūtayaṣṭiḥ || 6.25 ||

sā padmarāgaṃ vasanaṃ vasānā
padmānanā padmadalāyatākṣī |
padmā vipadmā patiteva lakṣmīḥ
śuśoṣa padmasrag ivātapena || 6.26 ||

saṃcintya saṃcintya guṇāṃś ca bhartur
dīrghaṃ niśaśvāsa tatāma caiva |
vibhūṣaṇaśrīnihite prakoṣṭhe
tāmre karāgre ca vinirdudhāva|| 6.27 ||

그는 당신을 위해 집에 머물기를 원했고,
당신의 기쁨을 위해 살기를 원했답니다.
하지만 형님이신 고귀한 여래에 의해
눈을 눈물로 적신 채 마지못해 스님이 되셨다고 합니다." ‖ 6.23 ‖

그러자 남편에게 일어난 일을 듣고서
그녀는 몸을 떨며 벌떡 일어났고,
심장에 독화살 맞은 암코끼리마냥
양팔을 꽉 움켜쥐고 크게 비명을 질렀습니다. ‖ 6.24 ‖

눈시울은 눈물로 얼룩져 붉어졌고,
가냘픈 그녀의 몸은 고통으로 떨렸으니,
마치 열매가 너무 무거워
가지에 가득한 [열매를] 흩뿌리며 부러진 망고나무마냥
[목걸이를 흩뿌리며] 쓰러졌답니다. ‖ 6.25 ‖

연꽃 색 옷을 걸치고 연꽃 빛 얼굴을 하고
연꽃잎처럼 긴 눈을 지닌 연꽃 같은 그 여인은
연꽃을 잃고 쓰러진 퇴색된 락슈미 여신[4]처럼,
햇볕으로 말라버린 연꽃 화환처럼,
시들어버리고 말았습니다. ‖ 6.26 ‖

남편의 미덕들을 떠올리고 또 떠올리며
길게 한숨을 내쉬다가도 목이 메고,
반짝이는 장신구들이 놓인 팔과
붉게 물들여진 손가락 끝을
흔들어댔습니다. ‖ 6.27 ‖

na bhūṣaṇārtho mama saṃpratīti
sā dikṣu cikṣepa vibhūṣaṇāni |
nirbhūṣaṇā sā patitā cakāśe
viśīrṇapuṣpastabakā lateva || 6.28 ||

dhṛtaḥ priyeṇāyam abhūn mameti
rukmatsaruṃ darpaṇam āliliṅge |
yatnāc ca vinyastatamālapatrau
ruṣṭeva dhṛṣṭaṃ pramamārja gaṇḍau || 6.29 ||

sā cakravākīva bhṛśaṃ cukūja
śyenāgrapakṣakṣatacakravākā |
vispardhamāneva vimānasaṃsthaiḥ
pārāvataiḥ kūjanalolakaṇṭhaiḥ || 6.30 ||

vicitramṛdvāstaraṇe 'pi suptā
vaiḍūryavajrapratimaṇḍite 'pi |
rukmāṅgapāde śayane mahārhe
na śarma lebhe pariceṣṭamānā || 6.31 ||

saṃdṛśya bhartuś ca vibhūṣaṇāni
vāsāṃsi vīṇāprabhṛtīṃś ca līlāḥ |
tamo viveśābhinanāda coccaiḥ
paṅkāvatīrṇeva ca saṃsasāda || 6.32 ||

"이제 나에게 장신구가 무슨 소용이람!" 하며
그녀는 사방으로 장신구들을 내팽개쳤고,
장신구 없이 쓰러진 그녀는
마치 꽃봉오리들이 떨어져버린 넝쿨처럼 보였지요. || 6.28 ||

"그이가 날 위해 이걸 잡아주었더랬지." 하며
금장식 손잡이 달린 거울을 움켜쥐고,
정성 들여 바른 따말라 즙 적셔진 볼을
화난 듯 거칠게 문질렀습니다. || 6.29 ||

그녀는 마치 수컷 원앙이
매에게 날개 끝 뜯기는 것을 본 암컷 원앙처럼,
궁전 꼭대기에서 구구거리며
불안한 목소리로 울어대는 비둘기들과 겨루듯
크게 울부짖었습니다. || 6.30 ||

그녀는 색색의 부드러운 침구가 놓이고
청금석[5]과 다이아몬드로 장식되어 있으며,
황금 다리로 떠받쳐진 호화로운 침대에 누워 있었지만
뒤척이며 안정을 얻지 못하였답니다. || 6.31 ||

남편의 장신구들, 옷, 그리고 비나[6] 등
유희거리들을 바라보고서는
우울감에 빠져들었고, 크게 울부짖었으며,
진창에 빠진 듯 괴로워했지요. || 6.32 ||

sā sundarī śvāsacalodarī hi
vajrāgnisaṃbhinnadarīguheva |
śokāgninā̃ntarhṛdi dahyamānā
vibhrāntacitteva tadā babhūva || 6.33 ||

ruroda mamlau virurāva jaglau
babhrāma tasthau vilalāpa dadhyau |
cakāra roṣaṃ vicakāra mālyaṃ
cakarta vaktraṃ vicakarṣa vastram || 6.34 ||

tāṃ cārudantīṃ prasabhaṃ rudantīṃ
saṃśrutya nāryaḥ paramābhitaptāḥ |
antargṛhād āruruhur vimānaṃ
trāsena kiṃnarya ivādripṛṣṭham || 6.35 ||

bāṣpeṇa tāḥ klinnaviṣaṇṇavaktrā
varṣeṇa padminya ivārdrapadmāḥ |
sthānānurūpeṇa yathābhimānaṃ
nililyire tām anudahyamānāḥ || 6.36 ||

순다리는 숨을 거칠게 들이쉬며
번갯불 맞은 동굴 속처럼
슬픔의 불로 마음 깊은 곳이 타올라
마치 정신이 나간 것같이 되어버렸습니다. ‖ 6.33 ‖

흐느끼다 그쳤고, 소리 지르다 기절했고,
돌아다니다가도 멈추었고, 중얼거리다가도 생각에 잠겼으며,
화를 내며 화환을 흩뿌렸고,
얼굴을 할퀴어대었고, 옷을 찢어발겼지요. ‖ 6.34 ‖

시녀들의 위로

빛나는 이를 지닌 여인의 그 거친 울부짖음을 듣고
너무도 괴로워진 시녀들이
내궁에서 궁 꼭대기로 올라갔으니,
마치 당황하여 산꼭대기를 향한
낀나리들 같았습니다. ‖ 6.35 ‖

눈물 젖은 채 실의에 빠진 얼굴을 한 그녀들은
마치 비 젖은 연꽃들이 있는 연꽃 무리 같았으니,
그녀들은 슬픔에 잠긴 채 계급에 맞추어
원하는 대로 그 곁에 앉았습니다. ‖ 6.36 ‖

tābhir vṛtā harmyatale 'ṅganābhiś
cintātanuḥ sā sutanur babhāse |
śatahradābhiḥ pariveṣṭiteva
śaśāṅkalekhā śaradabhramadhye || 6.37 ||

yā tatra tāsāṃ vacasopapannā
mānyā ca tasyā vayasādhikā ca |
sā pṛṣṭhatas tāṃ tu samāliliṅge
pramṛjya cāśrūṇi vacāṃsy uvāca || 6.38 ||

rājarṣivadhvās tava nānurūpo
dharmāśrite bhartari jātu śokaḥ |
ikṣvākuvaṃśe hy abhikāṅkṣitāni
dāyādyabhūtāni tapovanāni || 6.39 ||

prāyeṇa mokṣāya viniḥsṛtānāṃ
śākyarṣabhāṇāṃ viditāḥ striyas te |
tapovanānīva gṛhāṇi yāsāṃ
sādhvīvrataṃ kāmavad āśritānām || 6.40 ||

yady anyayā rūpaguṇādhikatvād
bḥartā hṛtas te kuru bāṣpamokṣam |
manasvinī rūpavatī guṇāḍhyā
hṛdi kṣate kātra hi nāśru muñcet || 6.41 ||

궁전 꼭대기에서 시녀들에게 둘러싸여
근심으로 수척해진 그 가녀린 여인은
마치 가을 비구름 한가운데 가리어진
초승달 같았지요. ‖ 6.37 ‖

그리고 그녀들 가운데
말재간 있고 존경받는 나이 든 시녀가
그녀를 뒤에서 껴안은 채,
눈물을 닦아내고서는 이리 말했답니다. ‖ 6.38 ‖

"부군께서 다르마에 의지하셨건만
성자왕의 부인인 당신께서 슬픔에 잠기는 것은 전혀 적절치 않습니다.
고행자의 숲에 대한 열망은
익슈바꾸의 혈통으로서 타고난 것이랍니다. ‖ 6.39 ‖

대부분 해탈을 향해 출가하여 떠나는
샤끼야족 황소[7]의 부인들을 당신은 잘 알고 계실 터여요.
그녀들에게 집이란 고행자의 숲과 같나니,
마치 욕망을 좇듯 정결의 맹세에 의지하지요. ‖ 6.40 ‖

만일 다른 여인의 뛰어난 외모와 성품 때문에
부군께서 사로잡혔다 여기시면 눈물이 흐르도록 두시어요.
제아무리 현명하고 아름다우며 덕을 갖춘 여인이라 한들
가슴이 무너졌을 때 어찌 눈물을 흘리지 않을 수 있단 말입니까? ‖ 6.41 ‖

athāpi kiñcid vyasanaṃ prapanno
mā caiva tad bhūt sadṛśo 'tra bāṣpaḥ |
ato viśiṣṭaṃ na hi duḥkham asti
kulodgatāyāḥ patidevatāyāḥ || 6.42 ||

atha tv idānīṃ laḍitaḥ sukhena
svasthaḥ phalastho vyasanāny adṛṣṭvā |
vītaspṛho dharmam anuprapannaḥ
kiṃ viklavā rodiṣi harṣakāle || 6.43 ||

ity evam uktāpi bahuprakāraṃ
snehāt tayā naiva dhṛtiṃ cakāra |
athāparā tāṃ manaso 'nukūlaṃ
kālopapannaṃ praṇayād uvāca || 6.44 ||

bravīmi satyaṃ suviniścitaṃ te
prāptaṃ priyaṃ drakṣyasi śīghram eva |
tvayā vinā sthāsyati tatra nāsau
sattvāśrayaś cetanayeva hīnaḥ || 6.45 ||

aṅke 'pi lakṣmyā na sa nirvṛtaḥ syāt
tvaṃ tasya pārśve yadi tatra na syāḥ |
āpatsu kṛcchrāsv api cāgatāsu
tvāṃ paśyatas tasya bhaven na duḥkham|| 6.46 ||

또한, 그래서는 안 되겠지만
어떤 사고를 만난 것이라면 눈물이 흐를 법도 합니다.
남편을 신과 같이 여기는 좋은 가문 출신의 여인에게
이보다 극심한 고통은 없기 때문이지요. ‖ 6.42 ‖

허나 이제 불행한 일들을 보지 않고 마음껏 유행(遊行)하며
편안히 [해탈이라는] 결실에 머물러,
욕망에서 떠나 다르마를 좇는 분이 되셨거늘,
이 기쁜 때에 어찌 괴로워하며 울고 계십니까?" ‖ 6.43 ‖

이렇게 애정에서 우러나온 여러 말을 들었지만
순다리는 만족하지 못하였지요.
그러자 다른 여인이 그녀의 마음에 들게끔
상황에 어울리는 말을 상냥하게 해 주었습니다. ‖ 6.44 ‖

"저는 당신의 연인이 돌아오시는 것을
곧 보게 되시리라는 사실을 확신한답니다.
중생의 몸이 마음 없이는 존재할 수 없듯
그분은 당신 없이는 살지 못할 겁니다. ‖ 6.45 ‖

만일 당신이 그분의 곁에 없다면
락슈미의 무릎에 있다 한들 만족하지 못할 것입니다.[8]
불행한 상황들이 찾아온다 해도
그분이 당신을 보시면 고통 따위는 없을 것이어요. ‖ 6.46 ‖

tvaṃ nirvṛtiṃ gaccha niyaccha bāṣpaṃ
taptāśrumokṣāt parirakṣa cakṣuḥ |
yas tasya bhāvas tvayi yaś ca rāgo
na raṃsyate tvadvirahāt sa dharme || 6.47 ||

syād atra nāsau kulasattvayogāt
kāṣāyam ādāya vihāsyatīti |
anātmanādāya gṛhonmukhasya
punar vimoktuṃ ka ivāsti doṣaḥ || 6.48 ||

iti yuvatijanena sāntvyamānā
hṛtahṛdayā ramaṇena sundarī sā |
dramiḍam abhimukhī pureva rambhā
kṣitim agamat parivāritāpsarobhiḥ || 6.49 ||

|| saundaranande mahākāvye bhāryāvilāpo nāma ṣaṣṭhaḥ sargaḥ || 6 ||

진정하시고 눈물을 거두셔요.
뜨거운 눈물의 물길에서 눈을 보호하셔야지요.
당신에 대한 그분의 감정과 열정은
다르마에서는 찾을 수 없는 것입니다. ‖ 6.47 ‖

이에 관해 [사람들은] 좋은 출신과 본성을 갖춘 그분께서
가사를 입으면 벗어버리지 않을 것이라 하겠지요.
[허나] 원치 않는데도 입게 되었으니 집으로 향하고픈 맘에
다시금 가사를 내려놓으려 한다 해도 그 어찌 흠이 되겠습니까?" ‖ 6.48 ‖

이렇게 연인에게 마음이 붙잡혀 있던 차에
어린 시녀에게 위로받은 순다리는,
그 옛날 드라미다를 사랑한 람바[9]가
천녀들에게 둘러싸인 채 지상으로 향한 듯 [내려갔습니다]. ‖ 6.49 ‖

대서사시 『사운다라난다』에서 "아내의 절망"이라는 이름의 여섯 번째 장을 마친다.

〚 미주 〛

1 허리를 숙이고 고개를 밖으로 내밀어 귀에 걸린 긴 귀걸이가 뺨을 가로지른 것처럼 보이는 모습을 묘사한 것이다.

2 '천녀'는 압사라스(apsaras)를 번역한 말이다. 압사라스는 아름다운 외모로 유명한 천상의 요정을 말한다. 인도 신화에는 그들의 아름다움으로 인해 고행을 포기한 수행자들에 대한 일화가 자주 등장한다.

3 원문의 pallava-rāga-tāmra는 '꽃봉오리 같은 [손]이 붉게 물들어 있는' 모양을 말한다. 인도에서 새 신부는 붉은 색 헤나로 손과 발에 여러 행운의 상징과 꽃 등이 포함된 그림을 그려 장식하는데, 이 염색이 오래갈수록 사랑이 오래간다고 믿는다. 붉은색으로 치장한 두 손이 꽃봉오리 같고, 그 위에 얹힌 순다리의 얼굴도 연꽃에 비유되어 연못에 비친 연꽃처럼 보이는 것으로 표현한 것이다.

4 락슈미(Lakṣmī) 여신은 비슈누신의 배우자로서, 아름다움과 행운, 번영, 재물, 부, 풍요 등 모든 상서로운 것의 상징으로 여겨진다.

5 원문의 vaiḍurya는 청색이나 청록색 계열의 보석을 말하며 청금석(靑金石), 묘안석(猫眼石), 블루 사파이어, 아쿠아마린 등의 보석과 비교된다. 본 역서에서는 청금석을 번역어로 택하였다.

6 비나(vīṇā)는 현악기의 일종으로서 소리통 부분이 북처럼 둥글고 깊다. 베다 시대부터 있었다고 전해지며 지역에 따라 형태와 크기가 다양하다. 사라스와띠 여신이나 나라다 선인, 또는 간다르바가 비나를 들고 있는 모습으로 묘사되며, 시타르와 같은 악기로 변형 발전되었다.

7 황소(ṛṣabha)는 강하고 뛰어난 인물을 가리킨다.

8 원문의 'na sa nirvṛtaḥ syāt'은 표면적으로는 '만족하지 못할 것'이라는 의미이다. 그러나 nirvṛta는 '[욕망의 불길이] 꺼진 상태'를 뜻하기도 하므로 '그는 열반을 얻지 못할 것이다'라는 중의적인 의미가 포함되어 있다.

9 람바(Rambhā)는 천녀들 가운데 특히 아름다웠다고 여겨지는 인물이다.

제7장

난다의 절망

nandavilāpaḥ

liṅgaṃ tataḥ śāstṛvidhipradiṣṭaṃ
gātreṇa bibhran na tu cetasā tat |
bhāryāgatair eva manovitarkair
jehrīyamāṇo na nananda nandaḥ || 7.1 ||

sa puṣpamāsasya ca puṣpalakṣmyā
sarvābhisāreṇa ca puṣpaketoḥ |
yānīyabhāvena ca yauvanasya
vihārasaṃstho na śamaṃ jagāma || 7.2 ||

sthitaḥ sa dīnaḥ sahakāravīthyām
ālīnasaṃmūrcchitaṣaṭpadāyām |
bhṛśaṃ jajṛmbhe yugadīrghabāhur
dhyātvā priyāṃ cāpam ivācakarṣa || 7.3 ||

sa pītakakṣodam iva pratīcchaṁś
cūtadrumebhyas tanupuṣpavarṣam |
dīrghaṃ niśaśvāsa vicintya bhāryāṃ
navagraho nāga ivāvaruddhaḥ || 7.4 ||

śokasya hartā śaraṇāgatānāṃ
śokasya kartā pratigarvitānām |
aśokam ālambya sa jātaśokaḥ
priyāṃ priyāśokavanāṃ śuśoca || 7.5 ||

완연한 봄의 기운과 난다의 고뇌

한편 난다는 수계의 율에 따라
스승이 건넨 표식[1]을 몸으로는 받았지만
마음으로는 그러지 못하였으니,
오직 아내를 향한 상념들로 인해
부끄러웠던 난다는 기쁘지 않았답니다. ‖ 7.1 ‖

그는 봄[2]의 만발한 꽃 때문에,
그리고 사랑의 신[3]의 공격 때문에,
또한 젊은이가 으레 갖는 치기 어린 감정 때문에
사원에 머무르면서도 평온함을 찾지 못했더랬지요. ‖ 7.2 ‖

그는 벌이 주위를 맴돌고 있는 망고나무 우거진 길에
심란하게 서 있었으니,
넓은 가슴과 긴 팔 가진 그는
연인을 생각하며 활을 당기듯 크게 팔을 폈습니다. ‖ 7.3 ‖

그는 망고나무에서 [노란] 사프란 가루처럼 내리는
작은 꽃비를 맞으며 아내를 떠올렸고,
갓 잡혀 갇혀 있는 코끼리마냥 길게 한숨을 내쉬었답니다. ‖ 7.4 ‖

보호받으러 오는 자들에게는 슬픔의 제거자요,
자만하는 자들에게는 슬픔의 수여자였지만,
[이제는] 그에게 슬픔이 일어나니
아쇼까[4]나무에 기대어
아쇼까 숲을 사랑했던 연인을 [떠올리며] 괴로워했지요. ‖ 7.5 ‖

priyāṃ priyāyāḥ pratanuṃ priyaṅguṃ
niśāmya bhītām iva niṣpatantīm |
sasmāra tām aśrumukhīṃ sabāṣpaḥ
priyāṃ priyaṅguprasavāvadātām || 7.6 ||

puṣpāvanaddhe tilakadrumasya
dṛṣṭvānyapuṣṭāṃ śikhare niviṣṭām |
saṃkalpayām āsa śikhāṃ priyāyāḥ
śuklāṃśuke 'ṭṭālam apāśritāyāḥ || 7.7 ||

latāṃ praphullām atimuktakasya
cūtasya pārśve parirabhya jātām |
niśāmya cintām agamat kadaivaṃ
śliṣṭā bhaven mām api sundarīti || 7.8 ||

puṣpaiḥ karālā api nāgavṛkṣā
dāntaiḥ samudgair iva hemagarbhaiḥ |
kāntāravṛkṣā iva duḥkhitasya
na cakṣur ācikṣipur asya tatra || 7.9 ||

gandhaṃ vamanto 'pi ca gandhaparṇā
gandharvaveśyā iva gandhapūrṇāḥ |
tasyānyacittasya śugātmakasya
ghrāṇaṃ na jahrur hṛdayaṃ pratepuḥ || 7.10 ||

사랑하는 이에게서 받는 사랑에
놀란 듯 떨어지는 작은 겨자꽃[5]을 보고서,
그는 눈물 글썽이며 겨자꽃처럼 순수한
그 연인의 눈물 어린 얼굴을 떠올렸습니다. ‖ 7.6 ‖

[흰] 꽃으로 덮인 민트나무[6]
꼭대기 앉은 뻐꾸기를 보고서는
흰옷 입은 채 궁전 탑에 기대어 있는
연인의 올림머리[7]를 떠올렸답니다. ‖ 7.7 ‖

꽃 피운 아띠묵따까[8] 덩굴이
망고나무 곁을 감싸며 자란 것을 보며,
'순다리가 언제 또 나를 저리 안아 줄까?'
하고 난다는 생각했지요. ‖ 7.8 ‖

금으로 가득한 상자가 터뜨려진 듯
꽃봉오리 가득한 나가나무[9]들조차
황야의 나무와 같았으니,
고뇌에 찬 그의 눈길을 끌 수 없었답니다. ‖ 7.9 ‖

그리고 마치 향내로 가득한 간다르바 유녀들처럼[10]
향기를 뿜어대는 윈터그린나무[11]들마저도,
슬픔에 빠져 다른 생각에 잠긴 난다에게는
향기로 전해지지 않고 그저 마음을 괴롭게 할 뿐이었지요. ‖ 7.10 ‖

saṃraktakaṇṭhaiś ca vinīlakaṇṭhais
tuṣṭaiḥ prahṛṣṭair api cānyapuṣṭaiḥ |
lelihyamānaiś ca madhu dvirephaiḥ
svanad vanaṃ tasya mano nunoda || 7.11 ||

sa tatra bhāryāraṇisaṃbhavena
vitarkadhūmena tamaḥśikhena |
kāmāgninā̄ntarhṛdi dahyamāno
vihāya dhairyaṃ vilalāpa tat tat || 7.12 ||

adyāvagacchāmi suduṣkaraṃ te
cakruḥ kariṣyanti ca kurvate ca |
tyaktvā priyām aśrumukhīṃ tapo ye
cerūś cariṣyanti caranti caiva || 7.13 ||

tāvad dṛḍhaṃ bandhanam asti loke
na dāravaṃ tāntavam āyasaṃ vā |
yāvad dṛḍhaṃ bandhanam etad eva
mukhaṃ calākṣaṃ lalitaṃ ca vākyam || 7.14 ||

chittvā ca bhittvā ca hi yānti tāni
svapauruṣāc caiva suhṛdbalāc ca |
jñānāc caraukṣyāc ca vinā vimoktuṃ
na śakyate snehamayas tu pāśaḥ || 7.15 ||

발정 난 공작의 울음소리와
털이 삐쭉 서는 뻐꾸기의 교성,
크고 검은 벌들이 꿀 빨아먹는 소리가 나는 숲은
그의 마음을 달아오르게 했습니다. ‖ 7.11 ‖

아내라는 장작이 있었기에
상념이라는 연기와 미망이라는 불꽃을 피우는
욕망이라는 불이 가슴속에서 불타오르니,
그는 평정을 잃고 이런저런 말을 중얼거렸답니다. ‖ 7.12 ‖

"눈물 젖은 얼굴을 한 연인을 버리고서
고행을 했고, 행할 것이고, 또 행하는 이들이,
하기 어려운 일을 했으며, 할 것이고, 하고 있다는 것을
이제 나는 이해한다. ‖ 7.13 ‖

이 세상에 나무로 되었거나 실로 되었거나,
또는 철로 된 올가미가 아무리 강하다 한들
반짝이는 눈망울의 얼굴과 사랑스러운 말이라는
이 올가미만큼 강한 것은 없도다. ‖ 7.14 ‖

왜냐하면 그 [올가미]들은
자신의 힘이나 친구의 힘을 통해 끊거나 부수어지지만,
사랑으로 이루어진 올가미는
지혜와 단호함 없이는 벗어날 수 없기 때문이다. ‖ 7.15 ‖

jñānaṃ na me tac ca śamāya yat syān
na cāsti raukṣyaṃ karuṇātmako 'smi |
kāmātmakaś cāsmi guruś ca buddhaḥ
sthito 'ntare cakragater ivāsmi || 7.16 ||

ahaṃ gṛhītvāpi hi bhikṣuliṅgaṃ
bhrātṝṣiṇā dvir guruṇānuśiṣṭaḥ |
sarvāsv avasthāsu labhe na śāntiṃ
priyāviyogād iva cakravākaḥ || 7.17 ||

adyāpi tan me hṛdi vartate ca
yad darpaṇe vyākulite mayā sā |
kṛtānṛtakrodhakam abravīn māṃ
kathaṃ kṛto 'sīti śaṭhaṃ hasantī || 7.18 ||

yathaiṣy anāśyānaviśeṣakāyāṃ
mayīti yan mām avadac ca sāśru |
pāriplavākṣeṇa mukhena bālā
tan me vaco 'dyāpi mano ruṇaddhi || 7.19 ||

baddhvāsanaṃ parvatanirjharasthaḥ
svastho yathā dhyāyati bhikṣur eṣaḥ |
saktaḥ kva cin nāham ivaiṣa nūnaṃ
śāntas tathā tṛpta ivopaviṣṭaḥ || 7.20 ||

나에게는 평정을 위한 지혜가 있는 것도 아니고,
단호함도 없거니와 연민이 많다.
나는 욕망으로 가득 차 있으니,
붓다께서 스승으로 계시는데도
마치 움직이는 바퀴 안에 있는 듯하구나. ‖ 7.16 ‖

내 비록 비구의 표식을 받고
형이자 성자이신 스승에게 가르침을 두 차례 받았지만
마치 연인과 떨어진 원앙처럼
어떤 상황에서도 평정을 얻지 못하는도다. ‖ 7.17 ‖

지금도 나의 마음은 그때를 떠올리나니,
내가 그녀에게 거울로 놀래키자
그녀는 말했지.
"뭐 하는 거예요."라고 장난스레 웃으며. ‖ 7.18 ‖

또한 "비셰샤까가 마르기 전에 나에게 돌아오셔요."라고
눈물 가득한 얼굴로
그녀가 나에게 했던 그 말은
여전히 나의 마음을 붙잡는구나. ‖ 7.19 ‖

가부좌 튼 채 산골짜기 폭포에 정주하며
명상하는 저 비구는,
나와 똑같이 속세와는 떨어져 있는데도
저리도 평화롭고 만족한 듯 앉아 있구나. ‖ 7.20 ‖

puṃskokilānām avicintya ghoṣaṃ
vasantalakṣmyām avicārya cakṣuḥ |
śāstraṃ yathābhyasyati caiṣa yuktaḥ
śaṅke priyākarṣati nāsya cetaḥ || 7.21 ||

asmai namo ’stu sthiraniścayāya
nivṛttakautūhalavismayāya |
śāntātmane ’ntargatamānāsāya
caṅkramyamāṇāya nirutsukāya || 7.22 ||

nirīkṣamāṇāya jalaṃ sapadmaṃ
vanaṃ ca phullaṃ parapuṣṭajuṣṭam |
kasyāsti dhairyaṃ navayauvanasya
māse madhau dharmasapatnabhūte || 7.23 ||

bhāvena garveṇa gatena lakṣmyā
smitena kopena madena vāgbhiḥ |
jahruḥ striyo devanṛparṣisaṃghān
kasmād dhi nāsmadvidham ākṣipeyuḥ || 7.24 ||

kāmābhibhūto hi hiraṇyaretāḥ
svāhāṃ siṣeve maghavān ahalyām |
sattvena sargeṇa ca tena hīnaḥ
strīnirjitaḥ kiṃ bata mānuṣo ’ham || 7.25 ||

수컷 뻐꾸기들의 소리를 무시하고
봄의 풍요에 눈 돌리지 않는 그는
마치 가르침에 빠져 있는 것처럼 보이니,
어떻게 그의 마음이 연인에게 이끌리지 않는지 궁금하도다. ‖ 7.21 ‖

결심이 확고하며
호기심과 오만에서도 벗어났으되
평온하고 마음의 내부로 향하고 있으며,
감정에서 벗어난 그에게 경배하나니! ‖ 7.22 ‖

다르마를 방해하는 존재인 봄철에
연꽃 가득한 연못과
뻐꾸기 찾아 들어 꽃 피어난 숲을 보며,
그 어떤 파릇한 젊은이가 평정을 가질 수 있겠는가! ‖ 7.23 ‖

애욕에 빠진 신과 영웅, 선현들을 떠올리다

여성들은 기질, 도도함, 걸음걸이, 매력,
미소, 변덕, 익살, 말들로
신과 왕과 성자들을 사로잡았거늘,
어떻게 나와 같은 자를 [유혹에] 빠뜨리지 못하리오? ‖ 7.24 ‖

애욕에 사로잡힌 아그니[12]도 스바하[13]를,
인드라[14]도 아할리야[15]를 취하였으니,
아아! 신 같은 힘도 의지도 없는 나라는 남자는
여자에게 정복당할 수밖에! ‖ 7.25 ‖

sūryaḥ saraṇyūṃ prati jātarāgas
tatprītaye taṣṭa iti śrutaṃ naḥ |
yām aśvabhūto 'śvavadhūṃ sametya
yato 'śvinau tau janayāṃ babhūva || 7.26 ||

strīkāraṇaṃ vairaviśaktabuddhyor
vaivasvatāgnyoś calitātmadhṛtyoḥ |
bahūni varṣāṇi babhūva yuddhaṃ
kaḥ strīnimittaṃ na caled ihānyaḥ || 7.27 ||

bheje śvapākīṃ munir akṣamālāṃ
kāmād vasiṣṭhaś ca sa sadvariṣṭhaḥ |
yasyāṃ vivasvān iva bhūjalādaḥ
sutaḥ prasūto 'sya kapiñjalādaḥ || 7.28 ||

parāśaraḥ śāpaśaras tatharṣiḥ
kālīṃ siṣeve jhaṣagarbhayonim |
suto 'sya yasyāṃ suṣuve mahātmā
dvaipāyano vedavibhāgakartā || 7.29 ||

dvaipāyano dharmaparāyaṇaś ca
reme samaṃ kāśiṣu veśyavadhvā |
yayā hato 'bhūc calanūpureṇa
pādena vidyullatayeva meghaḥ || 7.30 ||

우리의 전설에 '사란유[16]에게 욕정 일으킨 수리야[17]가
그녀를 취하려 [자신의 빛을] 작게 만들었다'고 하며,
암말인 그녀를 위해 숫말이 되어 짝짓기를 했고,
그로부터 두 마리 말의 신[18]이 태어났다지. ‖ 7.26 ‖

바이바스바따[19]와 아그니도 여인 때문에 자제력이 흔들려
적개심에 찬 마음을 지닌 채 여러 해 전쟁을 벌였으니,
이 세상에서 어떤 다른 이가
여인으로 인해 흔들리지 않을 수 있겠는가? ‖ 7.27 ‖

성자 중에서도 최고인 그 바시슈타[20]는
욕망으로 인해 개를 요리하는 천민 아낙[21]인
악샤말라를 부인으로 맞았으니,
마치 태양이 그러하듯 땅으로부터 물을 말리는 자인
아들 까삔잘라다[22]를 그녀에게서 얻었지. ‖ 7.28 ‖

마찬가지로 저주의 화살을 지닌 성자 빠라샤라는
물고기의 자궁에서 태어난 깔리[23]와 잠자리를 하였으니,
그는 그녀에게서 베다의 구분을 지은 자이자
위대한 영혼을 지닌 드바이빠야나[24]를 얻었다. ‖ 7.29 ‖

마찬가지로 드바이빠야나는
다르마를 목적으로 삼은 자임에도
바라나시에서 창부와 즐기다,
찰랑이는 발찌를 찬 발로 그녀에게 맞으니
마치 비틀린 번개에 맞은 구름과도 같았다지. ‖ 7.30 ‖

tathāṅgirā rāgaparītacetāḥ
sarasvatīṃ brahmasutaḥ siṣeve |
sārasvato yatra suto 'sya jajñe
naṣṭasya vedasya punaḥ pravaktā || 7.31 ||

tathā nṛparṣer dilipasya yajñe
svargastriyāṃ kāśyapa āgatāsthaḥ |
srucaṃ gṛhītvā sravad ātmatejaś
cikṣepa vahnāv asito yato 'bhūt || 7.32 ||

tathāṅgado 'ntaṃ tapaso 'pi gatvā
kāmābhibhūto yamunām agacchat |
dhīmattaraṃ yatra rathītaraṃ sa
sāraṅgajuṣṭaṃ janayām babhūva || 7.33 ||

niśāmya śāntāṃ naradevakanyāṃ
vane 'pi śānte 'pi ca vartamānaḥ |
cacāla dhairyān munir ṛṣyaśṛṅgaḥ
śailo mahīkampa ivoccaśṛṅgaḥ || 7.34 ||

brahmarṣibhāvārtham apāsya rājyaṃ
bheje vanaṃ yo viṣayeṣv anāsthaḥ |
sa gādhijaś cāpahṛto ghṛtācyā
samā daśaikaṃ divasaṃ viveda || 7.35 ||

마찬가지로 브라흐마의 아들인 앙기라스[25]는
욕정에 사로잡힌 마음을 지니고
사라스바띠[26]와 잠자리를 하였으니,
그리하여 그는 잃어버린 베다를 다시 설하는
아들 사라스바따를 얻었도다. ‖ 7.31 ‖

마찬가지로 성자왕 딜리빠[27]의 제사에서
까쉬야빠[28]는 천상의 여인에게 빠져
제사용 국자를 쥐고서는, 흘러내리는 자신의 정액을
제식의 불 속에 흩뿌렸고, 이로부터 아시따[29]가 생겨났다지. ‖ 7.32 ‖

마찬가지로 앙가다[30]는
고행의 완성을 이루었음에도
야무나[31] 여신을 향한 욕망에 압도되었으니,
그는 사슴들의 벗이요 가장 현명한 라티따라를 아들로 얻었다. ‖ 7.33 ‖

성자 리쉬야쉬링가는 조용한 숲에 머무르면서도
왕의 딸 샨따[32]를 보고서 확고함이 흔들렸으니,
마치 우뚝 솟은 봉우리를 지닌 산이
지진에 흔들리는 듯하였다지. ‖ 7.34 ‖

세속 대상들에 무관심하여 브라만 성자가 되고자
왕국을 버리고 숲을 향해 갔던 가딘의 아들[33]은
그리따찌[34]에게 마음을 빼앗겼으니,
10년을 하루처럼 여기며 [허송세월하였다.] ‖ 7.35 ‖

tathaiva kandarpaśarābhimṛṣṭo
rambhāṃ prati sthūlaśirā mumūrccha |
yaḥ kāmaroṣātmatayānapekṣaḥ
śaśāpa tām apratigṛhyamāṇaḥ || 7.36 ||

pramadvarāyāṃ ca ruruḥ priyāyāṃ
bhujaṅgamenāpahṛtendriyāyām |
saṃdṛśya saṃdṛśya jaghāna sarpān
hriyaṃ na roṣeṇa tapo rarakṣa || 7.37 ||

naptā śaśāṅkasya yaśoguṇāṅko
budhasya sūnur vibudhaprabhāvaḥ |
tathorvaśīm apsarasaṃ vicintya
rājarṣir unmādam agacchad aiḍaḥ || 7.38 ||

rakto girer mūrdhani menakāyāṃ
kāmātmakatvāc ca sa tālajaṅghaḥ |
pādena viśvāvasunā saroṣaṃ
vajreṇa hintāla ivābhijaghne || 7.39 ||

nāśaṃ gatāyāṃ paramāṅganāyāṃ
gaṅgājale 'naṅgaparītacetāḥ |
jahnuś ca gaṅgāṃ nṛpatir bhujābhyāṃ
rurodha maināka ivācalendraḥ || 7.40 ||

바로 그렇게 사랑의 신의 화살에 맞은 스툴라쉬라스[35]는
람바[36]에게 넋이 나갔으니,
받아들여지지 못한 채
욕망과 분노라는 본성으로 이성을 잃은 그는
그녀를 저주하였지. ‖ 7.36 ‖

그리고 루루[37]는 사랑하는 쁘라마드바라[38]가
뱀에 [물려] 감각이 사라지자,
발견하는 족족 뱀들을 죽였으니,
분노로 인해 자제력이 필요한 고행을 지키지 못하였다. ‖ 7.37 ‖

샤샹까[39]의 손자이며 부다의 아들이자
현명함과 능력을 갖추고 명예와 덕을 겸비한
성자왕 뿌루라바스[40]는
천녀인 우르바쉬를 생각하다 미쳐버렸도다. ‖ 7.38 ‖

또한 욕망에 사로잡혀
산꼭대기에 있는 메나까에게 빠진
그 딸라장가[41]는 분노한 비쉬바바수[42]에게 발로 차였으니,
마치 야자수가 번개에 맞은 것과 같았다. ‖ 7.39 ‖

가장 어여삐 여기는 여인이
갠지스강물에 빠져 죽었을 때,
몸 없는 [사랑의 신]에게 사로잡힌 마음 지닌 자흐누[43] 왕은
마치 산들의 왕 마이나까[44]처럼 양팔로 갠지스강을 막았도다. ‖ 7.40 ‖

nṛpaś ca gaṅgāvirahāj jughūrṇa
gaṅgāmbhasā śāla ivāttamūlaḥ |
kulapradīpaḥ pratipasya sūnuḥ
śrīmattanuḥ śantanur asvatantraḥ || 7.41 ||

hṛtāṃ ca saunandakinānuśocan
prāptām ivorvīṃ striyam urvaśīṃ tām |
sadvṛttavarmā kila somavarmā
babhrāma cittodbhavabhinnacarmā || 7.42 ||

bhāryāṃ mṛtāṃ cānumamāra rājā
bhīmaprabhāvo bhuvi bhīmakaḥ saḥ |
balena senāka iti prakāśaḥ
senāpatir deva ivāttasenaḥ || 7.43 ||

svargaṃ gate bhartari śantanau ca
kālīṃ jihīrṣan janamejayaḥ saḥ |
avāpa bhīṣmāt samavetya mṛtyuṃ
na tadgataṃ manmatham utsasarja || 7.44 ||

śaptaś ca pāṇḍur madanena nūnaṃ
strīsaṃgame mṛtyum avāpsyasīti |
jagāma mādrīṃ na mahārṣiśāpād
asevyasevī vimamarśa mṛtyum || 7.45 ||

그리고 쁘라띠빠[45]의 아들이자 가문의 등불이며
빛나는 용모 지닌 샨따누[46] 왕은
강가 여신과 헤어지자 스스로를 주체하지 못하여
마치 갠지스 강물에 뿌리가 들린 샬라나무처럼
이리저리 흔들렸다. ‖ 7.41 ‖

또한 뿌루라바스[47]는 부인 우르바쉬를
발라라마[48]에게 빼앗기자
마치 얻은 땅을 빼앗긴 듯 슬퍼하니,
참으로 선행이라는 갑옷을 걸친 그는
까마 신에 의해[49] 부서진 갑옷을 입고 방황하였다. ‖ 7.42 ‖

또한 지상에서 무시무시한 힘을 지닌
그 비마까[50] 왕은
군신 까르띠께야[51]처럼 군대를 갖추어
'세나까'[52]로 불렸음에도
먼저 간 아내를 따라 죽었도다. ‖ 7.43 ‖

또한 남편 샨따누가 하늘로 떠났을 때,
저 자나메자야는 [샨따누의 둘째 부인인]
깔리[53]를 취하고자 하였으니,
비슈마[54]와 만나 죽음을 맞이하였음에도
그녀를 향한 사랑을 포기하지 않았도다. ‖ 7.44 ‖

또한 빤두는 "여인과 잠자리할 때 죽게 될 것이다"라고
마다나에게 저주받았지만 즐겨서는 안 될 것을 즐기는 자가 되어,
위대한 성자의 저주로 인한 죽음에 대해 생각지 못한 채
[둘째 부인] 마드리를 취하였도다.[55] ‖ 7.45 ‖

evaṃvidhā devanṛparṣisaṅghāḥ
strīṇāṃ vaśaṃ kāmavaśena jagmuḥ |
dhiyā ca sāreṇa ca durbalaḥ san
priyām apaśyan kimu viklavo 'ham || 7.46 ||

yāsyāmi tasmād gṛham eva bhūyaḥ
kāmaṃ kariṣye vidhivat sakāmam |
na hy anyacittasya calendriyasya
liṅgaṃ kṣamaṃ dharmapathāc cyutasya || 7.47 ||

pāṇau kapālam avadhāya vidhāya mauṇḍyaṃ
mānaṃ nidhāya vikṛtaṃ paridhāya vāsaḥ |
yasyoddhavo na dhṛtir asti na śāntir asti
citrapradīpa iva so 'sti ca nāsti caiva || 7.48 ||

yo niḥsṛtaś ca na ca niḥsṛtakāmarāgaḥ
kāṣāyam udvahati yo na ca niṣkaṣāyaḥ |
pātraṃ bibharti ca guṇair na ca pātrabhūto
liṅgaṃ vahann api sa naiva gṛhī na bhikṣuḥ || 7.49 ||

집으로 돌아갈 결심

이 같은 신과 왕과 성자의 무리들마저
욕망의 힘 때문에 여인들에게 빠졌거늘,
현명함과 단호함의 힘이 약한 내가
연인을 보지 않고 어찌 견딘단 말인가? ‖ 7.46 ‖

그러니 다시 집으로 돌아가서
관습에 따라 바라는 대로 욕망을 취할 것이다.
마음이 다른 곳에 가 있고 감관이 요동치며
다르마의 길에서 벗어난 자에게
[출가자의] 징표는 어울리지 않기 때문이다. ‖ 7.47 ‖

두 손에 발우를 쥐고 깎은 머리를 하고,
자만심을 버리고 해진 옷을 입고서도
즐거움[을 향한 욕망]이 [남아 있고]
확고함과 평온함이 없는 자,
그자는 그림 속의 등불마냥
있어도 있는 것이 아니로다. ‖ 7.48 ‖

[집] 떠난 자라도 욕망과 애착에서 떠난 것은 아닐지니,
가사를 걸치고 있어도 더러움에서 벗어난 것은 아니며,
발우를 들고 있다 한들 공덕들을 담을 그릇이 되지는 못하니,
그는 [출가자의] 징표를 지니고 있어도 실로 재가자도 승려도 아님이라. ‖ 7.49 ‖

na nyāyyam anvayavataḥ parigṛhya liṅgaṃ
bhūyo vimoktum iti yo 'pi hi me vicāraḥ |
so 'pi praṇaśyati vicintya nṛpapravīrāṃs
tān ye tapovanam apāsya gṛhāṇy atīyuḥ || 7.50 ||

śālvādhipo hi sasuto 'pi tathāmbarīṣo
rāmo 'ndha eva sa ca sāṃkṛtirantidevaḥ |
cīrāṇy apāsya dadhire punar aṃśukāni
chittvā jaṭāś ca kuṭilā mukuṭāni babhruḥ || 7.51 ||

tasmād bhikṣārthaṃ mama gurur ito yāvad eva prayātas
tyaktvā kāṣāyaṃ gṛham aham itas tāvad eva prayāsye |
pūjyaṃ liṅgaṃ hi skhalitamanaso bibhrataḥ kliṣṭabuddher
nāmutrārthaḥ syād upahatamater nāpy ayaṃ jīvalokaḥ || 7.52 ||

|| saundaranande mahākāvye nandavilāpo nāma saptamaḥ sargaḥ || 7 ||

훌륭한 가문에서 태어난 자가
[출가자의] 징표를 받은 다음에 다시 버리는 것이
적절치 못하다 여겼거늘,
고행자의 숲을 버리고 집으로 간
그 왕과 뛰어난 영웅들을 생각하면
그런 고민도 사라지는구나. ‖ 7.50 ‖

마찬가지로 아들과 함께한 샬바의 왕,
암바리샤, 라마, 안다,[56] 그리고 상끄리띠의 [아들] 란띠데바[57]도
갈옷들을 벗어버리고 다시 좋은 옷을 걸쳤으며,
[고행으로] 꼬여 얽힌 머리꼭지를 잘라내고 왕관을 썼도다. ‖ 7.51 ‖

그러니 나의 스승님이 탁발을 하러 이곳에서 떠나신 사이에
나는 이제 가사를 버리고 이곳에서 집으로 떠나야겠구나.
흔들리는 마음을 지니고 옳지 못한 지성을 지니고,
미혹된 마음을 지닌 채 고귀한 [출가자의] 징표를 갖춘 자는
이번 생은 물론 다음 생에도 목표를 이룰 수 없을 것이기 때문이로다." ‖ 7.52 ‖

대서사시 『사운다라난다』에서 "난다의 절망"이라는 이름의 일곱 번째 장을 마친다.

〚 미주 〛

1 출가할 때 입문식을 통해 삭발하고 염의(染衣), 즉 가사를 입는 것 등 출가자의 표식을 말한다.

2 '꽃의 계절'(puṣpa-māsa)은 봄을 뜻한다.

3 '꽃의 상징을 지닌 자'(puṣpa-ketu)는 꽃 화살을 쏘는 사랑의 신 까마를 뜻한다.

4 아쇼까(aśoka)는 나무의 이름으로 '슬픔이 없는', '근심이 없는' 것을 의미하여, 흔히 무우수(無憂樹)라고 한역하는 나무로서 석가모니 부처님 출생 시 마야부인이 가지를 잡고 있던 탄생수로 알려진다. 학명은 Saraca asoca, 또는 Saraca indica이며 2~4월에 붉은빛이 강한 오렌지색 꽃이 핀다. 본 게송에서는 현재 깊은 근심에 빠진 난다와 대비되어 사용되었다.

5 '겨자꽃'의 원어인 쁘리양구(priyaṅgu)는 문헌에 따라 다른 꽃으로 설명된다. Aglaia elaeagnoidea라는 학명의 식물로서 보라색의 작은 꽃을 피운다고 하고, Meliaceae(마호가니) 계통의 나무로 보기도 한다. 또 겨자씨로 설명하기도 하는데 여기서는 작고 여린 꽃의 이미지를 살리기 위해 겨자꽃으로 번역하였다.

6 원어인 띨라까(tilaka)는 학명 Clerodendrum phlomidis에 해당하는 식물로서 흔히 민트라고 불리는 식물과 유사하고 흰색 또는 연분홍빛 꽃을 피운다.

7 나무에 앉은 뻐꾸기의 모양의 헤어스타일을 말한다.

8 아띠묵따까(atimuktaka)는 덩굴 식물의 일종으로 한역불전에서는 아제목다가(阿提目多伽)로 음사한다. 높이가 10m 이상이고 밝은색 꽃을 피우는 식물로서, 씨앗에서 향유를 추출하며 수마나, 참빠까 등과 함께 불단 공양물 중 하나로 여겨진다.

9 나가나무에 대해서는 4장 18송 각주 참조.

10 원문에서는 gandha(향), gandhaparṇā(강한 향), gandharva(간다르바), gandhapūrṇa(간다뿌르나) 등 '간다'(gandha)라는 음이 반복되도록 하여 시감을 살리고 있다.

11 원어인 간다빠르나(gandhaparṇa)는 '향나는 잎을 가진 [나무]'를 의미하며 학명 Gaultheria fragrantissima에 해당하는 식물로서, 흔히 윈터그린이라 불리고 강한 향으로 유명하다.

12 원문의 히란야레따스(hiraṇya-retas)는 '황금 정액을 가진 자'라는 뜻으로서 불의 신 아그니의 별칭이다.

13 스바하(Svāhā)는 아그니 신의 아내이다.

14 원문의 마가바뜨(maghavat)는 '힘을 가진 자', '재산을 가진 자'라는 뜻으로 인드라의 별칭이다.

15 아할리야(Ahalyā)는 성자 가우따마의 부인이다. 신들의 왕 인드라는 남편 가우따마로 변신하여 그녀를 범하였으며, 이를 안 가우따마가 분노하여 인드라의 몸에 1,000개의 요니(여성의 성기)가 생기도록 저주한 신화가 전해지고 있다.

16 사란유(Saraṇyū)는 암말의 모습을 한 새벽의 여신으로, 태양신 수리야와의 사이에서 쌍둥이신 아쉬빈(Aśvin)을 낳았다.

17 수리야(Sūrya)는 태양 혹은 태양의 신을 말한다.

18 '두 마리 말'은 쌍둥이 신 아쉬빈을 말한다.

19 바이바스바따(Vaivasvata)는 태양신 비바스바뜨(Vivasvat)의 아들로 여겨진다.

20 바시슈타(Vasiṣṭa)는 풍요의 소를 지닌 전설적인 성자이다. 제1장 각주5 참조.

21 '개를 요리하는 아낙'이란 불가촉민 계급에 속하는 여성을 말한다.

22 특별한 행적을 알 수는 없으나 아쉬바고샤의 또 다른 저작『붓다짜리따』제4장에서 도 성자의 이름으로 언급된다.

23 깔리(Kālī)는 '검은 여인'이라는 뜻으로 사뜨야바띠(Satyavatī)의 다른 이름이기도 하다.『마하바라따』에 따르면 그녀와 빠라샤라(Parāśara)의 아들이 성자 비야사(Vyāsa)로 알려진다.

24 드바이빠야나(Dvaipāyana)는 '섬에서 태어난 자'라는 뜻으로서 갠지스 강에 있는 섬에서 태어났기 때문에 그렇게 불린다. 베다와『마하바라따』의 저자로 여겨지는 비야사의 별칭이다.

25 앙기라스(Aṅgiras)는 시인이자 성자로 칭송받는 인물로서,『리그베다』의 찬가를 지은 것으로 알려져 있다. '브라흐마의 자식'이라는 표현은 앙기라스가 브라흐마의 마음에서 태어났다는 전설을 의미하는 것이다.

26 사라스바띠(Sarasvatī)는 '강을 지닌 여인'이라는 뜻으로서 강의 이름이자 그 강과 연관된 여신의 이름이다.

27 딜리빠(Dilipa)는 익슈바꾸 왕조에 속하는 왕이다. 신성한 암소(Kāma-dhenu)에게 저주를 받아 자식을 낳지 못했는데 그 딸인 난디니(Nandinī)의 시험에 통과하여 저주가 풀렸고, 라구(Raghu)를 낳았다.

28 제1장 2송 각주 참조.

29 아시따(Asita) 선인은 석가모니 부처님이 태어날 당시 은둔 수행자로 유명한 성자였다. 싯다르타의 탄생을 축하하는 연회에 나타나 왕자가 장차 전륜성왕이 되거나 부처가 될 것이라는 예언을 한 인물이기도 하다. 또 다른 전승에서는 석가모니가 어릴 때 인도의 다양한 학문을 가르쳐 준 스승으로 알려지기도 한다.

30 앙가다(Aṅgada)는『라마야나』의 주인공 라마의 동생이다.

31 야무나강의 여신이다.

32 샨따(Śāntā)는 '고요함'이라는 뜻으로서『라마야나』에 등장하는 인물이다. 원래 아요디야 왕국 다샤라타(Daśaratha, 라마의 아버지)의 딸이었지만 야다바 왕국 로마파다(Lomapāda) 왕의 양녀로 자라나 유명한 성자였던 리쉬야쉬링가와 결혼했다. 아들이 없어 고민하던 다샤라타가 '성자 리쉬야쉬링가를 아요디야로 데려오면 아들을 낳을 것'이라는 예언을 듣고 그를 데려왔고, 이후 라마를 포함한 4명의 아들을 낳았다.

33 원문의 가디자(gādhija)는 '가딘의 자식'이라는 뜻으로 이름 높은 선인 비쉬바미뜨라(Viśvāmitra)를 말한다.

34 그리따찌(Ghṛtācī)는 '버터가 풍부한'이라는 뜻으로서 힌두 신화에서 가장 중요한 천녀 중 하나이다.『마하바라따』,『라마야나』, 각종 뿌라나 등 많은 문헌에서 신과 인간을 유혹하고 그들의 자녀를 낳는 등 다양한 설화의 주인공으로 등장한다.

35 스툴라쉬라스(Sthūlaśiras)는 '거대한 머리를 지닌 자'라는 뜻으로서 성자의 이름이다.

36 람바(Rambhā)는 인도 신화에 등장하는 주요 천녀 중 하나로서 춤과 음악에 뛰어났던 것으로 묘사된다. 그녀가 아름다운 외모와 춤 실력으로, 고행하는 성자를 유혹하는 여러 설화들이 전해진다. 본서 6장 49송에서는 순다리를 람바에게 비유하는 부분이 있다.

37 루루(Ruru)는 쁘라마띠(Pramati)와 그리따찌의 아들로서 쁘라마드바라에게 첫눈에 반해 사랑에 빠진 인물이다. 결혼식 전날 그녀가 독사에 물려 죽게 되자 신에게 간절히 기도했고, 자신의 수명 절반을 포기하는 조건으로 그녀를 살려내었다.

38 쁘라마드바라(pramadvarā)는 천녀 메나까(Menakā)의 딸로 태어나 숲에 버려졌고, 고행자 스툴라께샤(Sthūlakeśa)에 의해 사원에서 길러졌다.

39 샤샹까(Śaśāṅka)는 '토끼의 상을 가진 자'를 뜻하며, '달', '달의 신'을 가리킨다. 짠드라(Candra), 소마(Soma)와 같은 말이다.

40 아이다(Aiḍa)는 '이다(Iḍā 또는 Īḷā)의 아들'이라는 뜻으로서 성자왕 뿌루라바스(Purūravas)를 말한다. 뿌루라바스는 달 왕조인 짠드라밤샤(Candravaṃśa)의 첫 번째 왕이다. 문헌에 따라 다양한 신화를 지니는 인물이지만, 『마하바라따』에 따르면 뿌루라바스는 천녀 우르바쉬(Urvaśī)에게 반해 그녀의 양을 보호하고 서로의 알몸을 보지 않는 조건으로 결혼하게 되었다. 하지만 인드라의 훼방으로 이 약속을 깨게 되었고 우르바쉬는 하늘로 떠나버린다.

41 딸라장가(Tālajaṅgha)는 뿌라나 문헌에 등장하는 끄샤뜨리야로서 100명의 아들이 있다.

42 비쉬바바수(Viśvāvasu)는 간다르바의 왕이다. 천녀 메나까(Menakā)와 사랑하는 관계로, 둘 사이에서 태어난 딸이 앞서 37송에 등장하는 쁘라마드바라이다.

43 자흐누(Jahnu)는 달 왕조에 속하는 왕으로서 양위 후 고행하며 성자가 되었다. 『마하바라따』 등의 많은 문헌에서 그와 갠지스강의 여신 강가(Gaṅgā)에 대한 설화가 전해진다. 강가가 자흐누의 땅과 암자를 물에 잠기게 하여 화가 난 자흐누는 그 물을 모두 마셔버렸다. 이후 다른 신들의 간청으로 자신의 귀로 강물이 흐르도록 풀어주었으며, 이후 강가는 '자흐누의 딸'을 의미하는 자흐나비(Jāhnavī)라는 별칭으로도 불린다.

44 마이나까(Maināka)는 '메나까의 아들'이라는 뜻으로 히말라야 산신과 천녀 메나까(Menakā)의 아들이다.

45 쁘라띠빠(Pratipa)는 달 왕조에 소속된 왕으로서 『마하바라따』의 주요 인물인 샨따누의 아버지이다. 그가 명상을 하고 있을 때 강가 여신이 그의 오른쪽 무릎에 앉았고, 오른쪽 무릎은 딸이나 며느리를 위한 자리였기에 강가 여신은 그의 며느리가 되었다고 한다.

46 샨따누(Śantanu)는 『마하바라따』의 주인공인 빤다바와 까우라바의 증조부이다. 강가 여신에게 반해 강가의 어떤 행동에도 질문하지 않겠다는 약속을 하고 그녀와 결혼하였다. 그러나 강가는 둘 사이에 태어난 아이를 모두 강물에 익사시켰고, 여덟째 아들을 익사시키려고 하자 더 이상 참지 못한 샨따누가 이를 제지하였다. 강가는 자신의 행동은 저주를 풀기 위한 것이라고 설명해주었지만 이전의 약속을 어겼기 때문에 샨따누를 떠나버렸다.

47 원문의 소마바르만(Somavarman)은 '달의 갑옷을 입은 자'라는 뜻으로 앞의 39송 뿌루라바스의 또 다른 별칭이다. 이 별칭은 달 왕조의 창시자로서의 그의 기원을 반영한다.

48 원문의 사우난다낀(Saunandakin)은 '곤봉(saunanda)을 지닌 자'라는 뜻으로서 발라라마를 말한다. 발라라마는 끄리슈나의 형이자 일부 전승에서는 비슈누의 8번째 화신으로 일컬어지기도 한다.

49 원문의 찌뜻바바(cittodbhava)는 '마음에서 태어난 자'라는 뜻으로서 사랑의 신 까마를 말한다.

50 비마까(Bhīmaka)는 'Bhīma(두려움, 끔찍함, 엄청남)를 가진 자'라는 뜻으로서 무시무시한 힘을 가진 자라는 뜻이다.

51 원문에서는 '군대의 주인인 신'(senāpatir deva)이라는 표현이 사용되었다. 군신 까르띠께야를 가리키는 말이다.

52 세나까(Senāka)는 'senā(군대)를 가진 자'라는 뜻이다.

53 깔리(Kālī)는 샨따누의 두 번째 부인인 사띠야바띠(Satyavatī)의 결혼 전 이름이다.

54 비슈마(Bhiṣma)는 『마하바라따』에서 샨따누와 그의 첫째 부인인 강가 여신 사이에서 태어난 아들로서, 정당한 왕위 계승자였지만 아버지의 명예를 위해 왕좌를 순순히 포기한 인물이다.

55 『마하바라따』의 주인공인 빤다바 다섯 왕자들의 아버지 빤두는 저주로 인해 부인과 잠자리를 가지면 바로 죽을 운명이었음에도, 애욕을 참지 못하여 둘째 부인 마드리와 잠자리를 한 후 죽음을 맞이한다.

56 샬바의 왕(Śālvādhipa), 암바리샤(Ambarīṣa), 라마(Rāma), 안다(Andha)는 모두 숲속에 물러나 생활하다 다시금 지위를 되찾은 인물들이다.

57 란띠데바(Rantideva)는 달 왕조의 왕으로서, 희생제를 치르기 위해 막대한 부를 소진한 인물이다.

제8장

여인에 대한 부정

strīvighātaḥ

atha nandam adhīralocanaṃ
gṛhayānotsukam utsukotsukam |
abhigamya śivena cakṣuṣā
śramaṇaḥ kaścid uvāca maitrayā || 8.1 ||

kim idaṃ mukham aśrudurdinaṃ
hṛdayasthaṃ vivṛṇoti te tamaḥ |
dhṛtim ehi niyaccha vikriyāṃ
na hi bāṣpaś ca śamaś ca śobhate || 8.2 ||

dvividhā samudeti vedanā
niyataṃ cetasi deha eva ca |
śrutavidhyupacārakovidā
dvividhā eva tayoś cikitsakāḥ || 8.3 ||

tad iyaṃ yadi kāyikī rujā
bhiṣaje tūrṇam anūnam ucyatām |
viniguhya hi rogam āturo
nacirāt tīvram anartham ṛcchati || 8.4 ||

atha duḥkham idaṃ manomayaṃ
vada vakṣyāmi yad atra bheṣajam |
manaso hi rajastamasvino
bhiṣajo 'dhyātmavidaḥ parīkṣakāḥ || 8.5 ||

동료 사문에게 도움을 요청하는 난다

그때 집에 가고자 하여 안절부절못한 채
불안한 눈빛을 한 난다에게
어떤 사문이 자애로운 눈빛으로 다가와
친절하게 말했습니다. ‖ 8.1 ‖

“어찌 눈물로 뒤덮인 얼굴로
그대 마음속의 어둠을 드러내는가.
진정하시고 감정을 추스르시오.
눈물은 참으로 평정과 어울리지 않으니. ‖ 8.2 ‖

‘두 가지 고통’은 항상 마음과 몸 두 가지 방식으로 일어나지요.
그 둘에 대한 치료사 또한
[마음의 고통에 대해서는] 지혜를 주는 데 능숙하거나,
[몸의 고통에 대해서는] 의술에 능숙한 자 두 종류가 있으니 말입니다. ‖ 8.3 ‖

만일 그것이 육체적인 병이라면
의사에게 하루빨리 말해야 하지요.
환자가 병을 숨기면
금방 더 나빠지게 되기 때문이라오. ‖ 8.4 ‖

하지만 이 고통이 마음에서 비롯된 것이라면
내 그에 대한 치료법을 말해 줄 터이니 말해보십시오.
왜냐하면 마음에 있는 혼란과 어둠이 있는 환자에 대해서는
자신을 아는 관찰자들이야말로 의사이기 때문이라오. ‖ 8.5 ‖

nikhilena ca satyam ucyatāṃ
yadi vācyaṃ mayi saumya manyase |
gatayo vividhā hi cetasāṃ
bahuguhyāni madākulāni ca || 8.6 ||

iti tena sa coditas tadā
vyavasāyaṃ pravivakṣur ātmanaḥ |
avalambya kare kareṇa taṃ
praviveśānyatarad vanāntaram || 8.7 ||

atha tatra śucau latāgṛhe
kusumodgāriṇi tau niṣedatuḥ |
mṛdubhir mṛdumāruteritair
upagūḍhāv iva bālapallavaiḥ || 8.8 ||

sa jagāda tataś cikīrṣitaṃ
ghananiśvāsagṛhītam antarā |
śrutavāgviśadāya bhikṣave
viduṣā pravrajitena durvacam || 8.9 ||

sadṛśaṃ yadi dharmacāriṇaḥ
satataṃ prāṇiṣu maitracetasaḥ |
adhṛtau tad iyaṃ hitaiṣitā
mayi te syāt karuṇātmanaḥ sataḥ || 8.10 ||

허나 벗이여,
만일 그대가 나에게 말할 요량이라면
있는 그대로 진실을 말해야 합니다.
왜냐하면 마음에는 다양한 갈래들과 자만심으로 가득한
수많은 비밀들이 있기 때문이지요." || 8.6 ||

이렇게 그에게서 용기를 얻은 [난다는]
자신의 결심을 이야기하고 싶어져
제 손으로 그의 손을 잡고서
다른 숲의 안쪽으로 들어갔답니다. || 8.7 ||

그곳에서 두 사람은
꽃 만개한 한적한 덩굴나무 아래 앉았으니,
부드러운 바람에 일렁이는 어린 꽃들로
포근하게 감춰진 것 같았지요. || 8.8 ||

그리고 그는
때때로 깊은 한숨을 내쉬면서
현명한 출가자로서는 말하기 힘든 결심을
듣고 말하는 데 능숙한 비구에게 털어놓았습니다. || 8.9 ||

"만일 당신께서 적절히 법을 행하고
살아있는 존재에 대한 자애로운 마음을 언제나 지니신 분이라면,
자비로운 본성을 지니신 훌륭한 당신의
이러한 돕고자 하는 마음이 불안한 저에게도 있기를. || 8.10 ||

ata eva ca me viśeṣataḥ
pravivakṣā kṣamavādini tvayi |
na hi bhāvam imaṃ calātmane
kathayeyaṃ bruvate ’py asādhave || 8.11 ||

tad idaṃ śṛṇu me samāsato
na rame dharmavidhāv ṛte priyām |
girisānuṣu kāminīm ṛte
kṛtaretā iva kiṁnaraś caran || 8.12 ||

vanavāsasukhāt parāṅmukhaḥ
prayiyāsā gṛham eva yena me |
na hi śarma labhe tayā vinā
nṛpatir hīna ivottamaśriyā || 8.13 ||

atha tasya niśamya tad vacaḥ
priyabhāryābhimukhasya śocataḥ |
śramaṇaḥ sa śiraḥ prakampayan
nijagādātmagataṃ śanair idam || 8.14 ||

바로 그러한 이유로, 입이 무거운 당신께
제가 특별히 털어놓고자 하는 마음이 듭니다.
실로 변덕스러운 성품을 지닌 나쁜 사람에게는,
그가 무슨 말을 하더라도 이러한 감정을 말하지 않을 것입니다. ‖ 8.11 ‖

그러니 이것을 들어주세요.
간단히 말해 저는 사랑하는 아내가 없이는
다르마의 행을 지킬 수가 없습니다.
마치 발정이 난 채 연인을 찾아
산꼭대기에서 돌아다니는 낀나라와 같답니다. ‖ 8.12 ‖

숲에 머무는 행복으로부터 떠나
그저 내 집으로 돌아가고만 싶습니다.
그녀 없이는 안정됨이 없기 때문입니다.
마치 주권이 없는 왕처럼 말이지요." ‖ 8.13 ‖

동료 사문의 한탄과 충고

그러자 사랑하는 아내를 그리며
괴로워하는 난다의 그러한 말을 듣고서,
그 사문은 고개를 저으며
혼잣말로 조용히 이렇게 말했답니다. ‖ 8.14 ‖

kṛpaṇaṃ bata yūthalālaso
mahato vyādhabhayād viniḥsṛtaḥ |
praviviksati vāgurāṃ mṛgaś
capalo gītaraveṇa vañcitaḥ || 8.15 ||

vihagaḥ khalu jālasaṃvṛto
hitakāmena janena mokṣitaḥ |
vicaran phalapuṣpavad vanaṃ
praviviksuḥ svayam eva pañjaram || 8.16 ||

kalabhaḥ kariṇā khalūddhṛto
bahupaṅkād viṣamān nadītalāt |
jalatarṣavaśena tāṃ punaḥ
saritaṃ grāhavatīṃ titīrṣati || 8.17 ||

śaraṇe sabhujaṅgame svapan
pratibuddhena pareṇa bodhitaḥ |
taruṇaḥ khalu jātavibhramaḥ
svayam ugraṃ bhujagaṃ jighṛkṣati || 8.18 ||

mahatā khalu jātavedasā
jvalitād utpatito vanadrumāt |
punar icchati nīḍatṛṣṇayā
patituṃ tatra gatavyatho dvijaḥ || 8.19 ||

avaśaḥ khalu kāmamūrcchayā
priyayā śyenabhayād vinākṛtaḥ |
na dhṛtiṃ samupaiti na hriyaṃ
karuṇaṃ jīvati jīvajīvakaḥ || 8.20 ||

"아, 안타깝구나!
사냥꾼의 엄청난 위험으로부터 탈출했거늘,
무리가 그리워진 연약한 사슴이
사냥꾼의 노랫소리에 속아
올가미로 들어가려 하는구나. || 8.15 ||

그물망에 걸린 새가
도움을 주려는 사람에 의해 풀려났거늘,
열매와 꽃이 있는 숲을 떠돌다
결국 스스로 새장으로 들어가려 하는구나. || 8.16 ||

어미 코끼리가 위험한 강기슭의 깊은 진흙에서
어린 코끼리를 끌어 올렸거늘,
물을 마시려는 갈망에 사로잡혀
악어가 득실거리는 강으로 다시 내려가려 하는구나. || 8.17 ||

뱀이 있는 집에서 잠을 자던 소년을
먼저 알아차린 노인이 깨웠건만,
흥분하여 무시무시한 뱀을
스스로 잡겠다고 하는 격이다. || 8.18 ||

또한 맹렬한 불길에 타오르는 숲을 피해 날아오른 새가
둥지가 그리워져 겁도 없이
그곳에 다시 내려가려 하는 것이로다. || 8.19 ||

연인에 대한 욕망에 휩싸여 있으면서도
매에 대한 두려움 때문에 짝과 떨어진 힘없는 꿩이
단호하지도 못하고 부끄러움도 모른 채
불쌍하게 사는구나. || 8.20 ||

akṛtātmatayā tṛṣānvito
ghṛṇayā caiva dhiyā ca varjitaḥ |
aśanaṃ khalu vāntam ātmanā
kṛpaṇaḥ śvā punar attum icchati || 8.21 ||

iti manmathaśokakarṣitaṃ
tam anudhyāya muhur nirīkṣya ca |
śramaṇaḥ sa hitābhikāṅkṣayā
guṇavad vākyam uvāca vipriyam || 8.22 ||

avicārayataḥ śubhāśubhaṃ
viṣayeṣv eva niviṣṭacetasaḥ |
upapannam alabdhacakṣuṣo
na ratiḥ śreyasi ced bhavet tava || 8.23 ||

śravaṇe grahaṇe 'tha dhāraṇe
paramārthāvagame manaḥśame |
aviṣaktamateś calātmano
na hi dharme 'bhiratir vidhīyate || 8.24 ||

viṣayeṣu tu doṣadarśinaḥ
parituṣṭasya śucer amāninaḥ |
śamakarmasu yuktacetasaḥ
kṛtabuddher na ratir na vidyate || 8.25 ||

ramate tṛṣito dhanaśriyā
ramate kāmasukhena bāliśaḥ |
ramate praśamena sajjanaḥ
paribhogān paribhūya vidyayā || 8.26 ||

성품은 미숙하여 탐욕만 가득하고,
품위와 지성이 전혀 없는 미천한 개가
여기 자신이 토한 음식을 다시 먹기를 바라는 것이로다." ‖ 8.21 ‖

이렇게 잠시 생각한 뒤
사랑의 슬픔으로 고통스러워하는 난다를 보고서
그 사문은 그를 위하는 마음에서,
도움은 되지만 괴로운 말을 해 주었습니다. ‖ 8.22 ‖

"좋은 것과 나쁜 것을 구별하지 못하고,
[감각의] 대상에 대해서만 천착된 마음을 지니며,
[깨달음에] 다다르려는 눈빛을 잃은 당신은
뛰어난 경지에 있는 즐거움을 얻지 못할 것입니다. ‖ 8.23 ‖

왜냐하면 [다르마에 대해] 공부하는 것, 이해하는 것,
숙지하는 것, 최상의 목적을 이루는 것,
위대한 적정에 마음이 머물지 못하며
변덕스러운 성정을 지닌 자에게
다르마의 기쁨은 얻어지지 않는 것이기 때문입니다. ‖ 8.24 ‖

그러나 [감각의] 대상들에 대해 과오를 보는 사람,
만족하고, 순수하며 자만하지 않는 사람,
평정에 이르는 행위들에 마음이 고정된
현명한 사람은 기쁨을 얻지 않을 리 없답니다. ‖ 8.25 ‖

탐욕스러운 자는 재산의 풍부함으로 즐기고,
어리석은 자는 색에 대한 쾌락으로 즐기지만,
선한 이는 지혜로써
경험의 대상들을 넘어 적정으로 즐기나니. ‖ 8.26 ‖

api ca prathitasya dhīmataḥ
kulajasyārcitaliṅgadhāriṇaḥ |
sadṛśī na gṛhāya cetanā
praṇatir vāyuvaśād girer iva || 8.27 ||

spṛhayet parasaṃśritāya yaḥ
paribhūyātmavaśāṃ svatantratām |
upaśāntipathe śive sthitaḥ
spṛhayed doṣavate gṛhāya saḥ || 8.28 ||

vyasanābhihato yathā viśet
parimuktaḥ punar eva bandhanam |
samupetya vanaṃ tathā punar
gṛhasaṃjñaṃ mṛgayeta bandhanam || 8.29 ||

puruṣaś ca vihāya yaḥ kaliṃ
punar icchet kalim eva sevitum |
sa vihāya bhajeta bāliśaḥ
kalibhūtām ajitendriyaḥ priyām || 8.30 ||

saviṣā iva saṃśritā latāḥ
parimṛṣṭā iva soragā guhāḥ |
vivṛtā iva cāsayo dhṛtā
vyasanāntā hi bhavanti yoṣitaḥ || 8.31 ||

또한 명성이 있고 현명하며 좋은 가문 출신이요
존경받는 [출가자의] 표식을 지닌 이의
그 같은 마음은 집으로 굽지 않는 법입니다.
마치 산이 바람의 힘으로 굽지 않듯이 말이지요. ‖ 8.27 ‖

스스로의 힘과 자립성을 잃고
다른 것에 기대고자 하는 자는,
상서로운 적정의 길에 서서도
과오가 있는 집을 향하기를 바라나니. ‖ 8.28 ‖

마치 [감옥에서] 풀려난 자가
[예전 것에 대한] 애착 때문에
다시 감옥으로 들어가려 하듯이,
그와 마찬가지로 숲으로 와서는
다시 집이라는 이름의 감옥으로 가려는 것과 같지요. ‖ 8.29 ‖

여인에 대한 부정과 경계

남성은 갈등을 떠나서도
다시금 바로 그 갈등에 엮이기를 원하니,
어리석은 그는 갈등[의 원인]일 뿐인 연인을 떠나서도
감관을 이기지 못한 채 [그녀를] 안으려 하는 군요. ‖ 8.30 ‖

마치 독 지닌 넝쿨들을 안듯이,
뱀 있는 동굴들을 더듬듯이,
칼집 없는 칼을 쥐듯이,
여인들이란 종국에 불행을 주는 것이기 때문이지요. ‖ 8.31 ‖

pramadāḥ samadā madapradāḥ
pramadā vītamadā bhayapradāḥ |
iti doṣabhayāvahāś ca tāḥ
katham arhanti niṣevaṇaṃ nu tāḥ || 8.32 ||

svajanaḥ svajanena bhidyate
suhṛdaś cāpi suhṛjjanena yat |
paradoṣavicakṣaṇāḥ śaṭhās
tad anāryāḥ pracaranti yoṣitaḥ || 8.33 ||

kulajāḥ kṛpaṇī bhavanti yad
yad ayuktaṃ pracaranti sāhasam |
praviśanti ca yac camūmukhaṃ
rabhasās tatra nimittam aṅganāḥ || 8.34 ||

kulajāḥ kṛpaṇī bhavanti yad
yad ayuktaṃ pracaranti sāhasam |
praviśanti ca yac camūmukhaṃ
rabhasās tatra nimittam aṅganāḥ || 8.34 ||

vacanena haranti valgunā
niśitena praharanti cetasā |
madhu tiṣṭhati vāci yoṣitāṃ
hṛdaye hālahalaṃ mahad viṣam || 8.35 ||

pradahan dahano 'pi gṛhyate
viśarīraḥ pavano 'pi gṛhyate |
kupito bhujago 'pi gṛhyate
pramadānāṃ tu mano na gṛhyate || 8.36 ||

여인들이 정욕을 지녔을 때는 욕정을 일으키며,
여인들이 정욕이 없을 때는 공포를 줄 뿐이지요.
이렇게 그녀들은 허물과 위험성을 지녔거늘
그녀들에게 신경 쓸 필요가 어디에 있단 말입니까? ‖ 8.32 ‖

여인들은 다른 이의 약점을 보며
기만하고 사악하게 행동하니,
친척과 친척이 갈라서고,
친구 또한 친구와 갈라서게 됩니다. ‖ 8.33 ‖

좋은 가문 출신의 남성들이 어려움에 처할 때나
올바르지 못한 일을 성급히 행할 때,
그리고 무모하게도 군대의 선봉에 설 때,
그러한 경우 여인들은 이유가 되곤 하지요. ‖ 8.34 ‖

달콤한 말로 꼬드겨서는
날카로운 마음으로 공격하니,
여인들의 말에는 꿀이 담겨 있지만
마음에는 맹독 할라할라[1]가 담겨 있는 법입니다. ‖ 8.35 ‖

타오르는 불도 잡히고,
몸 없는 바람도 잡히며,
성난 뱀도 잡히지만,
여인들의 마음은 잡히지 않는답니다. ‖ 8.36 ‖

na vapur vimṛśanti na śriyaṃ
na matiṃ nāpi kulaṃ na vikramam |
praharanty aviśeṣataḥ striyaḥ
sarito grāhakulākulā iva || 8.37 ||

na vaco madhuraṃ na lālanaṃ
smarati strī na ca sauhṛdaṃ kvacit |
kalitā vanitaiva cañcalā
tad ihāriṣv iva nāvalambyate || 8.38 ||

adadatsu bhavanti narmadāḥ
pradadatsu pradiśanti vibhramam |
praṇateṣu bhavanti garvitāḥ
pramadās tṛptatarāś ca māniṣu || 8.39 ||

uṇavatsu caranti bhartṛvad
guṇahīneṣu caranti putravat |
dhanavatsu caranti tṛṣṇayā
dhanahīneṣu caranty avajñayā || 8.40 ||

viṣayād viṣayāntaraṃ gatā
pracaraty eva yathāhṛtāpi gauḥ |
anavekṣitapūrvasauhṛdā
ramate 'nyatra gatā tathāṅganā || 8.41 ||

여인들은 [남자들의] 멋진 용모, 부, 지성,
가문, 용맹함을 가리지 않습니다.
마치 강에 있는 악어 떼가
무차별적으로 공격하는 것과 같지요. ‖ 8.37 ‖

여인은 그 어떤 달콤한 말도,
부드러운 애정도 기억하지 않습니다.
길들여진 여인이라도 변덕스러울 따름이니,
이 세상에 있는 적들에게 그러하듯
[여인에게] 의존해서는 안 됩니다. ‖ 8.38 ‖

여인들이란 아무것도 주지 않는 자들에게는 교태를 부리고,
관대한 자들에게는 방종을 보이며,
유순한 자들에게는 오만하고,
자신에 찬 자들에게는 더욱 만족한 모습을 [보인답니다.] ‖ 8.39 ‖

덕 있는 자들에게는 주인처럼 굴고,
덕이 부족한 자들에게는 자식처럼 굴며,
재산 있는 자들에게는 탐욕스럽게 굴고,
재산 없는 자들에게는 경멸하듯 굴지요. ‖ 8.40 ‖

마치 소가 한 영역에서 [풀을 뜯어] 소진하고서
다른 영역을 향해 가는 것처럼
여인은 이전의 애정을 잊은 채
다른 이에게 가서 즐긴답니다. ‖ 8.41 ‖

praviśanty api hi striyaś citām
anubadhnanty api muktajīvitāḥ |
api bibhrati caiva yantraṇā
na tu bhāvena vahanti sauhṛdam || 8.42 ||

ramayanti patīn kathaṃ cana
pramadā yāḥ patidevatāḥ kvacit |
calacittatayā sahasraśo
ramayante hṛdayaṃ svam eva tāḥ || 8.43 ||

śvapacaṃ kila senajitsutā
cakame mīnaripuṃ kumudvatī |
mṛgarājam atho bṛhadrathā
pramadānām agatir na vidyate || 8.44 ||

kuruhaihayavṛṣṇivaṃśajā
bahumāyākavaco 'tha śambaraḥ |
munir ugratapāś ca gautamaḥ
samavāpur vanitoddhataṃ rajaḥ || 8.45 ||

akṛtajñam anāryam asthiraṃ
vanitānām idam īdṛśaṃ manaḥ |
katham arhati tāsu paṇḍito
hṛdayaṃ sañjayituṃ calātmasu || 8.46 ||

왜냐하면 여인들은
[남편의] 장례식 장작으로 들어가면서도,
목숨을 버려가며 [남편을] 따르면서도,
규제를 견디면서도,
진심으로 원해서 하는 것은 아니기 때문입니다. ‖ 8.42 ‖

때로는 남편을 신처럼 여기며
되는대로 남편을 즐겁게 해 주려는
그 여인들은 [사실] 변덕스러운 마음으로
스스로의 마음을 천 번쯤은 즐겁게 하지요. ‖ 8.43 ‖

사람들이 말하길,
세나지뜨[2]의 딸은 개를 요리하는 천민과,
꾸무드바띠[3]는 미나리뿌[4]와,
또한 브리하드라타[5]는 사자와 사랑을 나누었으니,
여인들에게 있어 안 되는 일이란 없답니다. ‖ 8.44 ‖

꾸루족의 하이하야와 브리슈니 가계의 자손들,
그리고 엄청난 마법의 갑옷을 입은 샴바라[6]와
성자 우그라따빠스 가우따마는
여인들이 일으킨 정염과 맞닥뜨렸지요. ‖ 8.45 ‖

배은망덕함, 비열함, 변덕스러움,
이 같은 것이 여성들의 마음이거늘,
변덕스러운 본성을 가진 그녀들에게
현명한 자가 어찌 마음을 둘 가치가 있겠소? ‖ 8.46 ‖

atha sūkṣmam atidvayāśivaṃ
laghu tāsāṃ hṛdayaṃ na paśyasi |
kimu kāyam asadgṛhaṃ sravad
vanitānām aśuciṃ na paśyasi || 8.47 ||

yad ahany ahani pradhāvanair
vasanaiś cābharaṇaiś ca saṃskṛtam |
aśubhaṃ tamasāvṛtekṣaṇaḥ
śubhato gacchasi nāvagacchasi || 8.48 ||

atha vā samavaiṣi tattanūm
aśubhāṃ tvaṃ na tu saṃvid asti te |
surabhiṃ vidadhāsi hi kriyām
aśuces tatprabhavasya śāntaye || 8.49 ||

anulepanam añjanaṃ srajo
maṇimuktātapanīyam aṃśukam |
yadi sādhu kim atra yoṣitāṃ
sahajaṃ tāsu vicīyatāṃ śuci || 8.50 ||

malapaṅkadharā digambarā
prakṛtisthair nakhadantaromabhiḥ |
yadi sā tava sundarī bhaven
niyataṃ te 'dya na sundarī bhavet || 8.51 ||

헌데도 그녀들의 마음이
보잘것없고, 이중적이며, 가벼운 것임을 보지 못하는군요.
여인들의 몸이 더럽고, [불결한 것을] 흘리며
불순한 것들의 집이라는 것을 어찌 보지 못하나요? || 8.47 ||

[당신은] 무지에 눈이 덮여
날이면 날마다 목욕하고
옷과 장신구로 치장된 추함을 아름답다 여기니,
[실상을] 전혀 모르는군요. || 8.48 ||

아니면 그녀들의 몸이 불결하다는 것을
[머리로는] 알지만 온전한 앎이 없는 것이로군요.
당신은 그녀들이 만들어내는 더러움을 끝내기 위해
[수행이라는] 향기로운 행위를 하고 있는 것입니다. || 8.49 ||

향유, 붉은 연지, 화환들이며
보석과 진주, 금으로 된 옷이 뛰어나다면,
과연 여인들에게는 어떤 뛰어난 것이 있단 말이오?
여인들에게 본연적인 미덕이 있는지 보십시다. || 8.50 ||

만일 당신의 순다리가 먼지와 진흙투성이에 벌거숭이이며
손톱과 이와 털이 마구 자란 채
[꾸미지 않은] 본연의 상태로 있다면
그녀는 이제 더 이상 당신에게 아름다운 여인이 아닐 것이오. || 8.51 ||

sravatīm aśuciṃ spṛśec ca kaḥ
saghṛṇo jarjarabhāṇḍavat striyam |
yadi kevalayā tvacāvṛtā
na bhaven makṣikapattramātrayā || 8.52 ||

tvacaveṣṭitam asthipañjaraṃ
yadi kāyaṃ samavaiṣi yoṣitām |
madanena ca kṛṣyase balād
aghṛṇaḥ khalv adhṛtiś ca manmathaḥ || 8.53 ||

śubhatām aśubheṣu kalpayan
nakhadantatvacakeśaromasu |
avicakṣaṇa kiṃ na paśyasi
prakṛtiṃ ca prabhavaṃ ca yoṣitām || 8.54 ||

tad avetya manaḥśarīrayor
vanitā doṣavatīr viśeṣataḥ |
capalaṃ bhavanotsukaṃ manaḥ
pratisaṃkhyānabalena vāryatām || 8.55 ||

śrutavān matimān kulodgataḥ
paramasya praśamasya bhājanam |
upagamya yathā tathā punar
na hi bhettuṃ niyamaṃ tvam arhasi || 8.56 ||

abhijanamahato manasvinaḥ
priyayaśaso bahumānam icchataḥ |
nidhanam api varaṃ sthirātmanaś
cyutavinayasya na caiva jīvitam || 8.57 ||

비위가 있는 자라면 대체 어떤 자가
더럽고 줄줄 새는 낡은 그릇 같은 여인에게
닿으려 하겠습니까?
[그 여인이] 파리 날개 두께의 피부로
덮이지 않았다면 말입니다. ‖ 8.52 ‖

여인들의 몸이 피부로 둘러싸인 해골임을 알면서도,
당신은 욕정으로 인해
속수무책으로 끌려가는군요.
사랑이란 참으로 무자비하고 확실치 않은 것입니다. ‖ 8.53 ‖

아름답지 못한 손톱, 이, 피부, 털과 머리칼에서
[있지도 않은] 아름다움을 만들고 있군요.
어리석은 자여,
어찌 여인들의 원래 상태와 본 모습을 보지 못합니까? ‖ 8.54 ‖

그러니 여인이란 마음과 몸에
굉장한 사악함이 있음을 깨닫고,
집을 갈망하여 흔들리는 마음을
지혜의 힘으로 억누르십시오. ‖ 8.55 ‖

배우고 현명하며, 뛰어난 가문에서 태어난
최고의 적정을 위한 그릇인 당신은
이처럼 [출가의 길로] 들어왔으니,
다시는 계율을 깨뜨려서는 아니 되오. ‖ 8.56 ‖

좋은 가문에 속하고 현명하며,
명예를 소중히 여기고 존경을 원하며
확고한 마음을 지닌 자가 계율을 깨뜨린다면
사는 것이 아니라 죽는 것이 차라리 낫습니다. ‖ 8.57 ‖

baddhvā yathā hi kavacaṃ pragṛhītacāpo
nindyo bhavaty apasṛtaḥ samarād rathasthaḥ |
bhaikṣākam abhyupagataḥ parigṛhya liṅgaṃ
nindyas tathā bhavati kāmahṛtendriyāśvaḥ || 8.58 ||

hāsyo yathā ca paramābharaṇāmbarasrag
bhaikṣaṃ caran dhṛtadhanuś calacitramauliḥ |
vairūpyam abhyupagataḥ parapiṇḍabhojī
hāsyas tathā gṛhasukhābhimukhaḥ satṛṣṇaḥ || 8.59 ||

yathā svannaṃ bhuktvā paramaśayanīye 'pi śayito
varāho nirmuktaḥ punar aśuci dhāvet paricitam |
tathā śreyaḥ śṛṇvan praśamasukham āsvādya guṇavad
vanaṃ śāntaṃ hitvā gṛham abhilaṣet kāmatṛṣitaḥ || 8.60 ||

yatholkā hastasthā dahati pavanapreritaśikhā
yathā pādākrānto daśati bhujagaḥ krodharabhasaḥ |
yathā hanti vyāghraḥ śiśur api gṛhīto gṛhagataḥ
tathā strīsaṃsargo bahuvidham anarthāya bhavati || 8.61 ||

마치 갑옷을 걸치고서 활을 맨 채 전차에 오른 자가
전장에서 도망치면 비난받는 것처럼,
[출가자의] 징표를 걸치고서 탁발 다니는 자가
욕망의 대상에 사로잡힌 감관의 말(馬)을 지니고 있다면
비난받기 때문입니다. || 8.58 ||

또한, 가장 좋은 장신구, 옷, 화환을 걸치고
활을 맨 채 화관을 화려하게 흔들며
탁발하러 다니는 자가 웃음거리가 되듯이,
그처럼 [수행승에게 걸맞은] 허름한 모양새를 하고
다른 이의 밥을 먹는 [탁발자]가
집에서의 즐거움을 바라며 욕망에 허덕인다면
웃음거리가 되는 법이랍니다. || 8.59 ||

마치 멧돼지가 좋은 음식을 먹고서
가장 좋은 잠자리에서 잠들더라도
풀려나면 다시 친숙한 더러움 속으로 내달리려 하듯이,
그처럼 뛰어난 것을 배운 자가
덕을 갖춘 적정의 즐거움을 맛보고서는
욕망을 갈구하여 고요한 숲을 버리고 집을 향하려 하지요. || 8.60 ||

마치 손에 든 횃불이 바람으로 타올라 [손을] 태우듯,
마치 발에 밟힌 뱀이 분노로 흥분하여 [발을] 물듯,
마치 어린 새끼라도 호랑이가 붙잡히면 인가에 들어 공격하듯,
그처럼 여인과의 교합은 갖가지 불행이 된답니다. || 8.61 ||

tad vijñāya manaḥśarīraniyatān nārīṣu doṣān imān
matvā kāmasukhaṃ nadījalacalaṃ kleśāya śokāya ca |
dṛṣṭvā durbalam āmapātrasadṛśaṃ mṛtyūpasṛṣṭaṃ jagan
nirmokṣāya kuruṣva buddhim atulām utkaṇṭhituṃ nārhasi || 8.62 ||

|| saundaranande mahākāvye strīvighāto nāmāṣṭamaḥ sargaḥ || 8 ||

그러니 여인들의 마음과 몸에 있는 이 결함들을 알고,
욕망의 대상에 대한 즐거움이
번뇌와 비탄을 향해 강물처럼 흘러감을 이해하며,
삶이 죽음의 손아귀에 있어
담금질되지 않은 그릇처럼 깨지기 쉬운 것임을 보고서,
해탈을 향해 비할 데 없는 결심을 하되,
더 이상 [애욕으로] 목말라해서는 아니 될 것이오!" ‖ 8.62 ‖

대서사시 『사운다라난다』에서 "여인에 대한 부정"이라는 이름의 여덟 번째 장을 마친다.

〚 미주 〛

1 할라할라(hālahala)는 모든 존재를 죽음에 이르게 하는 맹독을 말한다. 인도 신화에서 우유의 바다를 휘저어 불멸의 아므리따를 구하기 전, 맹독 할라할라가 나타난다. 쉬바신이 이를 삼켜 목에 가두고 있다는 전설이 있으며, 이 때문에 그의 목은 검푸르게 묘사된다.

2 세나지뜨(Senajit)는 왕의 이름이다.

3 꾸무드바띠(Kumudvatī)는 여러 인물의 이름으로 나타난다. 『마하바라따』에서는 비마르샤나(Vimarśana) 왕의 아내로서 남편에게 전생의 이야기를 듣는 에피소드가 있으며, 『라마야나』에서는 라마의 아들인 꾸샤(Kuśa)의 아내로 등장한다.

4 미나리뿌(mīnaripu)는 물에 사는 괴물이나 생물을 의미하는 것으로 여겨진다.

5 브리하드라타(Bṛhadrathā)는 방가(Vaṅga)국 왕의 딸이다.

6 샴바라는 예전에 인드라에게 죽임을 당한 악마의 이름이며, 서사시와 후대 시에서 그는 사랑의 신 까마데바(Kāma-deva)의 적이 된다.

제9장

욕망의 부정

madāpavādaḥ

athaivam ukto 'pi sa tena bhikṣuṇā
jagāma naivopaśamaṃ priyāṃ prati |
tathā hi tām eva tadā sa cintayan
na tasya śuśrāva visaṃjñavad vacaḥ || 9.1 ||

yathā hi vaidyasya cikīrṣataḥ śivaṃ
vaco na gṛhṇāti mumūrṣur āturaḥ |
tathaiva matto balarūpayauvanair
hitaṃ na jagrāha sa tasya tad vacaḥ || 9.2 ||

na cātra citraṃ yadi rāgapāpmanā
mano 'bhibhūyeta tamovṛtātmanaḥ |
narasya pāpmā hi tadā nivartate
yadā bhavaty antagataṃ tamas tanu || 9.3 ||

tatas tathākṣiptam avekṣya taṃ tadā
balena rūpeṇa ca yauvanena ca |
gṛhaprayāṇaṃ prati ca vyavasthitaṃ
śaśāsa nandaṃ śramaṇaḥ sa śāntaye || 9.4 ||

동료 사문의 설득과 가르침

그 비구가 이와 같이 말했지만
난다는 연인을 향한 마음을 잠재우지 못하였으니,
그는 그녀만 생각하면서 넋이 나간 듯
그의 말을 듣지 못했기 때문이었지요. ‖ 9.1 ‖

마치 병으로 죽기 직전의 사람이
그를 치료해 주려는 의사의 좋은 말을
알아듣지 못하는 것처럼,
마찬가지로 힘과 외모와 젊음에 도취한 난다는
그 사문의 유익한 말을 알아듣지 못했습니다. ‖ 9.2 ‖

여기서 무지의 작용을 본성으로 하는 마음이
욕망과 죄악에 의해 압도된 것은
놀라운 일이 아니었으니,
왜냐하면 사람의 죄악이란
최소한의 무지까지 사라질 때,
바로 그때서야 소멸되기 때문이지요. ‖ 9.3 ‖

그리고 그처럼 힘과 외모와 젊음에 사로잡혀
집으로 돌아갈 결심을 한 난다를 알아차리고
사문은 그를 진정시키기 위해
가르침을 주었답니다. ‖ 9.4 ‖

balaṃ ca rūpaṃ ca navaṃ ca yauvanaṃ
tathāvagacchāmi yathāvagacchasi |
ahaṃ tv idaṃ te trayam avyavasthitaṃ
yathāvabuddho na tathāvabudhyase || 9.5 ||

idaṃ hi rogāyatanaṃ jarāvaśaṃ
nadītaṭānokahavac calācalam |
na vetsi dehaṃ jalaphenadurbalaṃ
balasthatām ātmani yena manyase || 9.6 ||

yadānnapānāsanayānakarmaṇām
asevanād apy atisevanād api |
śarīram āsannavipatti dṛśyate
bale 'bhimānas tava kena hetunā || 9.7 ||

himātapavyādhijarākṣudādibhir
yadāpy anarthair upanīyate jagat |
jalaṃ śucau māsa ivārkaraśmibhiḥ
kṣayaṃ vrajan kiṃ baladṛpta manyase || 9.8 ||

tvagasthimāṃsakṣatajātmakaṃ yadā
śarīram āhāravaśena tiṣṭhati |
ajasram ārtaṃ satatapratikriyaṃ
balānvito 'smīti kathaṃ vihanyase || 9.9 ||

"나는 그대가 알고 있는 것과 같이
힘과 외모와 싱그러운 젊음을 알고 있소.
허나 그대는 내가 깨달은 바와 같이
이 세 가지가 무상한 것임을 깨닫지 못하는구려. ‖ 9.5 ‖

이 몸이 질병의 처소이자 늙음으로부터 자유롭지 못한 것이고,
강가에 있는 나무처럼 [이리저리] 흔들리며
물거품처럼 약한 것임을 그대는 알지 못하기에
자기 자신이 힘을 가지고 있다 여긴다오. ‖ 9.6 ‖

먹고 마시고 앉고 돌아다니는 행위들을 하지 않더라도
또 [이런 행위들을] 너무 많이 하더라도
육체가 죽음에 이르는 것은 명백하지요.
힘에 대한 그대의 자만은 어떤 이유에서인 게요? ‖ 9.7 ‖

세간 사람은 추위와 더위, 병고와 노쇠, 굶주림 등의 불행으로
더운 계절 태양 빛에 물이 [증발]하듯 [죽음으로] 끌려가거늘,
힘을 맹신하는 자여, 죽음을 향해 나아가는 그대는
대체 무슨 생각을 하는 것이오? ‖ 9.8 ‖

피부와 뼈와 살과 피로 이루어진 육체는
음식에 의존할 때 성립할 뿐이라오.
항상 고통스럽고 끊임없이 돌봐야 하는데
어째서 그대는 '나는 힘을 가지고 있다'고 착각하는 것이오? ‖ 9.9 ‖

yathā ghaṭaṃ mṛnmayam āmam āśrito
naras titīrṣet kṣubhitaṃ mahārṇavam |
samucchrayaṃ tadvad asāram udvahan
balaṃ vyavasyed viṣayārtham udyataḥ || 9.10 ||

śarīram āmād api mṛnmayād ghaṭād
idaṃ tu niḥsāratamaṃ mataṃ mama |
ciraṃ hi tiṣṭhed vidhivad dhṛto ghaṭaḥ
samucchrayo 'yaṃ sudhṛto 'pi bhidyate || 9.11 ||

yadāmbubhūvāyvanalāś ca dhātavaḥ
sadā viruddhā viṣamā ivoragāḥ |
bhavanty anarthāya śarīram āśritāḥ
kathaṃ balaṃ rogavidho vyavasyasi || 9.12 ||

prayānti mantraiḥ praśamaṃ bhujaṁgamā
na mantrasādhyas tu bhavanti dhātavaḥ |
kvacic ca kaṃcic ca daśanti pannagāḥ
sadā ca sarvaṃ ca tudanti dhātavaḥ || 9.13 ||

idaṃ hi śayyāsanapānabhojanair
guṇaiḥ śarīraṃ ciram apy avekṣitam |
na marṣayaty ekam api vyatikramaṃ
yato mahāśīviṣavat prakupyati || 9.14 ||

마치 흙으로 빚은 후 굽지도 않은 항아리를 타고
성난 바다를 건너려는 사람처럼,
그토록 유약한 몸을 지니고 [감관의] 대상을 향하면서
[어리석게도 이 몸에] 힘이 있다고 여길 테지요. ‖ 9.10 ‖

허나 내 생각에 굽지 않은 흙 항아리보다
이 몸이 더욱 유약하다오.
항아리는 제대로 관리하면 오래 존재할 수 있지만
이 몸은 잘 관리하더라도 무너지기 때문이지요. ‖ 9.11 ‖

그리고 물, 흙, 바람, 불 등의 원소들이
뱀들처럼 항상 어지러이 뒤섞여 있으면서
무의미하게 몸에 의존하고 있거늘,
열병 든 그대는 어째서 [몸의] 힘을 확신하는 게요? ‖ 9.12 ‖

뱀이 [위험하다 한들] 만뜨라[1]로 잠잠해지지만,
[몸을 구성하는] 원소들은 만뜨라의 효과가 없는 법이라오.
그리고 뱀들은 가끔 몇 사람을 물 뿐이지만
원소들은 언제나 모든 사람을 고통스럽게 하지요. ‖ 9.13 ‖

왜냐하면 눕고 앉고 마시고 먹어서
오랫동안 이 몸을 돌본다 한들
한 번만 잊어도 [그냥] 넘어가지 않으니,
마치 거대한 독사처럼 격분하기 때문이라오. ‖ 9.14 ‖

yadā himārto jvalanaṃ niṣevate
himaṃ nidāghābhihato 'bhikāṅkṣati |
kṣudhānvito 'nnaṃ salilaṃ tṛṣānvito
balaṃ kutaḥ kiṃ ca kathaṃ ca kasya ca || 9.15 ||

tad evam ājñāya śarīram āturaṃ
balānvito 'smīti na mantum arhasi |
asāram asvantam aniścitaṃ jagaj
jagaty anitye balam avyavasthitam || 9.16 ||

kva kārtavīryasya balābhimāninaḥ
sahasrabāhor balam arjunasya tat |
cakarta bāhūn yudhi yasya bhārgavaḥ
mahānti śṛṅgāṇy aśanir girer iva || 9.17 ||

kva tad balaṃ kaṃsavikarṣiṇo hares
turaṅgarājasya puṭāvabhedinaḥ |
yam ekabāṇena nijaghnivāñ jarāḥ
kramāgatā rūpam ivottamaṃ jarā || 9.18 ||

힘과 아름다움의 덧없음

추위에 괴로울 때는 따뜻한 것을 찾고
더위에 시달릴 때는 시원한 것을 바라지요.
배가 고플 때는 음식을, 목이 마를 때는 물을 바랍니다.
그러면 힘이란 무엇이요, 어디에 있으며,
어떻게 존재하며, 누구의 것이란 말인가요? ‖ 9.15 ‖

그처럼 몸을 병이라 여기고 관찰하면서,
'나는 힘을 가지고 있다' 여기지 마시오.
세상은 유약하고 유한하며 불확실하다오.
세상도 무상할진대 힘인들 항상하겠는가? ‖ 9.16 ‖

끄리따비르야의 아들이자 힘에 자만하던
천 개의 팔을 가진 아르주나의 그 힘은 어디에 있는가!
바르가바는 전쟁에서 그의 팔들을,
마치 번개가 산의 높은 봉우리들을 [파괴]하듯
잘라 버렸지 않소이까.[2] ‖ 9.17 ‖

깜사[3]를 잡아 찢고 뚜랑가 왕의 턱을 깨부순
끄리슈나[4]의 그 힘은 어디에 있는가!
자라스[5]는 그를 하나의 화살로 쓰러뜨렸지요.
마치 늙음이 서서히 다가와
최고의 아름다움을 무너뜨리듯 말이오. ‖ 9.18 ‖

diteḥ sutasyāmararoṣakāriṇaś
camūrucer vā namuceḥ kva tad balam |
yam āhave kruddham ivāntakaṃ sthitaṃ
jaghāna phenāvayavena vāsavaḥ || 9.19 ||

balaṃ kurūṇāṃ kva ca tat tadābhavad
yudhi jvalitvā tarasaujasā ca ye |
samitsamiddhā jvalanā ivādhvare
hatāsavo bhasmani paryavasthitāḥ || 9.20 ||

ato viditvā balavīryamāninām
balānvitānām avamarditaṃ balam |
jagaj jarāmṛtyuvaśaṃ vicārayan
bale 'bhimānaṃ na vidhātum arhasi || 9.21 ||

balaṃ mahad vā yadi vā na manyase
kuruṣva yuddhaṃ saha tāvad indriyaiḥ |
jayaś ca te 'trāsti mahac ca te balaṃ
parājayaś ced vitathaṃ ca te balam || 9.22 ||

tathā hi vīrāḥ puruṣā na te matā
jayanti ye sāśvarathadvipān arīn |
yathā matā vīratarā manīṣiṇo
jayanti lolāni ṣaḍindriyāṇi ye || 9.23 ||

신을 분노케 한 자요 군대의 빛이며*
디띠의 아들 나무찌[6]의 그 힘은 어디에 있는가!
인드라[7]는 전장에서 분노로 죽을 지경인 그를
거품으로 죽였다오. ‖ 9.19 ‖

그리고 전쟁에서 기세와 위력으로 불타오르던
꾸루들의 그 힘은 어디에 있는가!
마치 희생제에서 불타오른 장작불이 재가 되듯
숨이 끊어진 그들은 재가 되어버리고 말았다오. ‖ 9.20 ‖

그러니 힘과 용기를 자랑스러워하며
힘에 심취했던 자들의 힘이 파괴되었음을 알고
세상이 늙음과 죽음의 힘에 따른다는 것을 이해한다면,
그대는 힘에 대해 자만을 가질 수 없을 것입니다. ‖ 9.21 ‖

설령 힘이 강력하거나 그렇지 않다 여기더라도
할 수 있는 한 감관과의 전쟁을 하십시오.
여기에서 만일 그대가 승리한다면
그대의 힘은 위대한 것이지만
패배한다면 그대의 힘은 가짜일 뿐이지요. ‖ 9.22 ‖

왜냐하면 말, 전차, 코끼리 군대를 가진 적들을 정복한 사람들은
영웅이라 여겨지지 않으며,
탐욕스러운 여섯 감관을 정복한 현자들이
더 위대한 영웅이라 여겨지기 때문이라오. ‖ 9.23 ‖

ahaṃ vapuṣmān iti yac ca manyase
vicakṣaṇaṃ naitad idaṃ ca gṛhyatām |
kva tad vapuḥ sā ca vapuṣmatī tanur
gadasya śāmbasya ca sāraṇasya ca || 9.24 ||

yathā mayūraś calacitracandrako
bibharti rūpaṃ guṇavat svabhāvataḥ |
śarīrasaṃskāraguṇād ṛte tathā
bibharṣi rūpaṃ yadi rūpavān asi || 9.25 ||

yadi pratīpaṃ vṛṇuyān na vāsasā
na śaucakāle yadi saṃspṛśed apaḥ |
mṛjāviśeṣaṃ yadi nādadīta vā
vapur vapuṣman vada kīdṛśaṃ bhavet || 9.26 ||

navaṃ vayaś cātmagataṃ niśāmya yad
gṛhonmukhaṃ te viṣayāptaye manaḥ |
niyaccha tac chailanadīrayopamaṃ
drutaṃ hi gacchaty anivarti yauvanam || 9.27 ||

그리고 그대가 '나는 아름답다'라고 생각하는 것은
현명하지 못한 것이오.
그러니 그대는 이에 대해 이렇게 알아야만 합니다.
가다와 샴바, 그리고 사라나[8]의
그 외모와 그 아름다운 몸은 어디에 있는가! ‖ 9.24 ‖

반짝이고 알록달록한 꼬리 문양을 지닌 공작새가
본성적으로 뛰어난 아름다움을 지니는 것처럼,
그와 같이 인위적으로 몸을 가꾸지 않을 때
만일 그대가 아름다움을 지닌다면
그대는 [진정] 아름다운 것이라오. ‖ 9.25 ‖

만일 불쾌한 부분을 옷으로 가리지 못한다면,
그리고 배변 시 물로 닦지 않는다면,
혹여 깨끗한 몸을 유지하지 못한다면,
잘생긴 이여, 말해보게!
아름다움이란 무엇이겠는가? ‖ 9.26 ‖

젊음의 무상함

청춘이 [영원히] 제 것이라 생각하며
대상을 얻으려 집으로 향하는 그대의 마음을 멈추시오.
왜냐하면 젊음은 산을 타고 흘러가 버린 강처럼
빠르게 흘러가 돌아오지 않기 때문이라오. ‖ 9.27 ‖

ṛtur vyatītaḥ parivartate punaḥ
kṣayaṃ prayātaḥ punar eti candramāḥ |
gataṃ gataṃ naiva tu saṃnivartate
jalaṃ nadīnāṃ ca nṛṇāṃ ca yauvanam || 9.28 ||

vivarṇitaśmaśru valīvikuñcitaṃ
viśīrṇadantaṃ śithilabhru niṣprabham |
yadā mukhaṃ drakṣyasi jarjaraṃ tadā
jarābhibhūto vimado bhaviṣyasi || 9.29 ||

niṣevya pānaṃ madanīyam uttamaṃ
niśāvivāseṣu cirād vimādyati |
naras tu matto balarūpayauvanair
na kaś cid aprāpya jarāṃ vimādyati || 9.30 ||

yathekṣur atyantarasaprapīḍito
bhuvi praviddho dahanāya śuṣyate |
tathā jarāyantranipīḍitā tanur
nipītasārā maraṇāya tiṣṭhati || 9.31 ||

yathā hi nṛbhyāṃ karapatram īritaṃ
samucchritaṃ dāru bhinatty anekadhā |
tathocchritāṃ pātayati prajām imām
aharniśābhyām upasaṃhitā jarā || 9.32 ||

지나간 계절은 다시 돌아오고
삭월이 된 달은 다시 차오르지만,
흘러가 버린 강물과 흘러가 버린 인간의 젊음은
다시 돌아오지 않는다오. ‖ 9.28 ‖

머리카락은 하얗게 세고 주름으로 쭈글쭈글해지며
이가 다 빠지고 눈썹이 처지고 윤기가 사라진
늙은 얼굴을 그대가 본다면,
그때 늙음에게 패배한 것을 실감할 것이오. ‖ 9.29 ‖

밤낮으로 매우 독한 술을 즐기면서
오랜 시간을 보낸 후에야 당황하게 되지요.
하지만 사람은 그 누구라도 힘과 아름다움과 젊음에 도취되어
늙기 전에는 실감하지 못하는 법이라오. ‖ 9.30 ‖

마치 완전히 즙이 짜내진 사탕수수가
땅에 던져져 불을 피우기 위해 말려지듯,
그처럼 늙음이라는 도구[9]로 짜내어진 몸은
정기가 빨린 채 죽음을 기다릴 뿐이라오. ‖ 9.31 ‖

마치 두 사람이 붙잡은 톱이
크게 자란 나무를 많은 조각으로 자르듯,
그처럼 낮과 밤이 이끈 늙음은
크게 자란 이 인간을 쓰러뜨린다오.[10] ‖ 9.32 ‖

smṛteḥ pramoṣo vapuṣaḥ parābhavo
rateḥ kṣayo vācchruticakṣuṣāṃ grahaḥ |
śramasya yonir balavīryayor vadho
jarāsamo nāsti śarīriṇāṃ ripuḥ || 9.33 ||

idaṃ viditvā nidhanasya daiśikaṃ
jarābhidhānaṃ jagato mahad bhayam |
ahaṃ vapuṣmān balavān yuveti vā
na mānam āroḍhum anāryam arhasi || 9.34 ||

ahaṃ mamety eva ca raktacetasaḥ
śarīrasaṃjñe tava yaḥ kalau grahaḥ |
tam utsṛjaivaṃ yadi śāmyatā bhaved
bhayaṃ hy ahaṃ ceti mameti cārhati || 9.35 ||

yadā śarīre na vaśo 'sti kasya cin
nirasyamāne vividhair upaplavaiḥ |
kathaṃ kṣamaṃ vettum ahaṃ mameti vā
śarīrasaṃjñaṃ gṛham āpadām idam || 9.36 ||

sapannage yaḥ kugṛhe sadāśucau
rameta nityaṃ pratisaṃskṛte 'bale |
sa duṣṭadhātāv aśucau calācale
rameta kāye viparītadarśanaḥ || 9.37 ||

[늙음은] 기억의 도둑이요, 아름다움의 파괴자이며,
쾌락의 종결자이고, 말과 청력과 시력을 빼앗아 가는 자이며,
피로를 낳는 자요, 힘과 정력의 살해자이니,
몸 가진 자들에게 있어 늙음에 필적할 만한 적은 없다오. ‖ 9.33 ‖

이 늙음이라 불리는 것이 죽음의 인도자이기에
세상에서 크게 두려운 것임을 알고,
"나는 아름답다"거나, "강하다"거나 "젊다"며
조악한 자만심을 일으켜서는 아니 되오. ‖ 9.34 ‖

"나"와 "나의 것"이라는 염오(染污)된 마음을 지닌 그대는
몸이라는 잘못된 관념에 집착하는 것이니,
그것을 놓아주시오.
그리한다면 적정을 이룰 것이오.
"나"라고 하는 것과 "나의 것"이라 함은
그저 위험한 것일 뿐이니 말이오. ‖ 9.35 ‖

다양한 불행으로 몸이 사그라들 때는
그 누구도 힘을 쓸 수 없지요.
이 몸이라 불리는 재앙의 집을
"나" 또는 "내 것"이라 아는 것이
대체 무슨 소용이 있겠소이까? ‖ 9.36 ‖

언제나 더럽고 항상 수리해야 하며 뱀이 우글거리는
약하고 누추한 집에서 즐기려 하는 자인 그는
전도된 시각을 지니고 있으니,
나쁜 요소들로 이루어진
더럽고 불안정한 몸에서 즐기려 한다오. ‖ 9.37 ‖

yathā prajābhyaḥ kunṛpo balād balīn
haraty aśeṣaṃ ca na cābhirakṣati |
tathaiva kāyo vasanādisādhanaṃ
haraty aśeṣaṃ ca na cānuvartate || 9.38 ||

yathā prarohanti tṛṇāny ayatnataḥ
kṣitau prayatnāt tu bhavanti śālayaḥ |
tathaiva duḥkhāni bhavanty ayatnataḥ
sukhāni yatnena bhavanti vā na vā || 9.39 ||

śarīram ārtaṃ parikarṣataś calaṃ
na cāsti kiṃcit paramārthataḥ sukham |
sukhaṃ hi duḥkhapratikārasevayā
sthite ca duḥkhe tanuni vyavasyati || 9.40 ||

yathānapekṣyāgryam apīpsitaṃ sukhaṃ
prabādhate duḥkham upetam aṇv api |
tathānapekṣyātmani duḥkham āgataṃ
na vidyate kiṃcana kasyacit sukham || 9.41 ||

śarīram īdṛgbahuduḥkham adhruvaṃ
phalānurodhād atha nāvagacchasi |
dravat phalebhyo dhṛtiraśmibhir mano
nigṛhyatāṃ gaur iva śasyalālasā || 9.42 ||

사악한 왕이 백성들로부터
억지로 남김없이 세금을 거두고서는
[백성들을] 지키지 않는 것처럼,
바로 그처럼 몸은 옷 등의 장신구를 남김없이 취하고서는
[그대 자신을] 따르지 않는다오. ‖ 9.38 ‖

땅에 있는 잡초들은 노력 없이 자라나지만
곡식은 노력으로 이루어지[기도 하고 그렇지 않기도 하]듯이,
바로 그처럼 고통들은 노력 없이 생기지만
행복은 노력한들 생기기도 생기지 않기도 하는 것이라오. ‖ 9.39 ‖

고통스럽고 불안정한 몸을 끌고 다니는 자에게
궁극에는 어떤 행복도 없다오.
고통에 대한 치료에 의탁하여
고통이 줄어들었을 때만 행복을 느끼기 때문이라네. ‖ 9.40 ‖

마치 의식하지 못하는 작은 고통이라도
붙어 있으면 진정 바라는 행복을 방해하는 것처럼,
그와 같이 자신에게 닥친 고통을 무시한다면
그 누구도 어떠한 행복도 누릴 수 없다오. ‖ 9.41 ‖

[그대는] 몸이 이 같은 많은 고통을 지니고 불안정한데도
[몸이 주는 달콤한] 열매만을 원하여 전혀 이해하지 못하고 있군요.
곡식을 원하는 소처럼 결과들을 향해 내달리는 마음을
확고함이라는 고삐들로 붙잡으시오.[11] ‖ 9.42 ‖

na kāmabhogā hi bhavanti tṛptaye
havīṃṣi dīptasya vibhāvasor iva |
yathā yathā kāmasukheṣu vartate
tathā tathecchā viṣayeṣu vardhate || 9.43 ||

yathā ca kuṣṭhavyasanena duḥkhitaḥ
pratāpanān naiva śamaṃ nigacchati |
tathendriyārtheṣv ajitendriyaś caran
na kāmabhogair upaśāntim ṛcchati || 9.44 ||

yathā hi bhaiṣajyasukhābhikāṅkṣayā
bhajeta rogān na bhajeta tatkṣayam |
tathā śarīre bahuduḥkhabhājane
rameta mohād viṣayābhikāṅkṣayā || 9.45 ||

anarthakāmaḥ puruṣasya yo janaḥ
sa tasya śatruḥ kila tena karmaṇā |
anarthamūlā viṣayāś ca kevalā
nanu praheyā viṣamā yathārayaḥ || 9.46 ||

ihaiva bhūtvā ripavo vadhātmakāḥ
prayānti kāle puruṣasya mitratām |
paratra caiveha ca duḥkhahetavo
bhavanti kāmā na tu kasyacic chivāḥ || 9.47 ||

왜냐하면 욕망을 향유하는 것은
타오르는 불이 공물들을 [끝없이 집어삼키듯]
만족되는 법이 없으니,
욕망의 대상들에 의한 기쁨이 생길수록
대상들에 대한 욕구는 더욱 자라는 법이라오. ‖ 9.43 ‖

마치 나병에 걸려 고통받는 자가
[몸을] 덥히려는 것으로는 치유를 얻지 못하듯,
그처럼 감관을 정복하지 못한 자가
감관의 대상들에 머무르며 욕망을 향유함으로써
평온함을 얻지는 못하지요. ‖ 9.44 ‖

약이 주는 [잠깐의] 편안함을 원함으로써
병을 키우고 그것을 치료하지 않듯이,
그처럼 어리석음 때문에 [잠깐의 쾌락을 주는] 대상을 원함으로써
많은 고통을 담고 있는 몸에서 즐거움을 찾기 때문이라오. ‖ 9.45 ‖

[어떤] 사람의 불행을 바라는 자는
그 행위로 인해 실로 그자의 적이 되나니,
그저 위험할 뿐인 적들과 마찬가지로
불행의 근원인 [욕망의] 대상들을
쫓아내야 하지 않겠는가? ‖ 9.46 ‖

당장은 목숨을 빼앗을 원수라 해도
적절한 때가 오면 [그] 사람의 친구가 되기도 하지요.
그러나 고통의 원인인 욕망들은 현세와 내세에도,
그 어떤 자에게 있어서도 상서로운 것이 될 수 없소. ‖ 9.47 ‖

yathopabhuktaṃ rasavarṇagandhavad
vadhāya kimpākaphalaṃ na puṣṭaye |
niṣevyamāṇā viṣayāś calātmano
bhavanty anarthāya tathā na bhūtaye || 9.48 ||

tad etad ājñāya vipāpmanātmanā
vimokṣadharmādyupasaṃhitaṃ hitam |
juṣasva me sajjanasaṃmataṃ mataṃ
pracakṣva vā niścayam udgiran giram || 9.49 ||

iti hitam api bahv apīdam uktaḥ
śrutamahatā śramaṇena tena nandaḥ |
na dhṛtim upayayau na śarma lebhe
dvirada ivātimado madāndhacetāḥ || 9.50 ||

nandasya bhāvam avagamya tataḥ sa bhikṣuḥ
pāriplavaṃ gṛhasukhābhimukhaṃ na dharme |
sattvāśayānuśayabhāvaparīkṣakāya
buddhāya tattvaviduṣe kathayāṃ cakāra || 9.51 ||

|| saundaranande mahākāvye madāyavādo nāma navamaḥ sargaḥ || 9 ||

마치 낌빠까 열매[12]가 맛과 색과 향[이 좋을지언정]
먹으면 힘이 나기보다 죽음에 이르게 하듯이,
마찬가지로 흔들리는 마음을 지닌 자의 [욕망의] 대상들은
즐기고 있을 때 번영이 아닌 불행을 향해 존재한다오. ‖ 9.48 ‖

그러니 사악함을 떠난 본성을 통해
해탈을 위한 다르마에 관한 이 충고를 따르고,
현명한 사람들이 인정하는 나의 생각을 받아들이시게나.
아니면 [그대의] 결심을 소리 내어 이야기해보시오." ‖ 9.49 ‖

이처럼 난다는 그 학식이 높은 사문에게서
이리도 도움 되는 말을 많이 들었지만,
마치 극도로 발정이 난 코끼리처럼[13]
정욕에 대한 마음뿐인 채 흥분하여
확고함을 얻지도, 평안을 얻지도 못하였답니다. ‖ 9.50 ‖

그러자 그 비구는 다르마가 아니라 집이 주는 행복을 원하며
흔들리는 난다의 감정을 이해하고서,
중생의 의향과 잠재적인 성향, 감정을 관찰하는 분이자
진리를 아는 분인 붓다께 말씀드렸습니다. ‖ 9.51 ‖

대서사시 『사운다라난다』에서 "욕망의 부정"이라는 이름의 아홉 번째 장을 마친다.

〚 미주 〛

1 만뜨라(mantra)는 위력을 갖춘 주문을 말한다.

2 여기에서 말하는 '아르주나'는 끄리따비르야(Kṛtavīrya)의 아들인 '까르따비르야 아르주나'이다. 비슈누의 화신 중 하나인 빠라슈라마(Paraśurāma)의 아버지를 살해한 숙적으로서 천 개의 팔을 지니고 있던 끄샤뜨리야이다. '바르가바'(Bhārgava)는 '브리구(Bhṛgu)의 자손'이라는 뜻으로서 빠라슈라마를 말한다.

3 깜사(kaṃsa)는 마투라의 왕으로서, 비슈누의 화신 끄리슈나의 숙적이다.

4 하리(Hari)는 끄리슈나의 별칭이다.

5 자라스(Jaras)는 '늙음'이라는 뜻으로서 끄리슈나에게 치명상을 입힌 사냥꾼의 이름이기도 하다. 본 게송에서는 끄리슈나에게 화살을 쏜 인물의 이름과 끄리슈나의 늙음이라는 이중적인 의미로 사용되었다.

6 나무찌(namuci)는 비쁘라찟띠(Vipracitti)의 아들이자 아수라의 왕으로서 독룡 브리뜨라(Vṛtra)를 따라 인드라와 대적하였다. 인드라는 마른 것이나 젖은 것으로는 나무찌를 죽일 수 없다는 하늘의 음성을 듣고 젖은 것도 마른 것도 아닌 거품을 사용하여 그를 죽일 수 있었다.

7 원문의 바사바(vāsava)는 'vāsu(신)의 자손'이라는 뜻으로 인드라의 별명이다.

8 가다(Gada), 삼바(Śāmba), 사라나(Sāraṇa)는 모두 사람의 이름이다. 어떠한 인물을 지칭하는지에 대한 정보가 원문에는 없지만 모두 끄리슈나(Kṛṣṇa)의 가계인 야두(Yadu)족에 속한 인물들로 추정된다. 가다와 사라나의 경우 각각 끄리슈나의 이복동생과 친동생이며, 삼바는 끄리슈나의 아들이다. 한편 삼바의 경우 타 판본에서는 śāmya로 나와 있는 경우가 있으나, 존스톤의 의견에 따라 삼바(Śāmba)의 오기로 판단하여 수정하였다.

9 '도구'의 원어는 얀뜨라(yantra)로 도구나 기계, 기구 따위를 의미한다. 늙음으로 인해 몸의 정기가 빠져나가고 쭈글쭈글 말라가는 것을 사탕수수의 즙을 짜는 도구에 비유한 것이다.

10 큰 나무를 베기 위해 두 사람이 양쪽에서 톱을 잡고 밀고 당겨 나무를 베듯이 낮과 밤이 번갈아 시간의 흐름을 만들어 사람을 늙게 하고 결국에는 죽음에 이르는 것을 비유한 것이다.

11 소는 항상 대상을 찾아다니는 감각 기관에 대한 비유이며, 고삐는 이것을 한 군데 붙잡아 놓는 확고한 마음을 빗댄 것이다.

12 낌빠까(kimpāka) 열매는 씨앗에 독성이 많아 잘못 먹는 경우 죽을 수 있다고 알려져 있다.

13 원문의 표현인 atimada는 '마다(mada)가 과도한'이라는 의미이다. 마다는 성적인 흥분이나 도취, 술 따위로 인한 취기 등을 말한다. 또한 발정기의 코끼리가 관자놀이에서 흘리는 영액을 마다라고 부르기도 한다. 본 역서에서는 코끼리의 발정난 상태로 표현하였다.

제10장

천계의 현시

svarganidarśanaḥ

śrutvā tataḥ sadvratam utsisṛkṣuṃ
bhāryāṃ didṛkṣuṃ bhavanaṃ vivikṣum |
nandaṃ nirānandam apetadhairyam
abhyujjihīrṣur munir ājuhāva || 10.1 ||

taṃ prāptam aprāptavimokṣamārgaṃ
papraccha cittaskhalitaṃ sucittaḥ |
sa hrīmate hrīvinato jagāda
svaṃ niścayaṃ niścayakovidāya || 10.2 ||

nandaṃ viditvā sugatas tatas taṃ
bhāryābhidhāne tamasi bhramantam |
pāṇau gṛhītvā viyad utpapāta
maṇiṃ jale sādhur ivojjihīrṣuḥ || 10.3 ||

kāṣāyavastrau kanakāvadātau
virejatus tau nabhasi prasanne |
anyonyasaṃśliṣṭavikīrṇapakṣau
saraḥprakīrṇāv iva cakravākau || 10.4 ||

tau devadārūttamagandhavantaṃ
nadīsaraḥprasravaṇaughavantam |
ājagmatuḥ kāñcanadhātumantaṃ
devarṣimantaṃ himavantam āśu || 10.5 ||

붓다의 인도로 천상계를 방문한 난다

그 후 서원을 포기하고 아내를 갈망하며
집으로 돌아가려는 것을 듣고서,
[수행에 정진하려는] 확고함이 사라져버린
불행한 난다를 구하기 위하여 성자께서 부르셨습니다. ‖ 10.1 ‖

해탈의 길에 이르지 못한 채
마음이 흔들린 난다에게 스승께서 물으시니,
[그의] 결심을 파악한 겸손한 스승께
부끄러워하며 자신의 결의를 말씀드렸지요. ‖ 10.2 ‖

잘 가신 분께서는 난다가
'아내'라는 이름의 어둠 속을 헤매는 것을 아시고,
마치 보석세공사가 물에서 보석을 건져 올리듯
난다의 손을 잡고서 하늘로 날아오르셨답니다. ‖ 10.3 ‖

황갈색 옷을 걸친 두 사람은
맑은 하늘에서 투명한 금빛으로 빛났으니,
마치 서로의 뻗은 날개를 감싼 채
맑은 호수에 떠 있는 한 쌍의 원앙과도 같았습니다. ‖ 10.4 ‖

삼나무의 그윽한 향기가 가득한 곳이자
개울과 강, 호수의 발원지요,
성자들이 머무는 곳이자 금빛 바위로 뒤덮인
히말라야 산에 두 사람은 순식간에 도착했지요. ‖ 10.5 ‖

tasmin girau cāraṇasiddhajuṣṭe
śive havirdhūmakṛtottarīye |
agamyapārasya nirāśrayasya
tau tasthatur dvīpa ivāmbarasya || 10.6 ||

śāntendriye tatra munau sthite tu
savismayaṃ dikṣu dadarśa nandaḥ |
darīś ca kuñjāṃś ca vanaukasaś ca
vibhūṣaṇaṃ rakṣaṇam eva cādreḥ || 10.7 ||

bahvāyate tatra site hi śṛṅge
saṃkṣiptabarhaḥ śayito mayūraḥ |
bhuje balasyāyatapīnabāhor
vaiḍūryakeyūra ivābabhāse || 10.8 ||

manaḥśilādhātuśilāśrayeṇa
pītākṛtāṃso virarāja siṃhaḥ |
saṃtaptacāmīkarabhakticitraṃ
rūpyāṅgadaṃ śīrṇam ivāmbikasya || 10.9 ||

해안에 닿지 않아 의지할 바 없는
하늘의 섬과 같은 곳이요,
음유시인과 성자들이 즐겨 찾으며 제사의 연기로 뒤덮인
그 상서로운 산 위에 둘은 서 있었습니다. ‖ 10.6 ‖

천상계의 갖가지 존재들과 붓다의 질문

감관을 제어한 성자께서 그곳에 서 있는 동안
난다는 놀라워하며 사방을 둘러보았고,
산을 꾸미고 보호하는 동굴과 식물로 뒤덮인 곳들과
숲에 사는 존재들을 목도하였지요. ‖ 10.7 ‖

그곳에는 크고 기다란 흰 바위 꼭대기에
꼬리 깃 접은 공작이 잠들어 있었는데,
마치 발라[1]의 길고 우람한 팔뚝에 채워진
청금석 팔찌[2]처럼 보였지요. ‖ 10.8 ‖

황적색 비소 바위에 기대어
어깨 갈기가 누렇게 물든 사자는
마치 암비까[3]의 낡은 금팔찌가
세련된 황금으로 화려하게 장식된 듯 보였답니다. ‖ 10.9 ‖

vyāghraḥ klamavyāyatakhelagāmī
lāṅgūlacakreṇa kṛtāpasavyaḥ |
babhau gireḥ prasravaṇaṃ pipāsur
ditsan pitṛbhyo ’mbha ivāvatīrṇaḥ || 10.10 ||

calatkadambe himavannitambe
tarau pralambe camaro lalambe |
chettuṃ vilagnaṃ na śaśāka bālam
kulodgatāṃ prītim ivāryavṛttaḥ || 10.11 ||

suvarṇagaurāś ca kirātasaṃghā
mayūrapittojjvalagātralekhāḥ |
śārdūlapātapratimā guhābhyo
niṣpetur udgāra ivācalasya || 10.12 ||

darīcarīṇām atisundarīnāṃ
manoharaśroṇikucodarīṇām |
vṛndāni rejur diśi kiṃnarīṇāṃ
puṣpotkacānām iva vallarīṇām || 10.13 ||

nagān nagasyopari devadārūn
āyāsayantaḥ kapayo viceruḥ |
tebhyaḥ phalaṃ nāpur ato ’pajagmur
moghaprasādebhya iveśvarebhyaḥ || 10.14 ||

tasmāt tu yūthād apasāryamāṇāṃ
niṣpīḍitālaktakaraktavaktrām |
śākhāmṛgīm ekavipannadṛṣṭiṃ
dṛṣṭvā munir nandam idaṃ babhāṣe || 10.15 ||

꼬리를 오른 어깨로 휘어 감고[4]
느긋하고 당당히 움직이며 나아가는 호랑이가
산속 샘물을 마시려는 모습은 마치
조상에게 물을 바치러 내려가는 [브라만]처럼 보였지요. ‖ 10.10 ‖

히말라야 산비탈 위 흔들리는 까담바 덩굴 가지에
꼬리가 걸린 한 야크는 이를 끊어내지 못하였으니,
마치 고귀한 이가 귀한 가문에서 생기는 즐거움을
끊지 못하는 것과 같았답니다. ‖ 10.11 ‖

그리고 공작의 담즙으로 아름다운 몸에 그려진 선이
황금색으로 빛나는 끼라따 부족[5] 무리는
마치 도약하는 호랑이처럼
산속 동굴에서 분출되듯 튀어나오곤 하였지요. ‖ 10.12 ‖

그 주변에는 매우 아름다운 동굴에 머물며
매력적인 엉덩이, 가슴, 배를 지닌 낀나리 무리가
마치 덩굴나무의 만개한 꽃 더미처럼 보였습니다. ‖ 10.13 ‖

원숭이들은 삼나무 사이를 나무 위쪽으로 돌아다녔지만,
마치 신의 호의를 헛되이 바라며 [아무것도 얻지 못하는] 듯
나무로부터 열매를 얻지 못한 채
이내 사라지곤 하였답니다. ‖ 10.14 ‖

헌데 그 무리에서 도태된 채
붉은 과실즙을 짜놓은 듯 새빨간 얼굴을 한
한쪽 눈을 잃은 암원숭이를 바라보며
성자께서는 난다에게 이렇게 말씀하셨습니다. ‖ 10.15 ‖

kā nanda rūpeṇa ca ceṣṭayā ca
saṃpaśyataś cārutarā matā te |
eṣā mṛgī vaikavipannadṛṣṭiḥ
sa vā jano yatra gatā taveṣṭiḥ || 10.16 ||

ity evam uktaḥ sugatena nandaḥ
kṛtvā smitaṃ kiṃcid idaṃ jagāda |
kva cottamastrī bhagavan vadhūs te
mṛgī nagakleśakarī kva caiṣā || 10.17 ||

tato munis tasya niśamya vākyaṃ
hetvantaraṃ kiṃcid avekṣamāṇaḥ |
ālambya nandaṃ prayayau tathaiva
krīḍāvanaṃ vajradharasya rājñaḥ || 10.18 ||

ṛtāv ṛtāv ākṛtim eka eke
kṣaṇe kṣaṇe bibhrati yatra vṛkṣāḥ |
citrāṃ samastām api kecid anye
ṣaṇṇām ṛtūnāṃ śriyam udvahanti || 10.19 ||

puṣyanti kecit surabhīr udārā
mālāḥ srajaś ca grathitā vicitrāḥ |
karṇānukūlān avataṃsakāṃś ca
pratyarthibhūtān iva kuṇḍalānām || 10.20 ||

"난다여, 너의 생각은 어떠한가?
너는 외모나 태도 면에서
둘 중 어느 쪽이 더 사랑스럽다고 여기느냐?
이 한쪽 눈을 잃은 원숭이인가?
아니면 네가 욕망을 일으키는 그 사람인가?" ‖ 10.16 ‖

붓다께서 난다에게 이와 같이 말씀하시자,
난다는 살짝 미소 지으며 이렇게 답했지요.
"세존이시여, 당신의 제수 중 최고의 여인과
나무를 괴롭히는 이 암원숭이가 어찌 비교될 수 있겠습니까?" ‖ 10.17 ‖

인드라의 유원(遊園)으로

성자께서는 그의 답을 듣고서
다른 한 가지 방안을 떠올리셨고,
그대로 난다를 데리고 신들의 왕이요
바즈라[6]를 쥔 자인 [인드라]의 유원(遊園)으로 떠났습니다. ‖ 10.18 ‖

그곳에서 어떤 나무들은
각 계절에 어울리는 자태를 제각기 갖추었고,
어떤 나무들은 여섯 계절[7] 모두를 아우르는
다양한 광경을 두르고 있었지요. ‖ 10.19 ‖

어떤 나무들은
향기롭고 고귀한 화환과 화관, 그리고
귀걸이에 걸맞을 만큼 귀에 딱 맞는 꽃장식 따위를
다양하게 엮어내고 있었습니다. ‖ 10.20 ‖

raktāni phullāḥ kamalāni yatra
pradīpavṛkṣā iva bhānti vṛkṣāḥ |
praphullanīlotpalarohiṇo 'nye
sonmīlitākṣā iva bhānti vṛkṣāḥ || 10.21 ||

nānāvirāgāny atha pāṇḍarāṇi
suvarṇabhaktivyavabhāsitāni |
atāntavāny ekaghanāni yatra
sūkṣmāṇi vāsāṃsi phalanti vṛkṣāḥ || 10.22 ||

hārān maṇīn uttamakuṇḍalāni
keyūravaryāṇy atha nūpurāṇi |
evaṃvidhāny ābharaṇāni yatra
svargānurūpāṇi phalanti vṛkṣāḥ || 10.23 ||

vaiḍūryanālāni ca kāñcanāni
padmāni vajrāṅkurakesarāṇi |
sparśakṣamāṇy uttamagandhavanti
rohanti niṣkampatalā nalinyaḥ || 10.24 ||

yatrāyatāṃś caiva tatāṃś ca tāṃs tān
vādyasya hetūn suṣirān ghanāṃś ca |
phalanti vṛkṣā maṇihemacitrāḥ
krīḍāsahāyās tridaśālayānām || 10.25 ||

어떤 나무들은 붉은 연꽃이 활짝 피어 있어
마치 나무가 불타는 듯 보였고,
다른 나무들은 만개한 짙푸른 연꽃이 빛나니
마치 나무가 눈을 번뜩이는 듯 보였답니다. ‖ 10.21 ‖

또 어떤 나무들은 실로 짜지 않은,
통째로 직조된 섬세한 옷들을 열매로 맺어
갖가지 빛깔과 흰빛, 황금빛 선들이
반짝이고 있었습니다. ‖ 10.22 ‖

또 어떤 나무들은 진주목걸이, 보석,
아름다운 귀걸이, 최고급 팔찌와 발찌처럼
천상계에 어울리는 장신구들을
열매로 맺고 있었지요. ‖ 10.23 ‖

그리고 청금석 줄기와 황금꽃,
다이아몬드 연밥과 수술,
닿고픈 촉감과 최상의 향기를 가진 연꽃들이
고요한 연지(蓮池)에 피어나 있었습니다. ‖ 10.24 ‖

또한 보석과 황금으로 다채로이 장식된 나무들은
천신들의 유희에 음악의 도구로서 동반자가 되어,
소리를 내는 갖가지 악기들, 즉 현이 늘어나는 것,
관을 지닌 것, 단단한 것들을
열매로 맺고 있었답니다.[8] ‖ 10.25 ‖

mandāravṛkṣāṃś ca kuśeśayāṃś ca
puṣpānatān kokanadāṃś ca vṛkṣān |
ākramya māhātmyaguṇair virājan
rājāyate yatra sa pārijātaḥ || 10.26 ||

kṛṣṭe tapaḥśīlahalair akhinnais
tripiṣṭapakṣetratale prasūtāḥ |
evaṃvidhā yatra sadānuvṛttā
divaukasāṃ bhogavidhānavṛkṣāḥ || 10.27 ||

manaḥśilābhair vadanair vihaṃgā
yatrākṣibhiḥ sphāṭikasaṃnibhaiś ca |
śāvaiś ca pakṣair abhilohitāntair
māñjiṣṭhakair ardhasitaiś ca pādaiḥ || 10.28 ||

citraiḥ suvarṇachadanais tathānye
vaiḍūryanīlair nayanaiḥ prasannaiḥ |
vihaṃgamāḥ śiñjirikābhidhānā
rutair manaḥśrotraharair bhramanti || 10.29 ||

raktābhir agreṣu ca vallaribhir
madhyeṣu cāmīkarapiñjarābhiḥ |
vaiḍūryavarṇābhir upāntamadhyeṣv
alaṃkṛtā yatra khagāś caranti || 10.30 ||

또한 그곳에 있는 빠리자따나무[9]는
산호나무와 바유르나무,[10]
붉은 연꽃의 무게로 구부러진 나무들을 압도하며
엄청난 위용을 뽐내고 있었지요. ‖ 10.26 ‖

이처럼 하늘의 영역이라는 경작지에는
천신들이 누릴 거리와 즐거움을 제공하는 나무들이
지치지 않는 고행과 계율이라는 쟁기들로
자라나고 있었습니다. ‖ 10.27 ‖

그곳에는 붉은 비소 같은 부리와 수정 같은 눈,
끄트머리가 진홍빛인 어두운 황색 날개와,
절반은 흰색을 띤 선홍빛 발톱을 가진
새들이 있었습니다. ‖ 10.28 ‖

다른 곳에는 화려한 금빛 날개를 지닌 채
청금석처럼 푸른 눈을 반짝이는
싱지리까[11]라 불리는 새들이
마음과 귀를 매혹하듯 지저귀며 날아다녔지요. ‖ 10.29 ‖

그리고 머리 부분은 붉고 고슬고슬한 깃털로,
몸통 부분은 황금빛 도는 노란 [깃털로],
머리와 몸통 사이는 청금석 빛깔의 [깃털로] 꾸며진 새들이
돌아다니고 있었습니다. ‖ 10.30 ‖

rociṣṇavo nāma patatriṇo 'nye
dīptāgnivarṇojjvalitair ivāsyaiḥ |
bhramanti dṛṣṭīr vapuṣākṣipantaḥ
svanaiḥ śubhair apsaraso harantaḥ || 10.31 ||

yatreṣṭaceṣṭāḥ satataprahṛṣṭā
nirartayo nirjaraso viśokāḥ |
svaiḥ karmabhir hīnaviśiṣṭamadhyāḥ
svayaṃprabhāḥ puṇyakṛto ramante || 10.32 ||

pūrvaṃ tapomūlyaparigraheṇa
svargakrayārthaṃ kṛtaniścayānām |
manāṃsi khinnāni tapodhanānāṃ
haranti yatrāpsaraso laḍantyaḥ || 10.33 ||

nityotsavaṃ taṃ ca niśāmya lokaṃ
nistandrinidrāratiśokarogam |
nando jarāmṛtyuvaśaṃ sadārtaṃ
mene śmaśānapratimaṃ nṛlokam || 10.34 ||

천녀들에게 마음을 뺏긴 난다

또 다른 곳에는
타오르는 불 같은 색으로 빛나는 부리를 지닌
로찌슈누[12]라는 새와,
시선을 사로잡는 아름다움과
감미로운 목소리를 지닌 천녀들이 노닐고 있었지요. ‖ 10.31 ‖

공덕 지은 자들은 이 유원에서
원하는 대로 행하고 언제나 기쁘며,
고통도 늙음도 슬픔도 없이,
자신의 업에 따라 열등하거나 우월하거나 그 중간인
자신의 모습대로 누리고 있었습니다. ‖ 10.32 ‖

그 옛날, 천상에 태어나고자
고행 서약을 받아들여 고행하던
수행자들의 지친 마음을,
이곳에 노니는 천녀들은 사로잡아 버리지요. ‖ 10.33 ‖

이렇듯 피로, 수면, 분노, 슬픔, 질병이 없는
언제나 즐거움뿐인 세계를 보면서,
난다는 늙음과 죽음 때문에
늘 고통받는 인간계가
마치 화장터와 같다고 생각했습니다. ‖ 10.34 ‖

aindraṃ vanaṃ tac ca dadarśa nandaḥ
samantato vismayaphulladṛṣṭiḥ |
harṣānvitāś cāpsarasaḥ parīyuḥ
sagarvam anyonyam avekṣamāṇāḥ || 10.35 ||

sadā yuvatyo madanaikakāryāḥ
sādhāraṇāḥ puṇyakṛtāṃ vihārāḥ |
divyāś ca nirdoṣaparigrahāś ca
tapaḥphalasyāśrayaṇaṃ surāṇām || 10.36 ||

tāsāṃ jagur dhīram udāttam anyāḥ
padmāni kāścil lalitaṃ babhañjuḥ |
anyonyaharṣān nanṛtus tathānyāś
citrāṅgahārāḥ stanabhinnahārāḥ || 10.37 ||

kāsāṃcid āsāṃ vadanāni rejur
vanāntarebhyaś calakuṇḍalāni |
vyāviddhaparṇebhya ivākarebhyas
padmāni kāraṇḍavaghaṭṭitāni || 10.38 ||

tā niḥsṛtāḥ prekṣya vanāntarebhyas
taḍitpatākā iva toyadebhyaḥ |
nandasya rāgeṇa tanur vivepe
jale cale candramasaḥ prabheva || 10.39 ||

그 후 난다가 놀라움에 눈을 부릅뜨고
인드라의 숲 여기저기를 둘러보자,
기쁨으로 가득 찬 천녀들이
도도하게 서로를 바라보며
그를 둘러싸는 것이었습니다. ‖ 10.35 ‖

늘 젊고 사랑에만 전념하는 존재들이요,
공덕 지은 천신들에게 즐거움을 주는
이 요정들을 취하는 것은 잘못을 짓는 것이 아니니,
고행의 보상과 다름없는 것이랍니다. ‖ 10.36 ‖

그들 중 [어떤 천녀들은] 낮은 음으로,
다른 이들은 높은 음으로 노래했고,
어떤 이들은 사랑스럽게 연꽃을 꺾어댔지요.
또 다른 이들은 서로 즐거워하며 화려한 몸짓으로
가슴에 걸린 진주목걸이가 끊어질 듯 춤을 추었습니다. ‖ 10.37 ‖

그녀들 가운데 일부는
귀걸이 달랑이며 숲 사이로 얼굴을 내보이니,
마치 흩어진 연잎 더미 [사이로]
오리가 [얼굴을 내보이며]
연꽃에 문지르는 듯하였답니다. ‖ 10.38 ‖

마치 비구름 속에 이따금 번갯불이 비치듯
숲 사이로 그녀들이 모습을 드러내는 것을 보고서,
난다의 몸은 졸졸 흐르는 물에 [비친] 달빛마냥
욕정으로 인해 떨렸습니다. ‖ 10.39 ‖

vapuś ca divyaṃ lalitāś ca ceṣṭās
tataḥ sa tāsāṃ manasā jahāra |
kautūhalāvarjitayā ca dṛṣṭyā
saṃśleṣatarṣād iva jātarāgaḥ || 10.40 ||

sa jātatarṣo 'psarsaḥ pipāsus
tatprāptaye 'dhiṣṭhitaviklavārtaḥ |
lolendriyāśvena manorathena
jehrīyamāṇo na dhṛtiṃ cakāra || 10.41 ||

yathā manuṣyo malinaṃ hi vāsaḥ
kṣāreṇa bhūyo malinīkaroti |
malakṣayārthaṃ na malodbhavārthaṃ
rajas tathāsmai munir ācakarṣa || 10.42 ||

doṣāṃś ca kāyād bhiṣag ujjihīrṣur
bhūyo yathā kleśayituṃ yateta |
rāgaṃ tathā tasya munir jighāṃsur
bhūyastaraṃ rāgam upānindruāya || 10.43 ||

dīpaprabhāṃ hanti yathāndhakāre
sahasraraśmer uditasya dīptiḥ |
manuṣyaloke dyutim aṅganānām
antardadhāty apsarasāṃ tathā śrīḥ || 10.44 ||

그녀들의 천상의 자태와 사랑스러운 몸짓에
그는 마음 깊이 사로잡혔고,
호기심 그득한 [그녀들의] 눈빛으로
살을 맞대고픈 갈증에 빠진 듯 욕정이 일어났지요. ‖ 10.40 ‖

욕망을 일으킨 그는 그 힘에 잠식당한 채
동요하고 괴로워하며 천녀들과 즐기고 싶은 마음뿐이었으니,
감관의 말(馬)이 이리저리 내달리는 마음이라는 전차에[13] 끄달려
더는 의지를 다잡을 수조차 없었습니다. ‖ 10.41 ‖

마치 사람이 더러운 옷을 [깨끗이 하려다]
외려 얼룩을 더하듯
성자께서는 더러움을 더하는 것이 아니라
더러움을 제거하기 위해 이 [욕정이라는] 오점을 끌어내었습니다. ‖ 10.42 ‖

마치 의사가 신체에서 병폐를 끄집어내려고
고통스럽게 만드는 것처럼,
성자께서는 난다의 욕정을 파괴하고자
더 큰 욕정을 이끌어낸 것입니다. ‖ 10.43 ‖

어둠 속에서 등불의 빛줄기를
떠오르는 태양이 없애듯,
인간세계에 있는 여성들의 아름다움을
천녀의 아름다움이 덮어버린 것이지요. ‖ 10.44 ‖

mahac ca rūpaṃ svaṇu hanti rūpaṃ
śabdo mahān hanti ca śabdam alpam |
gurvī rujā hanti rujāṃ ca mṛdvīṃ
sarvo mahān hetur aṇor vadhāya || 10.45 ||

muneḥ prabhāvāc ca śaśāka nandas
tad darśanaṃ soḍhum asahyam anyaiḥ |
avītarāgasya hi durbalasya
mano dahed apsarasāṃ vapuḥ śrīḥ || 10.46 ||

matvā tato nandam udīrṇarāgaṃ
bhāryānurodhād apavṛttarāgam |
rāgeṇa rāgaṃ pratihantukāmo
munir virāgo giram ity uvāca || 10.47 ||

etāḥ striyaḥ paśya divaukasas tvaṃ
nirīkṣya ca brūhi yathārthatattvam |
etāḥ kathaṃ rūpaguṇair matās te
sa vā jano yatra gataṃ manas te || 10.48 ||

위대한 아름다움은 작은 아름다움을 없애고,
큰 소리는 작은 소리를 없애며,
심한 고통은 가벼운 고통을 없애나니,
모든 큰 원인은 작은 원인을 사라지게 하는 법입니다. || 10.45 ||

그리고 천녀의 아름다운 신체는
욕정에서 자유롭지 못한 약한 자의 마음을 태워버리기에,
다른 이들은 견딜 수 없는 그 광경을
난다는 성자의 위신력으로 견딜 수 있었을 따름이었습니다. || 10.46 ||

난다의 간청과 붓다의 대답

평온한 성자께서는 난다가 [천녀들에 대한] 욕정을 일으켜
아내를 향한 욕정에서 벗어난 것을 알고서,[14]
욕정으로 욕정을 물리치고자
다음과 같이 말씀하셨습니다. || 10.47 ||

"천상계에 거주하는 이 여인들을 보아라,
그리고 관찰하여 있는 그대로의 사실을 말해보거라.
너는 아름다운 속성을 갖춘 이 여인들을 생각하는가?
아니면 너의 마음이 향한 그 여인을 생각하는가?" || 10.48 ||

athāpsaraḥsv eva niviṣṭadṛṣṭī
rāgāgnināntarhṛdaye pradīptaḥ |
sagadgadaṃ kāmaviṣaktacetāḥ
kṛtāñjalir vākyam uvāca nandaḥ || 10.49 ||

haryaṅganāsau muṣitaikadṛṣṭir
yadantare syāt tava nātha vadhvāḥ |
tadantare 'sau kṛpaṇā vadhūs te
vapuṣmatīr apsarasaḥ pratītya || 10.50 ||

āsthā yathā pūrvam abhūn na kācid
anyāsu me strīsu niśāmya bhāryām |
tasyāṃ tataḥ samprati kācid āsthā
na me niśāmyaiva hi rūpam āsām || 10.51 |

yathā pratapto mṛdunātapena
dahyeta kaścin mahatānalena |
rāgeṇa pūrvaṃ mṛdunābhitapto
rāgāgninānena tathābhidahye || 10.52 ||

vāgvāriṇāṃ māṃ pariṣiñca tasmād
yāvan na dahye sa ivābjaśatruḥ |
rāgāgnir adyaiva hi māṃ didhakṣuḥ
kakṣaṃ savṛkṣāgram ivotthito 'gniḥ || 10.53 ||

그러자 천녀에게 시선을 두고
욕정의 불을 마음속에 태우던 난다는
욕망에 마음을 사로잡힌 채 [비는 듯이] 손을 모으고
말을 더듬으며 이렇게 말씀드렸지요. ‖ 10.49 ‖

“스승님, 한쪽 눈을 잃은 암원숭이와
당신의 제수 사이에도 차이가 있사온데,
당신의 가엾은 제수는 아름다운 천녀들에게 견주니
또 그만큼 차이가 있습니다. ‖ 10.50 ‖

예전에 아내를 볼 적에
다른 여인에 대해서는 그 어떤 관심도 생기지 않았듯,
지금 제가 그녀들의 아름다움을 보니
아내에 대해서는 그 어떤 관심도 생기지 않습니다. ‖ 10.51 ‖

마치 어떤 사람이 약한 불에 그슬렸다가
큰 불로 [완전히] 태워지는 것처럼,
바로 그와 같이 이전에는 약한 욕정에 그슬리는 정도였습니다만,
[천녀들을 향한] 이 욕정의 불길은 저를 완전히 태워버립니다. ‖ 10.52 ‖

까마[15]처럼 제가 다 타버리지 않도록
당신의 말씀이라는 물을 저에게 부어주십시오.
마치 나무 둥치에서 일어난 불이
나무 꼭대기까지 불태워버리려는 것처럼,
욕정의 불길이 이제 저를 완전히 태워버리려 합니다. ‖ 10.53 ‖

prasīda sīdāmi vimuñca mā mune
vasundharādhairya na dhairyam asti me |
asūn vimokṣyāmi vimuktamānasa
prayaccha vā vāgamṛtaṃ mumūrṣave || 10.54 ||

anarthabhogena vighātadṛṣṭinā
pramādadaṃṣṭreṇa tamoviṣāgninā |
ahaṃ hi daṣṭo hṛdi manmathāhinā
vidhatsva tasmād agadaṃ mahābhiṣak || 10.55 ||

anena daṣṭo madanāhinā hi nā
na kaścid ātmany anavasthitaḥ sthitaḥ |
mumoha vodhyor hy acalātmano mano
babhūva dhīmāṃś ca sa śantanus tanuḥ || 10.56 ||

sthite viśiṣṭe tvayi saṃśraye śraye
yathā na yāmīha vasan diśaṃ diśam |
yathā ca labdhvā vyasanakṣayaṃ kṣayaṃ
vrajāmi tan me kuru śaṃsataḥ sataḥ || 10.57 ||

tato jighāṃsur hṛdi tasya tattamas
tamonudo naktam ivotthitaṃ tamaḥ |
maharṣicandro jagatas tamonudas
tamaḥprahīṇo nijagāda gautamaḥ || 10.58 ||

간청드리오니, 성자시여! 저는 가라앉고 있습니다.
땅처럼 굳건한 분이시여, 제게는 굳건함이 없나이다.
마음이 해방된 분이시여, 저를 해방시켜 주십시오.
죽어가는 이에게 불사의 말씀을 주십시오.
그렇지 않으면 저는 생명을 놓아버릴 것만 같습니다. ‖ 10.54 ‖

재난이라는 볏과 파괴라는 눈, 광기라는 송곳니,
무지라는 뜨거운 독을 지닌 이 욕정이라는 뱀에게
저는 마음을 물리고 말았습니다.
하오니 위대한 치유자시여, 치료약을 주십시오. ‖ 10.55 ‖

왜냐하면 이 욕망의 뱀에게 물린 사람이라면
누구든 불안해하며 스스로를 잃어버리기 때문입니다.
흔들림 없는 영혼을 지닌 보드유의 마음도 혼란에 빠졌고,
그토록 현명하던 샨따누 또한 쇠약해지고 말았다지요.[16] ‖ 10.56 ‖

저는 최고의 피난처인 당신에게 의지합니다.
이처럼 제가 지금 이 세상의 곳곳을 헤매지 않도록,
재난이 소멸한 거처를 얻고자
[당신이 계신] 그리로 가오니,
이토록 간청하는 저를 위하여 주십시오." ‖ 10.57 ‖

그러자, 마치 한밤에 가득한 어둠을 달이 없애듯,
난다의 마음에 있는 그 어둠을 없애고자 하시는 분이요,
위대한 성자들의 달이자 세상의 어둠[17]을 제거하는 분이며
어둠을 여읜 분이신 가우따마께서 말씀하셨답니다. ‖ 10.58 ‖

dhṛtiṃ pariṣvajya vidhūya vikriyāṃ
nigṛhya tāvac chrutacetasī śṛṇu |
imā yadi prārthayase tvam aṅganā
vidhatsva śulkārtham ihottamaṃ tapaḥ || 10.59 ||

imā hi śakyā na balān na sevayā
na saṃpradānena na rūpavattayā |
imā hriyante khalu dharmacaryayā
sacet praharṣaś cara dharmam ādṛtaḥ || 10.60 ||

ihādhivāso divi daivataiḥ samaṃ
vanāni ramyāṇy ajarāś ca yoṣitaḥ |
idaṃ phalaṃ svasya śubhasya karmaṇo
na dattam anyena na cāpy ahetutaḥ || 10.61 ||

kṣitau manuṣyo dhanurādibhiḥ śramaiḥ
striyaḥ kadāciddhi labheta vā na vā |
asaṃśayaṃ yat tv iha dharmacaryayā
bhaveyur etā divi puṇyakarmaṇaḥ || 10.62 ||

tad apramatto niyame samudyato
ramasva yady apsaraso 'bhilipsase |
ahaṃ ca te 'tra pratibhūḥ sthire vrate
yathā tvam ābhir niyataṃ sameṣyasi || 10.63 ||

"흔들림을 버리고 단단함을 붙들어 매어
귀와 마음을 잘 제어하여 듣거라.
만일 네가 이 여인들을 원한다면
그 대가로 이제 최고의 금욕을 수행해야 할 것이다. ‖ 10.59 ‖

왜냐하면 힘, 봉사, 선물, 잘생긴 외모가 아니라,
다르마(진리)를 수행함으로써만이
그녀들을 얻을 수 있기 때문이다.
그들이 너를 기쁘게 한다면 다르마를 수행하거라. ‖ 10.60 ‖

여기 아름다운 숲과 늙지 않는 여인들이 있는 하늘에서
신들과 함께 거주할 수 있으니,
이는 자신의 선한 행위의 과보일 뿐
다른 이가 줄 수 없는 것이며,
원인 없이는 있을 수 없는 일이다. ‖ 10.61 ‖

세속에서 남자는 활쏘기 등의 노력을 하여
여인을 얻을 때도 있고 그렇지 않을 때도 있느니라.
그러나 여기 하늘에서는 다르마를 수행하여 공덕을 행한 자만이
이 여인들을 얻을 수 있다는 사실은 의심할 여지가 없다. ‖ 10.62 ‖

그러니 만일 천녀를 얻고자 한다면,
힘써 주의하여 자제하는 행위에 기뻐하여라.
그리고 네가 자신의 서원을 확고히 한다면
그들과 이곳에서 확실히 조우할 것임을 내가 보증하마." ‖ 10.63 ‖

ataḥparaṃ paramam iti vyavasthitaḥ
parāṃ dhṛtiṃ paramamunau cakāra saḥ |
tato muniḥ pavana ivāmbarāt patan
pragṛhya taṃ punar agaman mahītalam || 10.64 ||

|| saundaranande mahākāvye svarganidarśano nāma daśamaḥ sargaḥ || 10 ||

"이제부터 그리하겠습니다."
그는 최고의 성자 앞에서
자신의 확고함을 다시 보여주었습니다.
그러자 성자께서는 그를 붙잡고
하늘에서 바람처럼 날아 땅으로 돌아왔답니다. ‖ 10.64 ‖

대서사시 『사운다라난다』에서 "천계의 현시"라는 이름의 열 번째 장을 마친다.

〚 미주 〛

1 발라(bala)는 비슈누의 화신이자 『마하바라따』의 주요 인물인 끄리슈나의 형 발라라마(balarāma)를 말한다. 발라라마와 끄리슈나 형제는 신의 혈통을 받아 어릴 때부터 강한 힘을 가지고 있었다고 한다.

2 원문의 표현으로는 께유라(keyūra)라고 되어 있으며 손목이 아닌 팔뚝에 채우는 팔찌를 말한다.

3 암비까(āmbika)는 어떤 인물을 가리키는지 명확하지 않지만, '암비까(ambikā, 빠르와띠 여신의 별칭)에게서 비롯된 자'라는 의미인 암비께야(āmbikeya)와 동일한 뜻으로 파악할 경우, 빠르와띠의 자식인 가네샤(gaṇeśa) 또는 까르띠께야(kārttikeya)를 가리키는 말이 될 수 있다.

4 브라만은 사제로서의 입문식을 거친 후 우빠비따(upavīta)라고 불리는 흰 색 줄을 한쪽 어깨에 걸쳐 감는다. 꼬리를 어깨에 감아올린 호랑이는 이 모습을 비유한 것이다.

5 끼라따(kirāta)는 거친 산악 부족의 명칭이다.

6 바즈라(vajra)는 번개를 뜻하며 인드라의 무기로서, 흔히 금강저로 불린다.

7 인도에서는 계절을 봄(vasanta), 여름(grīṣma), 우기(varṣā), 가을(śarad), 초겨울(hemanta) 그리고 겨울(śiśira) 여섯 가지로 구분하였다.

8 각각 현악기, 관악기, 타악기를 말한다.

9 빠리자따(Pārijāta)는 인드라신의 유원에 있는 나무로서 향기가 매우 좋은 것으로 유명하다.

10 바유르(Bayur) 나무는 꾸셰샤야(Kuśeśaya)를 번역한 것으로, 인도와 미얀마 등 남아시아 등지에서 서식하는 활엽수이다. 잎이 손바닥 모양으로 크고 질겨 잘 찢어지지 않으며, 꽃향기가 좋은 나무로도 유명하다.

11 싱지리까(Śiñjirikā)는 매우 화려한 빛깔의 새로 알려져 있다. 싱지리까라는 이름은 '고음을 낸다'는 뜻의 √śiñj에서 유래한 것으로서 금속이 부딪치는 쨍한 소리나 고음의 노랫소리를 내는 새를 연상시킨다.

12 로찌슈누(rociṣṇu)는 정확히 어떤 새인지 알 수 없다. 다만 로찌슈누라는 단어 자체가 '빛나다, 번쩍이다'라는 뜻이기 때문에 게송에서 설명하는 불처럼 빛나는 부리를 가진 새로 이해할 수 있다.

13 '감관의 말이 이리저리 이끄는 마음이라는 전차'란 불교와 인도 문헌에서 자주 등장하는 비유로서 인간의 마음이 다섯 가지 감각 기관이 취하는 대상을 따라 이리저리 옮겨 다니는 것을 빗댄 것이다.

14 앞의 제46송에서 천녀를 보고 난다는 그녀들에 대한 욕정에 사로잡혀 순다리에 대한 마음이 사라져버렸고 붓다께서 그것을 알아차렸다는 뜻이다.

15 원문의 압자샤뜨루(abja-śatru)와 관련하여 몇 가지 해석이 가능하다. 하나는 '연꽃(abja)의 적(śatru)'인 달을 말하며, 다른 하나는 존스턴의 읽기에 따라 '물고기(abja)를 상징(ketu)으로 지니는 자', 즉 사랑의 신 까마를 말한다. 또 다른 하나는 '물고기(abja)

의 적(śatru)'이라는 의미에서 8장 44송에 등장한 미나리뿌(Mīnaripu)와 동일한 대상을 가리키는 것이다. 쉬바(Śiva)신의 분노의 불길로 인해 몸이 타버린 사랑의 신이라는 신화적 맥락에서 까마의 의미를 취하였다.

16 보드유(Vodhyu)는 확고함이라는 뜻에서 온 이름이지만 그에 맞지 않게 마음이 흔들린 인물이고, 샨따누(Śantanu)는 적정 혹은 평온이라는 뜻에서 온 이름이지만 그러한 상태가 깨졌다는 의미로 사용하여 일종의 말장난을 하고 있다.

17 어둠(tamas)은 물리적인 어둠뿐 아니라 정신적 어둠인 무지(無知)를 뜻하기도 한다.

제11장

천계에 대한 부정

svargāpavādaḥ

tatas tā yoṣito dṛṣṭvā
nando nandanacāriṇīḥ |
babandha niyamastambhe
durdamaṃ capalaṃ manaḥ || 11.1 ||

so 'niṣṭanaiṣkramyaraso
mlānatāmarasopamaḥ |
cacāra viraso dharmaṃ
niveśyāpsaraso hṛdi || 11.2 ||

tathā lolendriyo bhūtvā
dayitendriyagocaraḥ |
indriyārthavaśād eva
babhūva niyatendriyaḥ || 11.3 ||

kāmacaryāsu kuśalo
bhikṣucaryāsu viklavaḥ |
paramācāryaviṣṭabdho
brahmacaryaṃ cacāra saḥ || 11.4 ||

saṃvṛtena ca śāntena
tīvreṇa madanena ca |
jalāgner iva saṃsargāc
chaśāma ca śuśoṣa ca || 11.5 ||

천녀를 얻기 위한 난다의 수행

그리하여 난다는 난다나 정원을 누비는
그 여인들을 보고서,
길들이기 어려운 요동치는 마음을
제어의 기둥에 묶었습니다. ‖ 11.1 ‖

원치 않던 출가의 맛을 본 그는
마치 시드는 연꽃처럼 무미건조해진 채
마음속에는 천녀를 두고서 다르마를 수행하였지요. ‖ 11.2 ‖

감관이 이르는 영역이 연인을 향한 자는
그처럼 흔들리는 감관을 지니고서,
오히려 그 감관의 대상이 지닌 힘으로 인해
감관을 제어한 자가 되었습니다. ‖ 11.3 ‖

욕망을 [따르는] 행위에는 능숙하되
비구로서의 행위에는 미숙한 그가
최고의 스승에게 지지를 받아
금욕행을 행하였던 것이었지요. ‖ 11.4 ‖

그 후 난다는 마치 물과 불에 닿은 것과 같이,
숨 막히는 적정과
날카로운 욕정에 의해
가라앉고 말라갔습니다. ‖ 11.5 ‖

svabhāvadarśanīyo 'pi
vairūpyam agamat param |
cintayāpsarasāṃ caiva
niyamenāyatena ca || 11.6 ||

prastāveṣv api bhāryāyāṃ
priyabhāryas tathāpi saḥ |
vītarāga ivottasthau
na jaharṣa na cukṣubhe || 11.7 ||

taṃ vyavasthitam ājñāya
bhāryārāgāt parāṅmukham |
abhigamyābravīn nandam
ānandaḥ praṇayād idam || 11.8 ||

aho sadṛśam ārabdhaṃ
śrutasyābhijanasya ca |
nigṛhītendriyaḥ svastho
niyame yadi saṃsthitaḥ || 11.9 ||

천녀에 대한 생각과
수행이 깊어지면서
본디 아름다운 모습을 지녔던 그는
더욱 추한 모습이 되었답니다. ‖ 11.6 ‖

그토록 부인에 대한 애정이 깊었음에도,
부인에 대해 생각하는 때조차도
마치 욕정이 떠난 듯 머물렀으며,
희열에 차지도 흔들리지도 않았습니다. ‖ 11.7 ‖

존자 아난다의 질문

난다가 부인을 향한 욕정으로부터
확고히 돌아서게 된 것을 아난다가 알아채었고,
그에게 다가가 애정을 담아
이렇게 말하였습니다. ‖ 11.8 ‖

"아아, [그대가] 만일 감관을 제어하여
스스로에 머무르며
금계(禁戒)가 확고해진 것이라면,
배운 자와 학식 있는 자에게 적합한 시작이군요. ‖ 11.9 ‖

abhiṣvaktasya kāmeṣu
rāgiṇo viṣayātmanaḥ |
yad iyaṃ saṃvid utpannā
neyam alpena hetunā || 11.10 ||

vyādhir alpena yatnena
mṛduḥ pratinivāryate |
prabalaḥ prabalair eva
yatnair naśyati vā na vā || 11.11 ||

durharo mānaso vyādhir
balavāṃś ca tavābhavat |
vinivṛtto yadi sa te
sarvathā dhṛtimān asi || 11.12 ||

duṣkaraṃ sādhv anāryeṇa
māninā caiva mārdavam |
atisargaś ca lubdhena
brahmacaryaṃ ca rāgiṇā || 11.13 ||

ekas tu mama saṃdehas
tavāsyāṃ niyame dhṛtau |
atrānunayam icchāmi
vaktavyaṃ yadi manyase || 11.14 ||

ārjavābhihitaṃ vākyaṃ
na ca gantavyam anyathā |
rūkṣam apy āśaye śuddhe
rukṣato naiti sajjanaḥ || 11.15 ||

허나 애착심을 지닌 자 혹은 대상에게 마음이 가 있는 자,
욕망의 대상들을 끌어안고 있는 자라면
이러한 인식이 일어나는 것에
이는 그 어떤 원인도 되지 않습니다. ‖ 11.10 ‖

가벼운 병은 약간의 노력으로 치료되지만,
깊은 병은 강한 노력을 들인다 하더라도
치료될 수도 있고
그렇지 않을 수도 있지요. ‖ 11.11 ‖

그대가 지닌 마음의 병은
없애기 어려운 데다 강력한 것이랍니다.
만일 그대의 그 [병]이 치유된다면
그대는 모든 경우에 있어 확고한 자가 됩니다. ‖ 11.12 ‖

고결하지 못한 자는 선한 것을 행하기 어렵고,
오만한 자는 부드러운 것을 행하기 어려우며,
탐욕스러운 자는 포기하는 것을 행하기 어렵고,
욕정이 가득한 자는 금욕을 행하기 어려운 법입니다. ‖ 11.13 ‖

그대의 이 확고한 제어에 대해,
나는 하나의 의문을 [가지게 되었습니다.]
그대가 혹여 답할 수 있다면
이에 대해 경의를 표하고 싶습니다. ‖ 11.14 ‖

솔직하게 표현되는 말은
다른 뜻으로는 이해되지 않는 법이지요.
거친 말이라도 그 의도가 청정하다면
선한 자는 이를 거칠다 하지 않는답니다. ‖ 11.15 ‖

apriyaṃ hi hitaṃ snigdham
asnigdham ahitaṃ priyam |
durlabhaṃ tu priyahitaṃ
svādu pathyam ivauṣadham || 11.16 ||

viśvāsaś cārthacaryā ca
sāmānyaṃ sukhaduḥkhayoḥ |
marṣaṇaṃ praṇayaś caiva
mitravṛttir iyaṃ satām || 11.17 ||

tad idaṃ tvā vivakṣāmi
praṇayān na jighāṃsayā |
tac chreyo hi vivakṣā me
yat te nārhāmy upekṣitum || 11.18 ||

apsarobhṛtako dharmaṃ
carasīty abhidhīyase |
kim idaṃ bhūtam āho svit
parihāso 'yam īdṛśaḥ || 11.19 ||

yadi tāvad idaṃ satyaṃ
vakṣyāmy atra yad auṣadham |
auddhatyam atha vaktṝṇām
abhidhāsyāmi tattvataḥ || 11.20 ||

ślakṣṇapūrvam atho tena
hṛdi so 'bhihatas tadā |
dhyātvā dīrghaṃ niśaśvāsa
kiṃcic cāvāṅmukho 'bhavat || 11.21 ||

왜냐하면 선한 충고는 불쾌하지만 도움 되는 것이고,
좋지 않은 충고는 기분 좋지만 도움이 되지 않기 때문입니다.
하지만 기분 좋고 도움까지 되는 [말]은 얻기 힘든 법이니,
마치 효과가 좋은 데다 달콤하기까지 한 약과 같지요. ‖ 11.16 ‖

신뢰, [타인의] 이익을 위한 행위,
기쁨과 고통을 함께하는 것,
인내와 애정, 이러한 것은
선한 사람들에게는 우애의 행위이지요. ‖ 11.17 ‖

그러니 그대를 해하려는 것이 아니라
애정을 담아 이를 말하려는 것입니다.
내가 그저 넘길 수 없어 말하고자 하는 바는
바로 그대에게 최선의 것이기 때문이지요. ‖ 11.18 ‖

[그대가] 천녀들을 품고자
다르마를 수행한다고 하더군요.
이것이 사실인가요?
설마 이런 건 농담이겠지요! ‖ 11.19 ‖

만일 이것이 사실이라면
이 자리에서 그 치료법을 말해주겠습니다.
혹여 그저 떠벌리기 좋아하는 사람들의 주제넘은 [말]이라면
[그들에게] 진실을 말하겠습니다." ‖ 11.20 ‖

이리하여 [아난다]로부터
마음을 부드럽게 달래는 말을 들었을 때,
난다는 생각에 잠기고 나서 깊은 한숨을 쉬고,
살짝 고개를 떨구었습니다. ‖ 11.21 ‖

tatas tasyeṅgitaṃ jñātvā
manaḥsaṃkalpasūcakam |
babhāṣe vākyam ānando
madhurodarkam apriyam || 11.22 ||

ākāreṇāvagacchāmi
tava dharmaprayojanam |
yaj jñātvā tvayi jātaṃ me
hāsyaṃ kāruṇyam eva ca || 11.23 ||

yathāsanārthaṃ skandhena
kaścid gurvīṃ śilāṃ vahet |
tadvat tvam api kāmārthaṃ
niyamaṃ voḍhum udyataḥ || 11.24 ||

titāḍayiṣayā dṛpto
yathā meṣo 'pasarpati |
tadvad abrahmacaryāya
brahmacaryam idaṃ tava || 11.25 ||

cikrīṣanti yathā paṇyaṃ
vaṇijo lābhalipsayā |
dharmacaryā tava tathā
paṇyabhūtā na śāntaye || 11.26 ||

존자 아난다의 교설

그리고 마음속 의도를 나타내는
난다의 행동거지를 알아채고서,
아난다는 기분 좋지는 않을지언정
좋은 결과를 낳는 말을 하였습니다. ‖ 11.22 ‖

“[지금 그] 행동으로 저는
그대가 다르마를 수행하는 목적을 알게 되었습니다.
이를 알게 되니 그대를 향한 웃음과 동정이
저에게 생겨나는군요. ‖ 11.23 ‖

마치 어떤 이가 앉을 자리를 마련하려고
어깨에 무거운 바위를 지려는 것처럼,
그대 또한 욕망의 대상 때문에 [감관의] 제어를 견디려
억지로 애쓰는 것과 같습니다. ‖ 11.24 ‖

마치 야생의 양이
들이받기 위해 물러나는 것처럼,
그대의 이 금욕은
[오히려] 음행(淫行)을 위한 것이로군요. ‖ 11.25 ‖

마치 상인들이 이득을 얻으려고 대가를 거래하듯이,
그와 같이 그대의 다르마 수행은
적정을 위한 것이 아니라
[수행의] 대가만을 위한 것입니다. ‖ 11.26 ‖

yathā phalaviśeṣārthaṃ
bījaṃ vapati kārṣakaḥ |
tadvad viṣayakārpaṇyād
viṣayāṃs tyaktavān asi || 11.27 ||

ākāṅkṣec ca yathā rogaṃ
pratīkārasukhepsayā |
duḥkham anvicchati bhavāṃs
tathā viṣayatṛṣṇayā || 11.28 ||

yathā paśyati madhv eva
na prapātam avekṣate |
paśyasy apsarasas tadvad
bhraṃśam ante na paśyasi || 11.29 ||

hṛdi kāmāgninā dīpte
kāyena vahato vratam |
kim idaṃ brahmacaryaṃ te
manasābrahmacāriṇaḥ || 11.30 ||

saṃsāre vartamānena
yadā cāpsarasas tvayā |
prāptās tyaktāś ca śataśas
tābhyaḥ kim iti te spṛhā || 11.31 ||

tṛptir nāstīndhanair agner
nāmbhasā lavaṇāmbhasaḥ |
nāpi kāmaiḥ satṛṣṇasya
tasmāt kāmā na tṛptaye || 11.32 ||

마치 농부가 특정 과실을 얻기 위해 씨를 뿌리듯,
그와 같이 대상을 얻고 싶은 [마음에]
대상을 [잠시] 멀리하는 것이로군요. ‖ 11.27 ‖

마치 치료를 통해 편안한 상태를 원하여
외려 병에 걸리려 하듯,
그처럼 그대는 대상을 향한 갈망 때문에
외려 고통을 찾아다니는군요. ‖ 11.28 ‖

마치 꿀을 좇느라
절벽을 보지 못하는 것처럼,
그와 같이 그대는 천녀들을 바라보다
종국에는 추락할 것을 보지 못하지요. ‖ 11.29 ‖

마음에서는 욕망의 불길이 타오르거늘
그대는 몸으로만 서원을 지키고
마음으로는 금욕을 행하고 있지 않으니
이게 무슨 금욕입니까? ‖ 11.30 ‖

그대가 윤회의 세계에서 구르며
천녀들을 수백 번은 얻고 또 버렸거늘,
어찌하여 그대는 [여지껏]
그들에 대한 욕망을 지닌단 말입니까? ‖ 11.31 ‖

불은 [아무리 많은] 장작으로도 만족하지 않고,
바다는 [아무리 많은] 물에도 만족하지 않습니다.
갈애를 느끼는 자 또한 [아무리 많은] 욕망의 대상이 있어도
만족하지 않지요.
때문에 욕망의 대상들은 결코 만족을 줄 수 있는 것이 아닙니다. ‖ 11.32 ‖

atṛptau ca kutaḥ śāntir
aśāntau ca kutaḥ sukham |
asukhe ca kutaḥ prītir
aprītau ca kuto ratiḥ || 11.33 ||

riraṃsā yadi te tasmād
adhyātme dhīyatāṃ manaḥ |
praśāntā cānavadyā ca
nāsty adhyātmasamā ratiḥ || 11.34 ||

na tatra kāryaṃ tūryais te
na strībhir na vibhūṣaṇaiḥ |
ekas tvaṃ yatratatrasthas
tayā ratyābhiraṃsyase || 11.35 ||

mānasaṃ balavad duḥkhaṃ
tarṣe tiṣṭhati tiṣṭhati |
taṃ tarṣaṃ chindhi duḥkhaṃ hi
tṛṣṇā cāsti ca nāsti ca || 11.36 ||

sampattau vā vipattau vā
divā vā naktam eva vā |
kāmeṣu hi satṛṣṇasya
na śāntir upapadyate || 11.37 ||

만족 없이 어떻게 적정이 있으며
적정 없이 어떻게 행복이 있겠습니까?
행복 없이 어떻게 기쁨이 있으며
기쁨 없이 어떻게 희열이 있겠습니까? ‖ 11.33 ‖

그러니 만일 그대가 희열을 원한다면
마음을 자신의 내면에 두도록 하세요.
자신의 내면에 있는 것만큼
고요하고 흠잡을 데 없는 희열은 없답니다. ‖ 11.34 ‖

그 [내면의 희열]에 머무는 그대는
악기도, 여자도, 장신구도 필요치 않습니다.
그대가 혼자이든 어디에 있든
그 희열로 인해 즐거움을 느낄 것입니다. ‖ 11.35 ‖

갈증이 남아있는 한
마음의 고통은 강하게 남아 있습니다.
그 갈증을 끊어내세요.
갈애와 고통은 [동시에] 존재하거나 존재하지 않기 때문입니다. ‖ 11.36 ‖

좋을 때나 나쁠 때나
낮이나 밤이나
욕망의 대상을 향한 갈애를 느끼는 자에게는
적정이 일어날 수 없답니다. ‖ 11.37 ‖

kāmānāṃ prārthanā duḥkhā
prāptau tṛptir na vidyate |
viyogān niyataḥ śoko
viyogaś ca dhruvo divi || 11.38 ||

kṛtvāpi duṣkaraṃ karma
svargaṃ labdhvāpi durlabham |
nṛlokaṃ punar evaiti
pravāsāt svagṛhaṃ yathā || 11.39 ||

yadā bhraṣṭasya kuśalaṃ
śiṣṭaṃ kiṃcin na vidyate |
tiryakṣu pitṛloke vā
narake vopapadyate || 11.40 ||

tasya bhuktavataḥ svarge
viṣayān uttamān api |
bhraṣṭasyārtasya duḥkhena
kim āsvādaḥ karoti saḥ || 11.41 ||

śyenāya prāṇivātsalyāt
svamāṃsāny api dattavān |
śibiḥ svargāt paribhraṣṭas
tādṛk kṛtvāpi duṣkaram || 11.42 ||

천계의 한계에 대한 인식

욕망의 대상에 대한 갈망은 괴로움이며,
[대상을] 획득하더라도 만족은 생기지 않습니다.
[대상과의] 이별로부터는 분명히 슬픔이 생겨나며,
천계에서의 이별 또한 확정되어 있지요. ‖ 11.38 ‖

어려운 행위를 했다 한들,
닿기 어려운 천계에 도달했다 한들,
마치 여행을 가서도 집으로 돌아오는 것처럼
인간 세계로 다시 돌아오게 마련입니다. ‖ 11.39 ‖

[천계에서] 내려가는 자에게
남은 선업이 아무것도 없을 때에는
축생계나 조상계나 지옥계에 태어납니다. ‖ 11.40 ‖

천계에서 최고의 대상들을 향유하고도
[인간 세계로] 내려가는 고통에 빠진 괴로운 그에게
그깟 [대상에 대한] 향유가 무슨 소용입니까? ‖ 11.41 ‖

시비 왕은[1] 생명에 대한 사랑 때문에
매에게 자신의 신체까지 내어주었지만,
그렇게 어려운 일을 하고도
천계에서 내려왔습니다. ‖ 11.42 ‖

śakrasyārdhāsanaṃ gatvā
pūrvapārthiva eva yaḥ |
sadevatvaṃ gate kāle
māndhātādhaḥ punar yayau || 11.43 ||

rājyaṃ kṛtvāpi devānāṃ
papāta nahuṣo bhuvi |
prāptaḥ kila bhujaṃgatvaṃ
nādyāpi parimucyate || 11.44 ||

tathaivelivilo rājā
rājavṛttena saṃskṛtaḥ |
svargaṃ gatvā punar bhraṣṭaḥ
kūrmībhūtaḥ kilārṇave || 11.45 ||

bhūridyumno yayātiś ca
te cānye ca nṛparṣabhāḥ |
karmabhir dyām abhikrīya
tatkṣayāt punar atyajan || 11.46 ||

asurāḥ pūrvadevās tu
surair apahṛtaśriyaḥ |
śriyaṃ samanuśocantaḥ
pātālaṃ śaraṇaṃ yayuḥ || 11.47 ||

kiṃ ca rājarṣibhis tāvad
asurair vā surādibhiḥ |
mahendrāḥ śataśaḥ petur
māhātmyam api na sthiram || 11.48 ||

전설적인 왕 만다뜨리[2]는
인드라의 왕좌 절반을 얻고 나서도
신으로서의 기한이 지나자
다시 [지상으로] 내려왔지요. ‖ 11.43 ‖

나후샤[3]는 신들을 지배하고서도
땅으로 떨어졌습니다.
그는 뱀이 되었고,
지금까지도 [그 저주에서] 풀려나지 않았답니다. ‖ 11.44 ‖

마찬가지로 일리빌라[4] 왕은
왕다운 행위를 완성하여 천계로 갔지만,
다시 떨어져 바닷속 거북이가 되었답니다. ‖ 11.45 ‖

부리드윰나[5]와 야야띠,[6]
그리고 다른 훌륭한 왕[7]들은
선업으로 천계를 샀지만
그 [선업의 과보]가 소진되자 다시 [천계를] 떠나야 했습니다. ‖ 11.46 ‖

그 옛날 신이었던 아수라들은
수라(神)들에 의해 영광을 잃은 채
[과거의] 영광을 애도하며
땅 아래로 피신을 갔더랬지요. ‖ 11.47 ‖

그러니 성자왕, 아수라 혹은 수라 따위가
다 무슨 소용이겠습니까?
수백의 위대한 왕들이 [천계에서] 떨어졌으니,
그 어떠한 위대한 지위인들 보장된 것이 아니랍니다. ‖ 11.48 ‖

saṃsadaṃ śobhayitvaindrīm
upendraś ca trivikramaḥ |
kṣīṇakarmā papātorvīṃ
madhyād apsarasāṃ rasan || 11.49 ||

hā caitraratha hā vāpi
hā mandākini hā priye |
ity ārtā vilapanto 'pi
gāṃ patanti divaukasaḥ || 11.50 ||

tīvraṃ hy utpadyate duḥkham
iha tāvan mumūrṣatām |
kiṃ punaḥ patatāṃ svargād
evānte sukhasevinām || 11.51 ||

rajo gṛhṇanti vāsāṃsi
mlāyanti paramāḥ srajaḥ |
gātrebhyo jāyate svedo
ratir bhavati nāsane || 11.52 ||

etāny ādau nimittāni
cyutau svargād divaukasām |
aniṣṭānīva martyānām
ariṣṭāni mumūrṣatām || 11.53 ||

sukham utpadyate yac ca
divi kāmān upāśnatām |
yac ca duḥkhaṃ nipatatāṃ
duḥkham eva viśiṣyate || 11.54 ||

그리고 세 걸음을 걷는 자[8] 우뻰드라[9]는
천상의 회당을 밝혔지만,
선업[의 과보]가 소진하니
천녀들과 즐기던 와중에 땅으로 떨어지고 말았지요. ‖ 11.49 ‖

이처럼 고통받은 천계의 사람들은
"아아! 간다르바 왕의 숲[10]이여, 아아! 연못이여,
아아! 천계의 강(갠지스)이여, 아아! 나의 사랑이여!"
라고 한탄하며 땅으로 떨어졌습니다. ‖ 11.50 ‖

지금 이 지상세계에서도
필멸자들은 극심한 고통을 겪거늘,
하물며 천계에서 [지고의] 행복을 누린 이들이라면
지상으로 떨어질 때 [그 고통이] 얼마나 더 심하겠습니까? ‖ 11.51 ‖

옷에는 더러운 먼지가 쌓이고,
아름다운 화환은 시들며,
몸에는 땀이 나고,
[그 어떤] 상태에서도 즐거울 것이 없게 됩니다. ‖ 11.52 ‖

이는 천계에 있는 이들이 하늘에서 떨어질 때
처음 [나타나는] 징조입니다.
필멸자들이 원치 않는다 한들
죽음을 피할 수 없는 것처럼 말이지요. ‖ 11.53 ‖

천계에서 욕망의 대상을 음미할 때 일어나는 행복과
그것을 잃었을 때 일어나는 고통 가운데
[잃었을 때의] 괴로움이 더 큰 법입니다. ‖ 11.54 ‖

tasmād asvantam atrāṇam
aviśvāsyam atarpakam |
vijñāya kṣayiṇaṃ svargam
apavarge matiṃ kuru || 11.55 ||

aśarīraṃ bhavāgraṃ hi
gatvāpi munir udrakaḥ |
karmaṇo 'nte cyutas tasmāt
tiryagyoniṃ prapatsyate || 11.56 ||

maitrayā saptavārṣikyā
brahmalokam ito gataḥ |
sunetraḥ punar āvṛtto
garbhavāsam upeyivān || 11.57 ||

yadā caiśvaryavanto 'pi
kṣayiṇaḥ svargavāsinaḥ |
ko nāma svargavāsāya
kṣeṣṇave spṛhayed budhaḥ || 11.58 ||

sūtreṇa baddho hi yathā vihaṃgo
vyāvartate dūragato 'pi bhūyaḥ |
ajñānasūtreṇa tathāvabaddho
gato 'pi dūraṃ punar eti lokaḥ || 11.59 ||

그러므로 천계는 좋은 결과를 낳지 않고,
위태로우며, 믿을 수 없는 데다 불만족스럽고,
[결국은] 소멸할 것임을 알고
해탈에 마음을 집중하세요. || 11.55 ||

성자 우드라까[11]는
신체가 사라진 유정천(有頂天)[12]에 이르렀지만
선업의 과보가 끝나면
그 경계에서 나와서 축생으로 떨어질 것입니다. || 11.56 ||

수네뜨라[13]는 7년 동안 [베푼] 자비로
범천계에 도달했지만
그 이후 되돌아와서
다시 자궁 속으로 들어가게 되었지요. || 11.57 ||

초월적인 능력을 가졌다 한들
천계에 머무는 것은 결국 끝나게 마련이거늘
대체 어떤 현자가
소멸하는 천계에서 사는 것을 갈망하겠습니까? || 11.58 ||

마치 줄에 묶인 새가 멀리 갔다 해도
다시 돌아오게 되는 것처럼
무지라는 줄에 묶인 사람 또한 멀리 갔다 해도
다시 돌아오게 마련입니다. || 11.59 ||

kṛtvā kālavilakṣaṇaṃ pratibhuvā mukto yathā bandhanād
bhuktvā veśmasukhāny atītya samayaṃ bhūyo viśed bandhanaṃ |
tadvad dyāṃ pratibhūvad ātmaniyamair dhyānādibhiḥ prāptavān
kāle karmasu teṣu bhuktaviṣayeṣv ākṛṣyate gāṃ punaḥ || 11.60 ||

antarjālagatāḥ pramattamanaso mīnās taḍāge yathā
jānanti vyasanaṃ na rodhajanitaṃ svasthāś caranty ambhasi |
antarlokagatāḥ kṛtārthamatayas tadvad divi dhyāyino
manyante śivam acyutaṃ dhruvam iti svaṃ sthānam āvartakam || 11.61 ||

taj janmavyādhimṛtyuvyasanaparigataṃ matvā jagad idaṃ
saṃsāre bhrāmyamāṇaṃ divi nṛṣu narake tiryakpitṛṣu ca |
yat trāṇaṃ nirbhayaṃ yac chivam amarajaraṃ niḥśokam amṛtaṃ
taddhetor brahmacaryaṃ cara jahihi calaṃ svargaṃ prati rucim || 11.62 ||

|| saundaranande mahākāvye svargāpavādo nāma aikādaśaḥ sargaḥ || 11 ||

마치 어떤 사람이 보석금을 내고 감옥에서 잠시 풀려났다가도
집의 안락함을 만끽한 후 기한이 지나면
다시 감옥으로 들어가야 하는 것처럼,
그 보석금과 같은 자제와 명상 등으로 천계를 얻었다가도
선업만큼 그 대상들을 만끽한 후 때가 되면
다시 지상으로 끌려 내려오게 되는 것이랍니다. ‖ 11.60 ‖

마치 물속을 다니는 물고기들이
포획당하는 재앙을 알지 못한 채
무심히 그물이 쳐진 물속을 편안히 다니는 것처럼,
마찬가지로 천계에서 목적을 달성했다 생각하며
세상을 떠도는 수행자들은
[천계에 머무는 상황이] 전복될 수 있음에도
스스로의 위치를 신성하고 확실하고 변함없다고 착각하지요. ‖ 11.61 ‖

그러니 이 세상이
천상계, 인간계, 지옥계, 축생계, 조상계를 돌아다니는 윤회 속에서
태어남 - 질병 - 죽음 - 재앙으로 둘러싸인 것을 알고,
두려움 없는 피난처요, 늙음과 죽음 없으며 슬픔 없는 불사의 해방처인
그곳을 위해 금욕(梵行)을 행하되,
위태로운 천계에 대한 갈망을 버리십시오. ‖ 11.62 ‖

대서사시 『사운다라난다』에서 "천계에 대한 부정"이라는 이름의 열한 번째 장을 마친다.

〚 미주 〛

1 시비(Śibi) 왕은 매에게 쫓기는 비둘기를 구하기 위해 자신의 살을 기꺼이 내어준 자비심 깊은 왕으로서, 문헌마다 다소간의 차이가 있지만 『마하바라따』, 『자따까』, 『자따까말라』 등에 공통적으로 등장한다.

2 만다뜨리(Māndhātṛ)는 익슈바꾸 왕조에 속하는 전설적인 왕의 이름이다.

3 나후샤(Nahuṣa)는 야야띠(Yayāti) 왕의 아버지이자 아유스(Āyus)의 아들로, 달 왕조의 왕이었지만 인드라가 브리뜨라를 죽였을 때 왕좌에서 쫓겨났으며, 뱀이 되는 저주를 받았다.

4 일리빌라(Ilivila)는 일리빌라(Ilivilā)의 자식인 전설적인 왕 딜리빠(Dilīpa)를 의미하는 것으로 보인다.

5 부리드윰나(Bhūridyumna)는 죽음의 신 야마(Yama)의 회당에 있던 왕으로서, 암소를 보시하여 천상계로 가게 된 인물이다.

6 야야띠(Yayāti)는 달 왕조(candra-vaṃśa)의 위대한 왕이다. 제1장 미주 24 참조.

7 원문의 리샤바(ṛṣabha)는 황소를 의미하며, 일반적으로 '강한 자, 최고인 자'를 의미하는 상징적인 동물이다. 따라서 왕들 가운데 최고의 왕이라는 뜻이 된다.

8 원문에서 뜨리비끄라마(Trivikrama)라고 하였는데 '세 걸음을 걸은 자'라는 뜻으로 비슈누의 화신인 바마나(Vāmana)의 별칭이다. 세 걸음만으로 악마 발리(Bali)를 정복한 이야기와 관련되어 있다.

9 우뻰드라(Upendra)는 '인드라의 동생'이라는 의미로서 바마나의 또 다른 별칭이다.

10 원문의 짜이뜨라라타(Caitraratha)는 간다르바(gandharva)들이 사는 숲의 이름이다. 제2장 미주 12 참조.

11 우드라까(Udraka)는 붓다가 출가 후 가르침을 받은 스승의 이름이다. 빨리어 전승에서는 웃따까 라마뿟따(Uddaka Rāmaputta)라고 하며 이 인물에게 비상비비상처(非想非非想處) 선정을 배웠다고 한다.

12 유정천(Bhavāgra)은 불교 선정 단계 가운데 '물질적 형태가 사라진'(arūpa) 무색계(無色界) 선정(arūpa-samāpatti) 중 마지막 단계를 말하는 것으로서 비상비비상처와 같은 단계이다.

13 수네뜨라(Sunetra)는 『앙굿따라 니까야』의 「수네뜨라 경」 등에 등장하는 스승의 이름으로, 범천계에 드는 교리를 가르친 인물이다.

제12장

통찰

pratyavamarśaḥ

apsarobhṛtako dharmaṃ
carasīty atha coditaḥ |
ānandena tadā nandaḥ
paraṃ vrīḍam upāgamat || 12.1 ||

tasya vrīḍena mahatā
pramodo hṛdi nābhavat |
aprāmodyena vimukhaṃ
nāvatasthe vrate manaḥ || 12.2 ||

kāmarāgapradhāno 'pi
parihāsasamo 'pi san |
paripākagate hetau
na sa tan mamṛṣe vacaḥ || 12.3 ||

aparīkṣakabhāvāc ca
pūrvaṃ matvā divaṃ dhruvaṃ |
tasmāt kṣeṣṇuṃ pariśrutya
bhṛśaṃ saṃvegam eyivān || 12.4 ||

tasya svargān nivavṛte
saṃkalpāśvo manorathaḥ |
mahāratha ivonmārgād
apramattasya sāratheḥ || 12.5 ||

잘못된 동기에 대해 반성하는 난다

그리하여 아난다에게서
"그대는 천녀들을 보상으로 삼아
다르마를 수행하고 있군요."라는 말을 듣고
난다는 너무나 부끄러워졌습니다. ‖ 12.1 ‖

크나큰 부끄러움으로
그의 마음에 기쁨이 사라지니
기쁨이 없음으로 인해 얼굴을 떨구고
마음을 서원에 두지 못하였지요. ‖ 12.2 ‖

욕망의 대상들에 대한 애착을 [수행의] 주된 목적으로 삼은 채
[다른 이의] 비웃음에 평정을 유지하려 하였지만,
[수행의] 동기가 무르익음에 따라 [자신이 잘못이 드러나자]
난다는 그 말을 견디지 못하였던 것입니다. ‖ 12.3 ‖

게다가 제대로 관찰하지 못하였던 탓에
이전에는 천계가 영원하다 생각했지만
반드시 끝이 있다는 것을 알고 나니
강한 동요가 일었습니다. ‖ 12.4 ‖

마치 주의 깊은 전차꾼이
잘못 든 길에서 큰 전차를 물리듯,
그는 의도라는 말이 끄는 마음의 전차를
천계로부터 물렸습니다. ‖ 12.5 ‖

svargatarṣān nivṛttaś ca
sadyaḥ svastha ivābhavat |
mṛṣṭād apathyād virato
jijīviṣur ivāturaḥ || 12.6 ||

visasmāra priyāṃ bhāryām
apsarodarśanād yathā |
tathānityatayodvignas
tatyājāpsaraso 'pi saḥ || 12.7 ||

mahatām api bhūtānām
āvṛttir iti cintayan |
saṃvegāc ca sarāgo 'pi
vītarāga ivābhavat || 12.8 ||

babhūva sa hi saṃvegaḥ
śreyasas tasya vṛddhaye |
dhātur edhir ivākhyāte
paṭhito 'kṣaracintakaiḥ || 12.9 ||

na tu kāmān manas tasya
kenacij jagṛhe dhṛtiḥ |
triṣu kāleṣu sarveṣu
nipāto 'stir iva smṛtaḥ || 12.10 ||

마치 병에 걸린 자가 살고 싶어지매,
건강하지 못한 자극적인 [음식]을 끊듯,
천계에 대한 갈증에서 돌아선 순간
난다는 좋은 상태에 이른 자와 같아졌습니다. || 12.6 ||

마치 천녀들을 보게 되어
사랑하는 부인을 잊었던 것처럼,
그와 같이 그는 영원하지 않음에 실망하여
천녀들마저 버렸던 것입니다. || 12.7 ||

위대한 존재들도
[지상으로] 돌아오게 됨을 알고서
동요로 인한 애착은 남아 있었지만
애착을 버린 것같이 되었지요.[1] || 12.8 ||

실로 그 동요가 생겨난 것은
그의 뛰어남이 증장되기 위함이었습니다.
마치 문법가들이 하는 설명에서,
['생기다'는 뜻의 어근 브후(bhū) 뒤에]
['증장하다'는 뜻의] 어근 에드흐(edh)가 명시된 것과 같았지요.[2] || 12.9 ||

그러나 마치 [과거 · 현재 · 미래] 세 시제 전부에서
[현재형] 아스띠(asti)라는 불변화사가 나타나는 것처럼,
[과거 · 현재 · 미래 삼세에 언제나 존재하는] 욕망 때문에
그의 마음을 그 어떠한 것으로도 붙잡지 못하였던 것이었습니다.[3] || 12.10 ||

khelagāmī mahābāhur
gajendra iva nirmadaḥ |
so 'bhyagacchad guruṃ kāle
vivakṣur bhāvam ātmanaḥ || 12.11 ||

praṇamya ca gurau mūrdhnā
bāṣpavyākulalocanaḥ |
kṛtvāñjalim uvācedaṃ
hriyā kiṃ cid avāṅmukhaḥ || 12.12 ||

apsaraḥprāptaye yan me
bhagavan pratibhūr asi |
nāpsarobhir mamārtho 'sti
pratibhūtvaṃ tyajāmy aham || 12.13 ||

śrutvā hy āvartakaṃ svargaṃ
saṃsārasya ca citratām |
na martyeṣu na deveṣu
pravṛttir mama rocate || 12.14 ||

yadi prāpya divaṃ yatnān
niyamena damena ca |
avitṛptāḥ patanty ante
svargasya tyāgine namaḥ || 12.15 ||

다르마를 향한 길에 대한 질문

마치 코끼리 왕이 발정기를 벗어나
당당히 걸어 나가듯,
그는 [애욕을 벗어나] 자신의 상태를 아뢰고자
적합한 때에 스승(붓다)께 다가갔지요. ‖ 12.11 ‖

그리고 스승에게 머리 조아려 인사드리고서,
눈물 그렁이는 눈으로 합장을 하고,
부끄러움으로 살짝 고개를 떨군 채
이렇게 말씀드렸습니다. ‖ 12.12 ‖

"세존이시여,
천녀들을 얻기 위한 확신을 저에게 [주셨지만],
저의 목적이 천녀들과 함께하지 않으매
저는 [그] 확신을 버리옵니다. ‖ 12.13 ‖

언제고 천계로부터 되돌아온다는 것과
윤회의 다양함에 대해 듣고 나니
인간들에 대해서도 신들에 대해서도
저는 동하지 않습니다. ‖ 12.14 ‖

만일 [사람들이] 애써
제어와 통제를 통해 천계를 얻고 나서도,
끝내 불만족한 상태에 떨어지는 것이라면,
천계를 버리는 자에게 경배를 드리나니. ‖ 12.15 ‖

ataś ca nikhilaṃ lokaṃ
viditvā sacarācaram |
sarvaduḥkhakṣayakare
tvaddharme parame rame || 12.16 ||

tasmād vyāsasamāsābhyāṃ
tan me vyākhyātum arhasi |
yac chrutvā śṛṇvatāṃ śreṣṭha
paramaṃ prāpnuyāṃ padam || 12.17 ||

tatas tasyāśayaṃ jñātvā
vipakṣāṇīndriyāṇi ca |
śreyaś caivāmukhībhūtaṃ
nijagāda tathāgataḥ || 12.18 ||

aho pratyavamarśo 'yaṃ
śreyasas te purojavaḥ |
araṇyāṃ mathyamānāyām
agner dhūma ivotthitaḥ || 12.19 ||

ciram unmārgavihṛto
lolair indriyavājibhiḥ |
avatīrṇo 'si panthānaṃ
diṣṭyā dṛṣṭyāvimūḍhayā || 12.20 ||

지금부터는 움직이는 존재와 움직이지 않는 존재가 있는
세상 전체를 알고서
일체의 고통을 파괴하는
당신의 최고의 다르마에 머물겠나이다. ‖ 12.16 ‖

하오니 듣는 자들 가운데 가장 뛰어난 분(붓다)이여,
듣고 나서 최상의 경지를 얻을 수 있는 그 [길]을
자세하게, 또한 간결하게[4]
저에게 말씀해 주시기를 바라옵니다." ‖ 12.17 ‖

다르마 성취에 대한 의욕

그러자 여래(붓다)께서는 그의 마음의 상태와,
그의 감관들이 [예전과] 반대쪽으로 [향해] 있는 것과,
수승함이 나타나는 것을 아시고서
이렇게 말씀하셨습니다. ‖ 12.18 ‖

"아아, 부시나무가 문질러져
불 붙기에 앞서 연기가 일어난 것처럼
네가 수승한 [상태를] 얻기에 앞서
이 통찰이 먼저 생겨났구나. ‖ 12.19 ‖

오랫동안 날뛰는 감관의 종마들에 의해
잘못된 길로 끌려 다닌 [그대가]
다행스럽게도 지혜로운 관점을 갖추어
올바른 길로 내려선 것이로다. ‖ 12.20 ‖

adya te saphalaṃ janma
lābho 'dya sumahāṃs tava |
yasya kāmarasajñasya
naiṣkramyāyotsukaṃ manaḥ || 12.21 ||

loke 'sminn ālayārāme
nivṛttau durlabhā ratiḥ |
vyathante hy apunarbhāvāt
prapātād iva bāliśāḥ || 12.22 ||

duḥkhaṃ na syāt sukhaṃ me syād
iti prayatate janaḥ |
atyantaduḥkhoparamaṃ
sukhaṃ tac ca na budhyate || 12.23 ||

aribhūteṣv anityeṣu
satataṃ duḥkhahetuṣu |
kāmādiṣu jagat saktaṃ
na vetti sukham avyayam || 12.24 ||

sarvaduḥkhāpahaṃ tat tu
hastastham amṛtaṃ tava |
viṣaṃ pītvā yad agadaṃ
samaye pātum icchasi || 12.25 ||

오늘 그대의 생에 결실이 생기고,
오늘 그대에게 큰 얻음이 있나니,
욕망의 대상에 대한 맛을 앎에도
[그대의] 마음은 무심함을 열망하고 있으니 말이다. ‖ 12.21 ‖

욕망의 대상을 즐기는 이 세상에서
버렸을 때 [생기는] 기쁨은 얻기 어려운 법이니,
어리석은 자들은 다시 태어나는 일 없는 [상태]를
마치 절벽에서 떨어지는 것처럼 두려워하기 때문이다. ‖ 12.22 ‖

'나는 고통스럽지 않을 테요. 나는 행복하리라'라며
사람들은 애를 쓴다.
하지만 끝없는 고통을 멈추는
[진정한] 행복에 대해서는 알지 못하나니. ‖ 12.23 ‖

욕망의 대상들은 적과 같은 존재이고
무상하며 끊임없이 고통의 원인이 되거늘,
세상 사람들은 [그것에] 집착하며
영원한 행복을 알지 못하는 법이로다. ‖ 12.24 ‖

하지만 그대가 독을 마셨을 때에
때맞추어 마시고자 갈망하는 해독제이며
모든 고통을 없애는 불사(不死)라는 [이 영약]이
그대의 손안에 있나니. ‖ 12.25 ‖

anarhasaṃsārabhayaṃ
mānārhaṃ te cikīrṣitam |
rāgāgnis tādṛśo yasya
dharmonmukhaparāṅmukhaḥ || 12.26 ||

rāgoddāmena manasā
sarvathā duṣkarā dhṛtiḥ |
sadoṣaṃ salilaṃ dṛṣṭvā
pāntheneva pipāsunā || 12.27 ||

īdṛśī nāma buddhis te
niruddhā rajasābhavat |
rajasā caṇḍavātena
vivasvata iva prabhā || 12.28 ||

sā jighāṃsus tamo hārdaṃ
yā samprati vijṛmbhate |
tamo naiśaṃ prabhā saurī
vinirgīrṇeva meruṇā || 12.29 ||

yuktarūpam idam caiva
śuddhasattvasya cetasaḥ |
yat te syān naiṣṭhike sūkṣme
śreyasi śraddadhānatā || 12.30 ||

dharmacchandam imaṃ tasmād
vivardhayitum arhasi |
sarvadharmā hi dharmajña
niyamāc chandahetavaḥ || 12.31 ||

가치 없는 윤회를 기피하려는
그대의 의도는 존중할 만하구나.
네가 지닌 그 같은 탐욕의 불이
다르마를 향해 방향을 바꾸었으니 말이다. ‖ 12.26 ‖

탐욕 때문에 제멋대로 [움직이는] 마음을 지닌 채
확고함을 유지하는 것은 어려운 법.
마치 목마른 여행자가 더러운 물을 보고도
[마시고자 하는] 것처럼 말이다. ‖ 12.27 ‖

분명 그대의 이러한 [확고한] 마음은
[탐욕의] 먼지에 의해 가려졌었으니,
마치 태양의 빛이
성난 폭풍의 먼지에 가리우듯 말이다. ‖ 12.28 ‖

지금 [그대의 마음에] 움튼 것은
어둠을 사르고자 하는 의지이니,
마치 메루산에서 뿜어져 나오기 [시작한] 태양 빛이
밤의 어둠을 [사르는 것]과 같으니라. ‖ 12.29 ‖

그리고 이것이야말로
청정한 중생의 마음에 그야말로 어울리는 것이니,
그대는 궁극적이고 미묘하고 수승한
[다르마]에 대한 믿음을 가질 것이로다. ‖ 12.30 ‖

그러므로 그대는 이 다르마(佛法)에 대한 의욕을 길러야 한다.
실로 다르마를 아는 자여,
일체의 다르마는 분명히
의욕을 원인으로 하기 때문이니라. ‖ 12.31 ‖

satyāṃ gamanabuddhau hi
gamanāya pravartate |
śayyābuddhau ca śayanaṃ
sthānabuddhau tathā sthitiḥ || 12.32 ||

antarbhūmigataṃ hy ambhaḥ
śraddadhāti naro yadā |
arthitve sati yatnena
tadā khanati gām imām || 12.33 ||

nārthī yady agninā vā syāc
chraddadhyāt taṃ na vāraṇau |
mathnīyān nāraṇiṃ kaścit
tadbhāve sati mathyate || 12.34 ||

sasyotpattiṃ yadi na vā
śraddadhyāt kārṣakaḥ kṣitau |
arthī sasyena vā na syād
bījāni na vaped bhuvi || 12.35 ||

사람은 가고자 하는 마음이 있을 때
가기 위해 움직이고,
눕고자 하는 마음이 있을 때 눕고
마찬가지로 서고자 하는 마음이 있을 때 서는 법이로다. ‖ 12.32 ‖

다르마를 향한 믿음의 중요성

만일 땅속에 물이 있다 확신하는 사람이라면
[물을] 원할 때에 노력해서 그 땅을 팔 것이니라. ‖ 12.33 ‖

만일 불이 필요하지 않거나
나뭇가지를 비벼 [불이 생기는 것을] 믿지 않는다면
아무도 나뭇가지를 비비지 않을 터이다.
[하지만 불이 필요한] 상태가 된다면
[나뭇가지를] 비빌 것이니라. ‖ 12.34 ‖

만일 농부가
땅에서 옥수수가 난다는 것을 믿지 않거나
옥수수가 필요 없다면
땅에 씨앗을 뿌리지 않을 것이니라. ‖ 12.35 ‖

ataś ca hasta ity uktā
mayā śraddhā viśeṣataḥ |
yasmād gṛhṇāti saddharmaṃ
dāyaṃ hasta ivākṣataḥ || 12.36 ||

prādhānyād indriyam iti
sthiratvād balam ity ataḥ |
guṇadāridryaśamanād
dhanam ity abhivarṇitā || 12.37 ||

rakṣaṇārthena dharmasya
tatheṣīkety udāhṛtā |
loke 'smin durlabhatvāc ca
ratnam ity abhibhāṣitā || 12.38 ||

punaś ca bījam ity uktā
nimittaṃ śreyaso yadā |
pāvanārthena pāpasya
nadīty abhihitā punaḥ || 12.39 ||

yasmād dharmasya cotpattau
śraddhā kāraṇam uttamam |
mayoktā kāryatas tasmāt
tatra tatra tathā tathā || 12.40 ||

그리하여 나는
믿음을 특별히 '손'이라고 말하니,
손이 선물을 온전히 쥐듯이
[믿음은] 붓다의 가르침을
[손상 없이] 수지하기 때문이로다. ‖ 12.36 ‖

[믿음은] 근본적인 것이기에
'기관'[5]이라 부르고,
확고한 것이기에 '강함'이라 하며
미덕의 빈곤을 잠재우기에
'부'라고 불리느니라. ‖ 12.37 ‖

[믿음은] 다르마를 보호하기에
'화살'이라 부르고,
또한 이 세상에서 얻기 어렵기에
'보물'이라 말한다. ‖ 12.38 ‖

또한 수승한 [다르마]에 대한 원인이기에
'씨앗'이라고도 하고,
악을 정화하기에
'강(江)'[6]이라고도 부르느니라. ‖ 12.39 ‖

믿음은 다르마가 발생하는 데
가장 뛰어난 원인이기에
내 이런저런 경우와 갖가지 비유로
[그것의] 역할을 들어 [믿음을] 말하였느니라. ‖ 12.40 ‖

śraddhāṅkuram imaṃ tasmāt
saṃvardhayitum arhasi |
tadvṛddhau vardhate dharmo
mūlavṛddhau yathā drumaḥ || 12.41 ||

vyākulaṃ darśanaṃ yasya
durbalo yasya niścayaḥ |
tasya pāriplavā śraddhā
na hi kṛtyāya vartate || 12.42 ||

yāvat tattvaṃ na bhavati hi dṛṣṭaṃ śrutaṃ vā
tāvac chraddhā na bhavati balasthā sthirā vā |
dṛṣṭe tattve niyamaparibhūtendriyasya
śraddhāvṛkṣo bhavati saphalaś cāśrayaś ca || 12.43 ||

|| saundaranande mahākāvye pratyavamarśo nāma dvādaśaḥ sargaḥ || 12 ||

그러므로 그대는
이러한 믿음의 싹을 키워야 한다.
뿌리가 자랄 때 그 나무가 자라듯,
[믿음]이 자랄 때 다르마가 자라는 법이니라. || 12.41 ||

어떤 사람의 견해가 흐려지고,
결심이 약해졌을 때
그의 믿음은 흔들려
실현되지 못하는 법이니. || 12.42 ||

진리가 보이거나 들리지 않는 한
믿음은 강해지거나 확고해지지 않나니,
감관을 자제하고 정복한 자에게 진리가 보일 때
믿음의 나무는 자리 잡고 결실을 맺는 법이니라. || 12.43 ||

대서사시 『사운다라난다』에서 "통찰"이라는 이름의 열두 번째 장을 마친다.

〚 미주 〛

1 이 문장은 '동요로 인해, 장밋빛 [얼굴이] 창백해진 것만 같았지요.'라고 번역할 수도 있다. 라가(rāga)는 '애착'과 '붉은색' 양쪽의 뜻을 지닌다. 따라서 사라가(sarāga)는 '애착을 지닌', '붉은 기가 도는', 그리고 비따라가(vītarāga)는 '애착을 떠난', '색을 잃은, 창백한'이라는 두 가지 뜻을 각각 지니게 되며, 저자는 난다의 내면과 외면을 나타내는 말로 이를 활용하여 중의적으로 표현하였다.

2 고전 산스끄리뜨어 문법을 집대성한 문법가 빠니니(Pāṇini)의 어근 목록 『다뚜빠타 *Dhātupāṭha*』에 따르면, 동사 어근 √bhū (일어나다, 존재하다, ~이다) 뒤에 어근 √edh (늘다, 증장하다)가 배치되어 있다. 즉, 이 목록의 순서상 bhū는 'edh를 향해' 혹은 'edh를 위해' 있는 것으로서, 동요가 '생겼기' 때문에 뛰어남이 '증장되었다'는 뜻이다.

3 '존재하다, ~이다'라는 뜻의 동사 √as의 현재형인 asti는 불변화사로 쓰이는 경우가 있으며, 이때는 어떤 시제에나 사용이 가능하다. '욕망'이라는 것도 과거, 현재, 미래 어떤 시점에나 항상 존재하고 있음을 산스끄리뜨 문법에 빗대고 있다.

4 '자세하게 또 간결하게'란 자세하게 설명하는 것과 간단하게 요약해서 설명하는 두 가지 방법을 말한다.

5 감각기관을 의미하는 인드리야(indriya)는 본래 인드라신의 속성인 '힘', '능력'을 뜻한다. 『구사론』에 따르면 사람은 22가지 인드리야를 지니며, 믿음(śraddhā), 즉 '믿는 능력'이 그중 하나이다.

6 인도 전통에서 갠지스 등의 강은 정화 능력을 가진 것으로 묘사된다.

제13장

계를 통한 감관의 정복[1]

śīlendriyajayaḥ

atha saṃrādhito nandaḥ
śraddhāṃ prati maharṣiṇā |
pariṣikto 'mṛteneva
yuyuje parayā mudā || 13.1 ||

kṛtārtham iva taṃ mene
saṃbuddhaḥ śraddhayā tayā |
mene prāptam iva śreyaḥ
sa ca buddhena saṃskṛtaḥ || 13.2 ||

ślakṣṇena vacasā kāṃścit
kāṃścit paruṣayā girā |
kāṃścid ābhyām upāyābhyāṃ
sa vininye vināyakaḥ || 13.3 ||

pāṃsubhyaḥ kāñcanaṃ jātaṃ
viśuddhaṃ nirmalaṃ śuci |
sthitaṃ pāṃsuṣv api yathā
pāṃsudoṣair na lipyate || 13.4 ||

padmaparṇaṃ yathā caiva
jale jātaṃ jale sthitam |
upariṣṭād adhastād vā
na jalenopalipyate || 13.5 ||

올바른 길에 들어선 난다

이리하여 위대한 성자(붓다)에 의해
믿음으로 귀의한 난다는
불멸의 음료로 푹 적셔진 듯
엄청난 환희감에 사로잡혔습니다. || 13.1 ||

붓다께서는 난다가 그 믿음을 통해
원하는 바를 이룬 듯 여기셨으매,
붓다에 의해 [정진할] 준비가 된 그는
수승한 [다르마]를 얻은 듯 생각하였지요. || 13.2 ||

붓다께서는
어떤 이들에게는 부드러운 말로,
어떤 이들에게는 단호한 말로,
어떤 이들에게는 이 두 가지 수단을 통해 이끄셨습니다. || 13.3 ||

마치 황금이 진흙에서 나왔다 하더라도
깨끗하여 티 없이 맑고,
진흙 속에 있다 한들
진흙의 더러움으로 오염되지 않는 것처럼 말입니다. || 13.4 ||

그리고 마치 연잎이
물에서 태어나 물에 머무른다 한들,
위로도 혹은 아래로도
물에 젖지 않는 것처럼 말이지요. || 13.5 ||

tadval loke munir jāto
lokasyānugrahaṃ caran |
kṛtitvān nirmalatvāc ca
lokadharmair na lipyate || 13.6 ||

śleṣaṃ tyāgaṃ priyaṃ rūkṣaṃ
kathāṃ ca dhyānam eva ca |
mantukāle cikitsārthaṃ
cakre nātmānuvṛttaye || 13.7 ||

ataś ca saṃdadhe kāyaṃ
mahākaruṇayā tayā |
mocayeyaṃ kathaṃ duḥkhāt
sattvānīty anukampakaḥ || 13.8 ||

atha saṃharṣaṇān nandaṃ
viditvā bhājanīkṛtam |
abravīd bruvatāṃ śreṣṭhaḥ
kramajñaḥ śreyasāṃ kramam || 13.9 ||

ataḥ prabhṛti bhūyas tvaṃ
śraddhendriyapuraḥsaraḥ |
amṛtasyāptaye saumya
vṛttaṃ rakṣitum arhasi || 13.10 ||

그와 같이 성자는 이 속세에서 태어나
속세의 이로움을 위해 행하면서도
성취와 티 없음으로 인해
세속의 법[2]들로 물들지 않는 법입니다. ‖ 13.6 ‖

[붓다께서] 말씀하실 때에
품기도 하고 내버려두기도 하고,
다정하기도 하고 엄하기도 한 말씀과 선정을 행하신 것은,
자신을 따르도록 하기 위해서가 아니라 치료를 위해서였지요. ‖ 13.7 ‖

그리하여
'중생들을 고통에서 어찌 해방시킬까' 하는 [생각을 지닌]
자비로운 분은 그 크나큰 자비심으로
몸을 취하셨던 것이랍니다. ‖ 13.8 ‖

계(戒)를 갖춤

이제 [믿음을 향해 회유된] 기쁨으로 인해
난다가 준비가 되었음을 아시고서,
설시자 중 가장 뛰어난 분이자
[수행의] 단계를 아시는 분(붓다)께서는
뛰어난 [수행]의 단계를 말씀하셨습니다. ‖ 13.9 ‖

"다정한 이여, 그대는 지금부터 다시금
믿음의 힘을 앞세워,
불사를 증득하기 위해
행위를 살펴야 할 것이다. ‖ 13.10 ‖

prayogaḥ kāyavacasoḥ
śuddho bhavati te yathā |
uttāno vivṛto gupto
'navacchidras tathā kuru || 13.11 ||

uttāno bhāvakaraṇād
vivṛtaś cāpy agūhanāt |
gupto rakṣaṇatātparyād
acchidraś cānavadyataḥ || 13.12 ||

śarīravacasoḥ śuddhau
saptāṅge cāpi karmaṇi |
ājīvasamudācāraṃ
śaucāt saṃskartum arhasi || 13.13 ||

doṣāṇāṃ kuhanādīnāṃ
pañcānām aniṣevaṇāt |
tyāgāc ca jyotiṣādīnāṃ
caturṇāṃ vṛttighātinām || 13.14 ||

prāṇighātadhanādīnāṃ
varjyānām apratigrahāt |
bhaikṣāṅgānāṃ nisṛṣṭānāṃ
niyatānāṃ pratigrahāt || 13.15 ||

parituṣṭaḥ śucir mañjuś
caukṣayā jīvasaṃpadā |
kuryā duḥkhapratīkāraṃ
yāvad eva vimuktaye || 13.16 ||

그대의 몸과 말의 행위가 청정하듯,
그와 같이 곧고 숨김없이,
보호되면서도 티 없이 행하도록 하여라. ‖ 13.11 ‖

곧다는 것은 있는 그대로를 행하는 것이고,
숨김없다는 것은 비밀스러운 것이 없다는 것이며,
보호된다는 것은 경계하는 것을 목적으로 하는 것이요,
티 없다는 것은 잘못된 것이 없다는 것이니. ‖ 13.12 ‖

몸과 말이 청정하면,
일곱 가지 행위[3]에 있어서도 또한 [청정하나니],
[그대는 그] 정직함으로부터
생계의 올바름[4]을 완성할 것이다. ‖ 13.13 ‖

사기 등의 다섯 과오[5]들을
행하지 않음으로써,
또한 점성술 등 네 가지 삿된 행위[6]들을
버림으로써 말이다. ‖ 13.14 ‖

삼가야 하는 것들,
즉 생명을 지닌 존재를 해쳐서 얻은 재물 등을
받아들이지 않음으로써,
또한 걸식을 실천하기 위한 방법으로
주어진 규율들을 받아들임으로써 말이다. ‖ 13.15 ‖

[이러한 방식을 통해] 바른 생계(正命)를 통하여
만족되고 정결하고 아름다운 자가 [되어]
[그대는] 오로지 해탈을 향해
고통에 대한 치유법(수행)을 행해야 할 것이다. ‖ 13.16 ‖

karmaṇo hi yathādṛṣṭāt
kāyavākprabhavād api |
ājīvaḥ pṛthag evokto
duḥśodhatvād ayaṃ mayā || 13.17 ||

gṛhasthena hi duḥśodhā
dṛṣṭir vividhadṛṣṭinā |
ājīvo bhikṣuṇā caiva
pareṣv āyattavṛttinā || 13.18 ||

etāvac chīlam ity uktam
ācāro 'yaṃ samāsataḥ |
asya nāśena naiva syāt
pravrajyā na gṛhasthatā || 13.19 ||

tasmāc cāritrasampanno
brahmacaryam idaṃ cara |
aṇumātreṣv avadyeṣu
bhayadarśī dṛḍhavrataḥ || 13.20 ||

śīlam āsthāya vartante
sarvā hi śreyasi kriyāḥ |
sthānādyānīva kāryāṇi
pratiṣṭhāya vasundharām || 13.21 ||

몸과 말로 생기는 업은 눈에 드러나지만,
[생계를 위한 것은] 깨끗이 만들기 어렵기에
내 이러한 생계에 대해
특별히 이야기하는 것이다. ‖ 13.17 ‖

왜냐하면 다양한 견해를 지닌 재가자는
식견을 깨끗이 하기 어려운 법이고,
다른 사람들에게 생계를 의지하는 비구는
이를 [깨끗이 유지하기 어려운 법이기 때문이다.] ‖ 13.18 ‖

이제까지 계라고 하는 것을 언급하였다.
간추려 말하매 이 [계라 하는 것은] 올바른 행동거지이며,
이것을 잃어버리면 출가생활도 없을 것이요,
재가자의 상태도 없을 것이로다. ‖ 13.19 ‖

허니 올바른 행동을 갖춘 자가 되어
이 금욕을 행하도록 하거라.
티끌만 한 악행들에 대해서조차 두려움 지닌 이는
확고한 서원을 지닌 자이니. ‖ 13.20 ‖

계를 확립하여야 비로소
모든 행위들이 수승함에 머물기 때문이니라.
마치 땅을 딛어야만이
서는 것 등의 행위가 [가능한 것]처럼 말이다. ‖ 13.21 ‖

mokṣasyopaniṣat saumya
vairāgyam iti gṛhyatām |
vairāgyasyāpi saṃvedaḥ
saṃvido jñānadarśanam || 13.22 ||

jñānasyopaniṣac caiva
samādhir upadhāryatām |
samādher apy upaniṣat
sukhaṃ śārīramānasam || 13.23 ||

praśrabdhiḥ kāyamanasaḥ
sukhasyopaniṣat parā |
praśrabdher apy upaniṣat
prītir apy avagamyatām || 13.24 ||

tathā prīter upaniṣat
prāmodyaṃ paramaṃ matam |
prāmodyasyāpy ahṛllekhaḥ
kukṛteṣv akṛteṣu vā || 13.25 ||

ahṛllekhasya manasaḥ
śīlaṃ tūpaniṣac chuci |
ataḥ śīlaṃ nayaty agryam
iti śīlaṃ viśodhaya || 13.26 ||

śīlanāc chīlam ity uktaṃ
śīlanaṃ sevanād api |
sevanaṃ tannideśāc ca
nideśaś ca tadāśrayāt || 13.27 ||

다정한 이여,
해탈의 원인이 되는 것은 이욕(離欲)이라 알아야 하며,
또한 이욕의 [원인이 되는 것은] 온전한 이해이며,
온전한 이해의 [원인이 되는 것은] 지견이니라.[7] ‖ 13.22 ‖

또한 바로 그 온전한 이해의 원인이 되는 것은 삼매이며,
삼매의 원인이 되는 것은
몸과 마음의 행복이라 여겨야 하나니. ‖ 13.23 ‖

몸과 마음의 행복에 대해 원인이 되는 것은
편안함(輕安)이며,
편안함의 원인이 되는 것은
기쁨이라는 것도 이해해야 하느니라. ‖ 13.24 ‖

마찬가지로 기쁨의 원인이 되는 것은
만족이라 여겨지며,
또한 만족의 [원인이 되는 것은]
악행이나 행해지지 않은 것들을
마음에 두지 않는 것이니라. ‖ 13.25 ‖

[바로 그] 마음에 두지 않는 마음의 원인은
정결한 계이니,
이를 통해 계가 최고로 이끄는 것인 바,
계를 깨끗이 하거라. ‖ 13.26 ‖

계는 반복해야 하므로 그리 불리고,
반복한다는 것은 가까이한다는 것이니라.
가까이한다는 것은 [항상] 그것(계)을 지향하기 때문이요,
지향한다는 것은 그것이 토대이기 때문이니라. ‖ 13.27 ‖

śīlaṃ hi śaraṇaṃ saumya
kāntāra iva daiśikaḥ |
mitraṃ bandhuś ca rakṣā ca
dhanaṃ ca balam eva ca || 13.28 ||

yataḥ śīlam ataḥ saumya
śīlaṃ saṃskartum arhasi |
etat sthānam athānyeṣu
mokṣārambheṣu yoginām || 13.29 ||

tataḥ smṛtim adhiṣṭhāya
capalāni svabhāvataḥ |
indriyāṇīndriyārthebhyo
nivārayitum arhasi || 13.30 ||

bhetavyaṃ na tathā śatror
nāgner nāher na cāśaneḥ |
indriyebhyo yathā svebhyas
tair ajasraṃ hi hanyate || 13.31 ||

dviṣadbhiḥ śatrubhiḥ kaścit
kadācit piḍyate na vā |
indriyair bādhyate sarvaḥ
sarvatra ca sadaiva ca || 13.32 ||

다정한 이여,
실로 계는 의지처이니,
마치 숲에서는 안내자와 같으며,
친구이자 친척이요, 보호자요,
재산이요, 힘이나 마찬가지니라. ‖ 13.28 ‖

다정한 이여, 계는 그런 것이니,
그대는 계를 완전하게 해야 하느니라.
수행자들에게 이것은
해탈을 위한 다른 노력을 시작하는 발판이 되나니. ‖ 13.29 ‖

감관의 제어

다음으로 정념(正念)을 세우고 나면
그대는 본성적으로 변덕스러운 감관을
감관의 대상들로부터 억제해야 하느니라. ‖ 13.30 ‖

적이나 불이나 뱀이나 번개보다
자신의 감관을 두려워해야 하나니,
그것이 [자신을] 끊임없이 해치기 때문이다. ‖ 13.31 ‖

증오에 찬 적들은 어떤 일부의 사람들을
괴롭힐 때도 그렇지 않을 때도 있다.
[하지만] 감관들은 모든 사람을
모든 곳에서 모든 때에 속박한다. ‖ 13.32 ‖

na ca prayāti narakaṃ
śatruprabhṛtibhir hataḥ |
kṛṣyate tatra nighnas tu
capalair indriyair hataḥ || 13.33 ||

hanyamānasya tair duḥkhaṃ
hārdaṃ bhavati vā na vā |
indriyair bādhyamānasya
hārdaṃ śārīram eva ca || 13.34 ||

saṃkalpaviṣadigdhā hi
pañcendriyamayāḥ śarāḥ |
cintāpuṅkhā ratiphalā
viṣayākāśagocarāḥ || 13.35 ||

manuṣyahariṇān ghnanti
kāmavyādheritā hṛdi |
vihanyante yadi na te
tataḥ patanti taiḥ kṣatāḥ || 13.36 ||

niyamājirasaṃsthena
dhairyakārmukadhāriṇā |
nipatanto nivāryās te
mahatā smṛtivarmaṇā || 13.37 ||

indriyāṇām upaśamād
arīṇāṃ nigrahād iva |
sukhaṃ svapiti vāste vā
yatra tatra gatoddhavaḥ || 13.38 ||

적 등에 의해 상해를 입은 자는
지옥에 끌려가지 않지만
변덕스러운 감관에 종속되어 상해를 입은 자는
그곳(지옥)에 끌려가느니라. ‖ 13.33 ‖

그(적)에 의해 당한 고통은
마음에 남거나 그렇지 않을 수도 있지만
감관에 의해 속박을 당한 [고통은]
신체는 물론이요 마음에 반드시 [남는 법이로다.] ‖ 13.34 ‖

다섯 감관으로 이루어진 화살들은
망상이라는 독이 발린 채
불안이라는 화살 깃과 쾌락이라는 화살촉을 달고,
[감관의] 대상이 있는 공간을 사정거리로 삼나니. ‖ 13.35 ‖

욕망의 대상이라는 사냥꾼이 쏜 [감관의 화살들은]
심장에 떨어져 사슴[을 죽이듯] 인간을 죽이나니,
만일 그 [화살]들을 부러뜨리지 않으면
그에 의해 상처 입은 자들은 쓰러지고 마느니라. ‖ 13.36 ‖

자제라는 전장에 굳건히 서서
인내라는 활을 쥐고
정념(正念)이라는 갑옷 걸친 용맹한 자들은
날아오는 그들을 피한다네. ‖ 13.37 ‖

마치 적을 진압하듯,
감관을 멈출 때에
편안하게 자거나 앉거나
이리저리 움직이고 즐기느니라. ‖ 13.38 ‖

teṣāṃ hi satataṃ loke
viṣayān abhikāṅkṣatām |
saṃvin naivāsti kārpaṇyāc
chunām āśāvatām iva || 13.39 ||

viṣayair indriyagrāmo
na tṛptim adhigacchati |
ajasraṃ pūryamāṇo 'pi
samudraḥ salilair iva || 13.40 ||

avaśyaṃ gocare sve sve
vartitavyam ihendriyaiḥ |
nimittaṃ tatra na grāhyam
anuvyañjanam eva ca || 13.41 ||

ālokya cakṣuṣā rūpaṃ
dhātumātre vyavasthitaḥ |
strī veti puruṣo veti
na kalpayitum arhasi || 13.42 ||

sacet strīpuruṣagrāhaḥ
kvacid vidyeta kaścana |
śubhataḥ keśadantādīn
nānuprasthātum arhasi || 13.43 ||

그 [감관]들이란 세상에서
끊임없이 대상을 갈망하기 때문에
만족은 존재하지 않나니,
마치 굶주림 때문에 갈망하는 개와 같도다. ‖ 13.39 ‖

감관의 무리는
대상으로 만족에 이를 수 없나니,
마치 바다가 항상 물로 채워진들
[만족에 이를 수 없는 것]과 같느니라. ‖ 13.40 ‖

이 세상에서 감관은
각자의 영역에서 반드시 활동해야 하지만
거기에서 [어떤] 대상의 특상을
붙잡아서는 아니 될 것이요,
또한 그에 따르는 부차적인 상(相) 역시
붙잡아서는 안 되는 법이니.[8] ‖ 13.41 ‖

눈으로 형상을 본 후에
요소에만 머무르되
'그는 여자다' 혹은 '그는 남자다'라며
분별해서는 아니 될 것이다.[9] ‖ 13.42 ‖

혹여 어느 때에 여자나 남자라는
어떤 개념이 일어난다 해도
[탐스러운] 머리카락, [빛나는] 치아 등 아름다움 때문에
그대는 이끌려서는 아니 될 것이다.[10] ‖ 13.43 ‖

nāpaneyaṃ tataḥ kiṃcit
prakṣepyaṃ nāpi kiṃcana |
draṣṭavyaṃ bhūtato bhūtaṃ
yādṛśaṃ ca yathā ca yat || 13.44 ||

evaṃ te paśyatas tattvaṃ
śaśvad indriyagocare |
bhaviṣyati padasthānaṃ
nābhidhyādaurmanasyayoḥ || 13.45 ||

abhidhyā priyarūpeṇa
hanti kāmātmakaṃ jagat |
arir mitramukheneva
priyavākkaluṣāśayaḥ || 13.46 ||

daurmanasyābhidhānas tu
pratigho viṣayāśritaḥ |
mohād yenānuvṛttena
paratreha ca hanyate || 13.47 ||

anurodhavirodhābhyāṃ
śitoṣṇābhyām ivārditaḥ |
śarma nāpnoti na śreyaś
calendriyam ato jagat || 13.48 ||

그리하여 어떤 것도 빼서는 안 되고
어떤 것을 더해서도 안 된다.
[그것이] 어떠한 종류이든 어떤 방식으로 있든지
대상을 있는 그대로 보아야 하느니라. || 13.44 ||

감관 제어를 통한 애착과 혐오의 제거

이와 같이 그대가 감관의 영역에서
실상을 계속해서 관찰한다면
애착과 혐오의 발판이 사라질 것이다. || 13.45 ||

애착은 사랑스러운 모습으로
욕망을 본성으로 한 사람들을 파괴하니,
마치 친근한 얼굴을 하고 우호적인 말을 하지만
의도는 불순한 적과 같으니라. || 13.46 ||

반대로, 혐오라 불리우는 것은
대상에 기반하여 적대하는 것이니,
어리석음 때문에 그러한 [애착과 혐오]에 끌려다니다
이생과 저생에서 죽고 마느니라. || 13.47 ||

애착과 혐오로 인한 괴로움은
마치 추위와 더위로 인한 [괴로움과] 같으니
이처럼 감관이 변덕스러운 인간은
피난처도 해탈도 얻을 수 없도다. || 13.48 ||

nendriyaṃ viṣaye tāvat
pravṛttam api sajjate |
yāvan na manasas tatra
parikalpaḥ pravartate || 13.49 ||

indhane sati vāyau ca
yathā jvalati pāvakaḥ |
viṣayāt parikalpāc ca
kleśāgnir jāyate tathā || 13.50 ||

abhūtaparikalpena
viṣayasya hi badhyate |
tam eva viṣayaṃ paśyan
bhūtataḥ parimucyate || 13.51 ||

dṛṣṭvaikaṃ rūpam anyo hi
rajyate 'nyaḥ praduṣyati |
kaścid bhavati madhyasthas
tatraivānyo ghṛṇāyate || 13.52 ||

ato na viṣayo hetur
bandhāya na vimuktaye |
parikalpaviśeṣeṇa
saṃgo bhavati vā na vā || 13.53 ||

대상에 대하여
분별심이 일어나지 않는 한
감관이 작용하더라도
그 [대상]에 달라붙지 않느니라. || 13.49 ||

마치 나무(연료)와 바람이 있을 때
불이 타오르듯,
대상과 분별[심]으로부터
번뇌의 불이 일어나는 법이니라. || 13.50 ||

대상에 대하여
허망에 대한 분별로 속박되는 것이니,
바로 그 대상을 있는 그대로 보는 자는
자유로워지는 법이로다. || 13.51 ||

동일한 모습을 본다 해도
어떤 이는 좋아하고
어떤 이는 싫어하며.
어떤 이는 [좋아하거나 싫어하지 않는] 중간 입장이고,
어떤 이는 그에 대해 연민을 느끼느니라. || 13.52 ||

그러므로 대상은
속박이나 해탈의 원인이 아닌 즉,
제각기 분별에 따라
애착이 일어나기도 하고 일어나지 않기도 한다. || 13.53 ||

kāryaḥ paramayatnena
tasmād indriyasaṃvaraḥ |
indriyāṇi hy aguptāni
duḥkhāya ca bhavāya ca || 13.54 ||

kāmabhogabhogavadbhir ātmadṛṣṭidṛṣṭibhiḥ
pramādanaikamūrdhabhiḥ praharṣalolajihvaiḥ |
indriyoragair manobilaśrayaiḥ spṛhāviṣaiḥ
śamāgadād ṛte na daṣṭam asti yac cikitset || 13.55 ||[1]

tasmād eṣām akuśalakarāṇām arīṇāṃ
cakṣurghrāṇaśravaṇarasanasparśanānām |
sarvāvasthāsu bhava niyamād apramatto
māsminn arthe kṣaṇam api kṛthās tvaṃ pramādam || 13.56 ||

|| saundaranande mahākāvye śīlendriyajayo nāma trayodaśaḥ sargaḥ || 13 ||

1 존스턴의 편집본에서는 본 게송이 생략되어 있음.

하여 극도의 노력을 통해
감관의 통제를 해야 하나니,
통제되지 않는 감관은
고통과 윤회를 [초래하기] 때문이니라. ‖ 13.54 ‖

욕망을 즐기려 똬리를 틀고
아견(我見)으로 보는 눈, 부주의한 많은 머리를 달고서
희열을 찾아 혀를 날름대며
마음이라는 동굴에 머물러 욕망이라는 독을 품은
감관이라는 뱀에게 물렸을 때,
적정이라는 약이 없다면
치료할 수 없을 것이니라. ‖ 13.55 ‖

그러므로 불선(不善)을 짓는
시각, 후각, 청각, 미각, 촉각이라는 적들에 대해
어떤 상태에 있든 늘 자제함으로써 주의하거라.
이러한 점에 대해 그대는 한순간도 부주의하지 말라." ‖ 13.56 ‖

대서사시 『사운다라난다』에서 "계를 통한 감관의 정복"이라는 이름의 열세 번째 장을 마친다.

〖 미주 〗

1 『사운다라난다』의 제12~15장은 『성문지』 제1유가처 제1 「종성지」에 언급된 ‘열반을 위한 부차적 조건 12가지’와 어느 정도 일치한다. 부차적 조건이란, ① 자신의 원만, ② 타인의 원만, ③ 법에 대한 선한 욕구, ④ 출가, ⑤ 계의 율의, ⑥ 근의 율의, ⑦ 음식에 대한 양을 아는 것, ⑧ 이른 밤과 늦은 밤에 깨어서 수행, ⑨ 정지를 갖고 주함, ⑩ 원리(遠離), ⑪ 덮개로부터의 청정, ⑫ 삼매에 의지함이다. 이 가운데 ③은 앞의 제12장 마지막 부분에 언급되었고 제13장에서는 ④~⑥에 해당하는 내용을, 제14장에서는 ⑦~⑨, 제15장에는 ⑩~⑪에 해당하는 내용을 설명하고 있다. 또한 제3 「출리지」의 3. 자량의 일부 내용에도 자세히 언급된다(자세한 설명은 안성두 2021, pp.89-184 참조).

2 ‘세속의 법’이란 세간 8법, 즉 칭찬, 비난, 이익, 손해, 좋은 평판, 나쁜 평판, 고, 락을 의미한다.

3 ‘일곱 가지 행위’란 십선업(十善業) 가운데 신업과 구업에 해당하는 7가지를 말한다. 몸을 통해 지켜야 할 ① 살생하지 말 것, ② 도둑질하지 말 것, ③ 사음하지 말 것, 그리고 입을 통해 지켜야 할 ④ 거짓을 말하지 말 것, ⑤ 악한 말을 하지 말 것, ⑥ 복이 되지 않는 말을 하지 말 것, ⑦ 이간하는 말을 하지 말 것 등이다. 십선업에 대해서는 본서 제3장 30-37송에 언급되어 있다.

4 ‘생계의 올바름(ājīvasamudācāra)’이란 팔정도 가운데 정명(正命), 즉 직업 등의 생계 수단이 계에 어긋나지 않는 것을 말한다.

5 ‘다섯 과오’란 직업적으로 5계를 어기는 것을 말하는 것으로 보인다. 즉 살생을 하는 직업, 도둑질을 하는 직업, 사음과 관련된 직업, 거짓말과 관련된 직업, 음주와 관련된 직업이다. 또한 이와 관련하여 『앙굿따라니까야』 3권에는 구체적으로 5가지 직업을 명시하기도 하는데 무기 관련 직업, 정육업, 노예 상인 및 포주, 주류업, 독약 및 약물 관련 직업 등이다.

6 ‘네 가지 삿된 행위’란 청정하지 못한 방식으로 생계를 해결하는 것을 말하며 일명 사부정식(四不淨食) 또는 사사명식(四邪命食)이라고 한다. ① 얼굴을 아래로 향하고 하는 일로 약의 제조나 농사로 먹고 삶(下口食), ② 얼굴을 위로 향하고 하는 일로 점성술로 먹고 삶(仰口食), ③ 사방으로 아첨하고 심부름하여 먹고 삶(方口食), ④ 주술이나 점으로 먹고 삶(維口食) 등이다.

7 이 게송부터 이어지는 26송까지 지계에서 해탈로 이어지는 11가지 요소에 대해 설명하고 있다. 본 22~26송에 언급된 11가지 요소를 순서대로 정리하면 ⑪ 해탈 ⇐ ⑩ 이욕(vairāgya) ⇐ ⑨ 온전한 이해(saṃveda) ⇐ ⑧ 지견(jñānadarśana) ⇐ ⑦ 삼매(samādhi) ⇐ ⑥ 행복(sukha) ⇐ ⑤ 편안함(praśrabdhi) ⇐ ④ 기쁨(prīti) ⇐ ③ 환희/만족(prāmodya) ⇐ ② 마음에 두지 않음(ahṛllekha) ⇐ ① 지계(śīla)이다. 이와 유사한 체계를 『성문지』(58, 안성두 2021, 105)에서 찾을 수 있는데 그에 따르면 ① 지계(sīlavant) ⇒ ② 후회 없음(avipratisāra) ⇒ ③ 환희(prāmodya) ⇒ ④ 기쁨(prīti) ⇒ ⑤ 편안함(praśrabdha) ⇒ ⑥ 행복(sukha) ⇒ ⑦ 삼매(samādhiyati) ⇒ ⑧ 여실지견(yathābhūta)

⇒ ⑨ 염리(nirveda) ⇒ ⑩ 해탈(vimukta) 등이며 이를 참고하여 번역어를 선택하였다.

8 '대상의 특상'이란 원문의 니미따(nimitta)를 번역한 말로서, 감관이 받아들인 대상의 특징에 대해 우리의 의식은 기존의 기억과 경험을 토대로 개념이나 이미지를 떠올려 대상을 판단하게 되는데 이것을 니미따라고 한다. 그리고 '그에 따르는 부차적인 상'은 아누비얀자나(anuvyañjana)를 번역한 말로서, 니미따가 대상을 접한 첫 번째 인식이라면 아누비얀자나는 그다음에 이어지는 세세한 인식들을 말한다. 이러한 작용들은 '여실하게 있는 그대로 아는 것'을 방해한다.

9 앞의 41송에서 말한 '감관이 작동하되 표상을 붙잡아서는 안 된다'는 것의 예이다.

10 앞의 41송에서 말한 '그에 따르는 부차적인 상을 붙잡아서는 안 된다'는 것의 예이다.

제14장

첫 출발

ādiprasthānaḥ

atha smṛtikavāṭena
pidhāyendriyasaṃvaram |
bhojane bhava mātrājño
dhyānāyānāmayāya ca || 14.1 ||

prāṇāpānau nigṛhṇāti
glāninidre prayacchati |
kṛto hy atyartham āhāro
vihanti ca parākramam || 14.2 ||

yathā cātyartham āhāraḥ
kṛto 'narthāya kalpate |
upayuktas tathātyalpo
na sāmarthyāya kalpate || 14.3 ||

ācayaṃ dyutim utsāhaṃ
prayogaṃ balam eva ca |
bhojanaṃ kṛtam atyalpaṃ
śarīrasyāpakarṣati || 14.4 ||

yathā bhāreṇa namate
laghunonnamate tulā |
samā tiṣṭhati yuktena
bhojyeneyaṃ tathā tanuḥ || 14.5 ||

음식에 대한 양을 아는 것

이제 주의집중이라는 문으로
감관의 댐을 닫고서,
선정과 건강을 위하여
음식의 양(量)을 아는 자가 되거라.[1] || 14.1 ||

왜냐하면 음식을 과도하게 먹는 것은
들숨과 날숨을 막고,
피로와 잠을 초래하며,
정진을 깨뜨리기 때문이니라. || 14.2 ||

음식을 과도하게 먹는 것이
좋지 않은 결과를 만드는 것처럼,
너무 적게 먹는 것도
마찬가지의 결과를 만드는 법이니라. || 14.3 ||

너무 적은 음식을 먹는 것은
몸의 살집과 윤기, 기력, 수행력
그리고 힘을 잃게 하나니. || 14.4 ||

마치 저울이 무거우면 내려가고,
가벼우면 올라가며,
적당한 무게이면 수평을 이루듯,
그처럼 이 몸은
음식을 통해 내려가기도,
올라가기도, 수평을 이루기도 하는 법이다. || 14.5 ||

tasmād abhyavahartavyaṃ
svaśaktim anupaśyatā |
nātimātraṃ na cātyalpaṃ
meyaṃ mānavaśād api || 14.6 ||

atyākrānto hi kāyāgnir
guruṇānnena śāmyati |
avacchanna ivālpo 'gniḥ
sahasā mahatendhasā || 14.7 ||

atyantam api saṃhāro
nāhārasya praśasyate |
anāhāro hi nirvāti
nirindhana ivānalaḥ || 14.8 ||

yasmān nāsti vināhārāt
sarvaprāṇabhṛtāṃ sthitiḥ |
tasmād duṣyati nāhāro
vikalpo 'tra tu vāryate || 14.9 ||

na hy ekaviṣaye 'nyatra
sajyante prāṇinas tathā |
avijñāte yathāhāre
boddhavyaṃ tatra kāraṇam || 14.10 ||

그 때문에 자신에게 적절한 양을
지켜보며 먹어야 하는 법이며,
자만심 때문에라도 너무 많거나
너무 적은 양을 [취해서는] 안 된다. ‖ 14.6 ‖

실로 신체의 불[2]은
많은 음식이 과적되면 꺼져버리니,
마치 지나치게 많은 장작이 작은 불을
급히 덮어 [꺼뜨리는] 것과 같으니라. ‖ 14.7 ‖

음식을 과도하게 금하는 것 또한
권장되지 않으니,
음식을 먹지 않는 것은
[태울] 장작이 없는 불처럼
[신체의 에너지를] 꺼뜨리기 때문이라네. ‖ 14.8 ‖

모든 생명체들은
음식 없이는 유지될 수 없으니
음식은 나쁜 것이 아니로다.
다만 이 [음식]에 대해 분별심을 지니는 것은
금해져야 하느니라. ‖ 14.9 ‖

왜냐하면 생명체들은
알지 못하는 사이에 음식에 집착하는 만큼
다른 어떤 대상에 대해서는 [집착하지] 않기 때문에,
그에 대해 [자신의] 상태를 알아야 하느니라. ‖ 14.10 ‖

cikitsārthaṃ yathā dhatte
vraṇasyālepanaṃ vraṇī |
kṣudvighātārtham āhāras
tadvat sevyo mumukṣuṇā || 14.11 ||

bhārasyodvahanārthaṃ ca
rathākṣo 'bhyajyate yathā |
bhojanaṃ prāṇayātrārthaṃ
tadvad vidvān niṣevate || 14.12 ||

samatikramaṇārthaṃ ca
kāntārasya yathādhvagau |
putramāṃsāni khādetāṃ
dampatī bhṛśaduḥkhitau || 14.13 ||

evam abhyavahartavyaṃ
bhojanaṃ pratisaṃkhyayā |
na bhūṣārthaṃ na vapuṣe
na madāya na dṛptaye || 14.14 ||

dhāraṇārthaṃ śarīrasya
bhojanaṃ hi vidhīyate |
upastambhaḥ pipatiṣor
durbalasyeva veśmanaḥ || 14.15 ||

마치 상처 입은 자가
상처의 치료를 위해 연고를 바르듯,
그처럼 해탈하고자 하는 자는
굶주림을 없애기 위해 음식을 취해야 하는 법이다. ‖ 14.11 ‖

마치 짐을 옮기기 위해
전차의 축을 기름칠하듯,
그처럼 현자는 생명을 유지하기 위해
음식을 취하나니. ‖ 14.12 ‖

마치 황야를 지나기 위해 여행 중인 부부가
[배고픔 등의] 극심한 고통을 겪다
자식의 고기[라도] 먹어야 하는 상황과 같도다.[3] ‖ 14.13 ‖

이처럼 잘 헤아려서 음식을 취해야 하는 법이니,
[음식이란 몸의] 장식을 위한 것도 아니요,
외모를 위한 것도 아니며,
향락을 위한 것도 아니고,
자랑을 위한 것도 아니니라. ‖ 14.14 ‖

실로 신체를 유지하기 위해
음식이 제공되는 것이니,
마치 쓰러지려 하는 약해진 집이
기둥[으로 버티는 것과] 같은 것이니라. ‖ 14.15 ‖

plavaṃ yatnād yathā kaścid
badhnīyād dhārayed api |
na tatsnehena yāvat tu
mahaughasyottitīrṣayā || 14.16 ||

tathopakaraṇaiḥ kāyaṃ
dhārayanti parīkṣakāḥ |
na tatsnehena yāvat tu
duḥkhaughasya titīrṣayā || 14.17 ||

śocatā pīḍyamānena
dīyate śatrave yathā |
na bhaktyā nāpi tarṣeṇa
kevalaṃ prāṇaguptaye || 14.18 ||

yogācāras tathāhāraṃ
śarīrāya prayacchati |
kevalaṃ kṣudvighātārthaṃ
na rāgeṇa na bhaktaye || 14.19 ||

manodhāraṇayā caiva
pariṇāmyātmavān ahaḥ |
vidhūya nidrāṃ yogena
niśām apy atināmayeḥ || 14.20 ||

마치 어떤 사람이
힘을 들여 뗏목을 엮고
[바다를 건널 때까지] 유지하려는 것과 같으니,
그것을 좋아해서가 아니라
그저 큰 바다를 건너고자 하는 것일 뿐이니라. ‖ 14.16 ‖

그와 같이 식견을 지닌 사람들은
그것을 좋아해서가 아니라
그저 고통의 바다를 건너고자
보조 도구로서 몸을 유지하는 것이로다. ‖ 14.17 ‖

마치 위기에 몰려 괴로워진 자가
적에게 투항한다 할지라도
[적에게] 헌신하거나 원해서가 아니라
그저 목숨을 구하기 위해서인 것과 같으니. ‖ 14.18 ‖

그와 같이 수행하는 자는
애착이나 헌신 때문이 아니라
그저 허기를 채우기 위해
몸에 음식을 제공하는 것이로다. ‖ 14.19 ‖

수면에 대한 절제

또한 자각하는 자인 그대는
마음을 붙잡고서 낮을 지내고,
수행으로 잠을 떨어내어 밤을 지내나니. ‖ 14.20 ‖

hṛdi yat saṃjñinaś caiva
nidrā prādur bhavet tava |
guṇavatsaṃjñitāṃ saṃjñāṃ
tadā manasi mā kṛthāḥ || 14.21 ||

dhātur ārambhadhṛtyoś ca
sthāmavikramayor api |
nityaṃ manasi kāryas te
bādhyamānena nidrayā || 14.22 ||

āmnātavyāś ca viśadaṃ
te dharmā ye pariśrutāḥ |
parebhyaś copadeṣṭavyāḥ
saṃcintyāḥ svayam eva ca || 14.23 ||

prakledyam adbhir vadanaṃ
vilokyāḥ sarvato diśaḥ |
cāryā dṛṣṭiś ca tārāsu
jijāgariṣuṇā sadā || 14.24 ||

antargatair acapalair
vaśasthāyibhir indriyaiḥ |
avikṣiptena manasā
caṃkramyasvāsva vā niśi || 14.25 ||

bhaye prītau ca śoke ca
nidrayā nābhibhūyate |
tasmān nidrābhiyogeṣu
sevitavyam idaṃ trayam || 14.26 ||

그대에게 의식이 있을 때라도
마음에 잠이 찾아올 수 있으니,
그때 [일어나는] 의식(想)을 뛰어난 것이라
마음에 두어서는 안 되느니라. ‖ 14.21 ‖

잠으로 방해받을 때에는
발심과 확신, 확고함과 정진의 요소를
언제나 마음에 새겨야 할 것이니라. ‖ 14.22 ‖

[그대가] 익힌 그 다르마들을
명확히 낭송해야 하고,
다른 이들을 위해 가르쳐야 하며,
스스로 숙고해야 할 것이로다. ‖ 14.23 ‖

언제나 깨어 있고자 하면
얼굴을 물로 적시고,
모든 방향을 바라보고,
시선을 별들에 두어야 하느니라. ‖ 14.24 ‖

밤에는 감관들을 안쪽으로 향하고,
흔들리지 않도록 하여 제어한 상태로
마음은 산란되지 않게 하고서
걷거나 앉도록 하여라. ‖ 14.25 ‖

잠이란
두려움, 기쁨, 슬픔을 이기지 못하나니,
그리하여 잠이 공격해 올 경우에는
이 세 가지에 머물러야 하느니라. ‖ 14.26 ‖

bhayam āgamanān mṛtyoḥ
prītiṃ dharmaparigrahāt |
janmaduḥkhād aparyantāc
chokam āgantum arhasi || 14.27 ||

evamādiḥ kramaḥ saumya
kāryo jāgaraṇaṃ prati |
vandhyaṃ hi śayanād āyuḥ
ka prājñaḥ kartum arhati || 14.28 ||

doṣavyālān atikramya
vyālān gṛhagatān iva |
kṣamaṃ prājñasya na svaptuṃ
nistitīrṣor mahad bhayam || 14.29 ||

pradīpte jīvaloke hi
mṛtyuvyādhijarāgnibhiḥ |
kaḥ śayīta nirudvegaḥ
pradīpta iva veśmani || 14.30 ||

tasmāt tama iti jñātvā
nidrāṃ nāveṣṭum arhasi |
apraśānteṣu doṣeṣu
suśastreṣv iva śatruṣu || 14.31 ||

그대는
죽음이 찾아온다는 것에 대한 두려움을,
다르마를 얻는다는 것에 대한 기쁨을,
무한히 태어나는 고통으로 인한 슬픔을
가져야 하느니라. ‖ 14.27 ‖

다정한 이여,
깨어 있기 위해서
이와 같은 과정을 실천해야 하느니라.
대체 어떤 현자가
잠 때문에 헛된 삶을 살려고 하겠는가? ‖ 14.28 ‖

마치 집을 기어 다니는 뱀을 간과하듯
해악을 끼치는 과오를 간과하는 것이니
심각한 두려움에서 벗어나고자 하는 현자가
잠을 자는 것은 옳지 않은 법이니라. ‖ 14.29 ‖

생명의 세계가
죽음과 질병과 노화의 불로 타오르고 있거늘,
마치 불타는 집에 있는 것과 같은데
대체 누가 걱정 없이 잘 수 있겠는가? ‖ 14.30 ‖

그러니 마치 강한 무기를 든 적과 같은 과오가
사라지지 않은 상태에서
[잠이] 어둠임을 알고서
잠에 들어서는 안 된다. ‖ 14.31 ‖

pūrvaṃ yāmaṃ triyāmāyāḥ
prayogeṇātināmya tu |
sevyā śayyā śarīrasya
viśrāmārthaṃ svatantriṇā || 14.32 ||

dakṣiṇena tu pārśvena
sthitayālokasaṃjñayā |
prabodhaṃ hṛdaye kṛtvā
śayīthāḥ śāntamānasaḥ || 14.33 ||

yāme tṛtīye cotthāya
carann āsīna eva vā |
bhūyo yogaṃ manaḥśuddhau
kurvīthā niyatendriyaḥ || 14.34 ||

athāsanagatasthāna-
prekṣitavyāhṛtādiṣu |
saṃprajānan kriyāḥ sarvāḥ
smṛtim ādhātum arhasi || 14.35 ||

dvārādhyakṣa iva dvāri
yasya praṇihitā smṛtiḥ |
dharṣayanti na taṃ doṣāḥ
puraṃ guptam ivārayaḥ || 14.36 ||

스스로 수행하는 자는
세 개의 밤[4] 가운데
첫 번째 밤을 노력(수행)으로 보낸 후
몸의 휴식을 위해 잠자리에 들어야 하느니라. ‖ 14.32 ‖

그리고 오른쪽으로 돌아누워
확고한 광명상(光明想)[5]을 하며
깨어날 [시간]에 마음을 두고서
평온한 마음을 가진 채 자야 하는 법이니라. ‖ 14.33 ‖

그대는 세 번째 밤에 일어나,
걷거나 앉아서
청정한 마음과 절제된 감관으로
수행을 더 해야 한다. ‖ 14.34 ‖

바른 주의집중(正念)을 지니는 것

그리고 앉거나 가거나
서거나 보거나 말할 적에
그대는 모든 행위들을 알아차리면서
주의집중을 유지해야 하느니라. ‖ 14.35 ‖

문에서 지키는 문지기처럼
주의집중을 유지하는 자를
과오들은 공격하지 못하나니,
마치 잘 지켜지는 성을
적들이 공격하지 못하는 것과 같으니라. ‖ 14.36 ‖

na tasyotpadyate kleśo
yasya kāyagatā smṛtiḥ |
cittaṃ sarvāsv avasthāsu
bālaṃ dhātrīva rakṣati || 14.37 ||

śaravyaḥ sa tu doṣāṇāṃ
yo hīnaḥ smṛtivarmaṇā |
raṇasthaḥ pratiśatrūṇāṃ
vihīna iva varmaṇā || 14.38 ||

anāthaṃ tan mano jñeyaṃ
yat smṛtir nābhirakṣati |
nirṇetā dṛṣṭirahito
viṣameṣu carann iva || 14.39 ||

anartheṣu prasaktāś ca
svārthebhyaś ca parāṅmukhā |
yadbhaye sati nodvignāḥ
smṛtināśo 'tra kāraṇam || 14.40 ||

svabhūmiṣu guṇāḥ sarve
ye ca śīlādayaḥ sthitāḥ |
vikīrṇā iva gā gopaḥ
smṛtis tān anugacchati || 14.41 ||

pranaṣṭam amṛtaṃ tasya
yasya viprasṛtā smṛtiḥ |
hastastham amṛtaṃ tasya
yasya kāyagatā smṛtiḥ || 14.42 ||

신념처를 행하는 사람에게는
번뇌가 일어나지 않나니,
마치 유모가 아이를 보호하듯
모든 상황에서 마음을 보호하는 법이니라. ‖ 14.37 ‖

하지만 주의집중의 갑옷이 없는 자는
과오들의 표적이 되니,
마치 갑옷을 입지 않은 상태로
전장에서 적군을 향해 임한 것과 같으니라. ‖ 14.38 ‖

주의집중을 유지하지 못하는 마음은
보호자가 없는 것이라고 알아야 하니,
마치 맹인이 안내자 없이
울퉁불퉁한 길을 걷는 것과 같으니라. ‖ 14.39 ‖

[인간]이 쓸모없는 것들에는 집착하고
자신을 위한 것들에 대해서는 외면하며
그 [윤회의] 두려움에 몸서리치지 않는다면
여기서 그 원인은 주의집중을 잃었기 때문이니라. ‖ 14.40 ‖

계율 등 모든 미덕들이
자기 자리에 있다면
마치 흩어져 있던 소가 목동을 [따라가듯]
주의집중이 그것을 따르는 법이로다. ‖ 14.41 ‖

신념처가 흩어진 자에게는
불사가 소멸되지만
신념처를 행하는 자에게는
불사가 손에 쥐어지느니라. ‖ 14.42 ‖

āryo nyāyaḥ kutas tasya
smṛtir yasya na vidyate |
yasyāryo nāsti ca nyāyaḥ
pranaṣṭas tasya satpathaḥ || 14.43 ||

pranaṣṭo yasya sanmārgo
naṣṭaṃ tasyāmṛtaṃ padam |
pranaṣṭam amṛtaṃ yasya
sa duḥkhān na vimucyate || 14.44 ||

tasmāc caraṃś caro 'smīti
sthito 'smīti cādhiṣṭhitaḥ |
evamādiṣu kāleṣu
smṛtim ādhātum arhasi || 14.45 ||

yogānulomaṃ vijanaṃ viśabdaṃ
śayyāsanaṃ saumya tathā bhajasva |
kāyasya kṛtvā hi vivekam ādau
sukho 'dhigantuṃ manaso vivekaḥ || 14.46 ||

alabdhacetaḥpraśamaḥ sarāgo
yo na pracāraṃ bhajate viviktam |
sa kṣaṇyate hy apratilabdhamārgaś
carann ivorvyāṃ bahukaṇṭakāyām || 14.47 ||

신념처가 흩어진 자에게
[해탈을 향한] 고귀한 계획이 어디 있겠는가?
그리고 고귀한 계획이 없는 자에게
참된 길은 사라지는 법이다. || 14.43 ||

참된 길이 사라진 자에게
불사의 단계란 없으니,
불사를 잃은 그는
고통으로부터 벗어날 수 없게 되는 법이다. || 14.44 ||

그러므로 '나는 걷는다'고 [자각하면서] 걷고
'나는 서 있다'고 [자각하면서] 서 있어야 하나니,
이와 같이 순간순간에
그대는 주의집중을 수지(受持)해야 한다. || 14.45 ||

홀로 머물기

다정한 이여,
수행하기 적합하고 홀로 머무는 곳,
조용한 곳에 있는 침상과 자리를 취하거라.
왜냐하면 신체적 고독을 먼저 달성해야
정신적 고독을 쉽게 이루기 때문이니라. || 14.46 ||

마음의 평화를 얻지 못한 채 애착을 가진 이가
고독을 행하는 길을 취하지 못한다면
마치 광대한 가시밭길을 걷는 것과 같이,
그는 길을 찾지 못해 상처를 입을 것이니라. || 14.47 ||

adṛṣṭatattvena parīkṣakeṇa
sthitena citre viṣayapracāre |
cittaṃ niṣeddhuṃ na sukhena śakyaṃ
kṛṣṭādako gaur iva sasyamadhyāt || 14.48 ||

anīryamāṇas tu yathānilena
praśāntim āgacchati citrabhānuḥ |
alpena yatnena tathā viviktesv
aghaṭṭitaṃ śāntim upaiti cetaḥ || 14.49 ||

kva cid bhuktvā yat tad vasanam api yat tat parihitaḥ
vasann ātmārāmaḥ kva cana vijane yo 'bhiramate |
kṛtārthaḥ sa jñeyaḥ śamasukharasajñaḥ kṛtamatiḥ
pareṣāṃ saṃsargaṃ pariharati yaḥ kaṇṭakam iva || 14.50 ||

yadi dvandvārāme jagati viṣayavyagrahṛdaye
vivikte nirdvando viharati kṛtī śāntahṛdayaḥ |
tataḥ pītvā prajñārasam amṛtavat tṛptahṛdayo
viviktaḥ saṃsaktaṃ viṣayakṛpaṇaṃ śocati jagat || 14.51 ||

경험해본 적 없는 진실을 탐색하는 자가
다양한 대상이 현현한 곳에 서 있다면
마음을 쉽게 제어할 수 없나니,
마치 옥수수 밭에서 경작한 것을 먹고 있는 소와 같으니라. ‖ 14.48 ‖

바람에 의해 흔들리지 않으면
어지러운 불빛이 잔잔해지듯
고독 속에서는 작은 노력으로도
마음이 동요되지 않아 평온해지는 법이니라. ‖ 14.49 ‖

어디서나 먹고 아무 곳에나 머물며
아무 옷이나 입고 어디서든 홀로 머물러
스스로 만족하며 즐기는 자,
목적을 이룬 자, 지혜를 얻은 자,
평정과 행복의 맛을 아는 자로 알려진 그는
타인과 함께 하는 것을
마치 뾰족한 가시를 대하듯 피하느니라. ‖ 14.50 ‖

만일 짝짓는 것에 만족하고,
마음이 대상에 갈피를 못 잡는 세상에서
짝에서 벗어나 고독하게 홀로 있다면
마음은 평정해지는 법이니라.
하여 감로 같은 지혜의 맛을 보고서 마음을 채우고
[오롯이] 홀로 있으며,
하잘것없는 대상에 매달리는 세상을 가여이 여기느니라. ‖ 14.51 ‖

vasañ chūnyāgāre yadi satatam eko 'bhiramate
yadi kleśotpādaiḥ saha na ramate śatrubhir iva |
carann ātmārāmo yadi ca pibati prītisalilaṃ
tato bhuṅkte śreṣṭhaṃ tridaśapatirājyād api sukham || 14.52 ||

|| saundaranande mahākāvya ādiprasthāno nāma caturdaśaḥ sargaḥ || 14 ||

만일 황야에 살면서 끊임없이 홀로 기뻐한다면,
만일 번뇌가 생기는 것을 마치 원수처럼 싫어한다면,
그리고 만일 스스로 만족하며 환희의 물을 마신다면,
그는 33천의 주인(인드라)의 천국보다도 더 큰 행복을 누릴 것이니라. || 14.52 ||

대서사시 『사운다라난다』에서 "첫 출발"이라는 이름의 열네 번째 장을 마친다.

〚 미주 〛

1 앞의 제13장에 이어서 붓다의 교설이 계속된다.

2 '신체의 불'이란 신체를 불에 비유한 표현이며 음식을 장작에 비유하고 있다.

3 그만큼 음식을 취할 때는 어쩔 수 없이, 절박한 필요에 의한 것임을 나타내는 비유이다.

4 '세 개의 밤'(triyāma)이란 인도의 시간 개념 중 하루를 8부분으로 나누는 방식과 연관된다. 이에 따르면 밤낮은 각각 4부분으로 나누어지며, 밤의 4부분은 prathamayāma(초저녁, 6~9시), pūrvarātra(저녁, 9~12시), apararātra(한밤, 12~3시), paścimayāma(새벽, 3~6시)이다. 이 중 저녁과 한밤을 묶어 madhyamaṃ yāmam(중간 밤)이라고도 하기 때문에 첫 번째 밤은 초저녁, 중간 밤은 저녁과 한밤, 세 번째 밤은 새벽으로 이해할 수 있다(안성두 2021, 130 fn.53 참조).

5 '광명상'(光明想, ālokasaṃjñā)이란 『성문지』에 따르면 잠들기 전 오른쪽으로 누워 '빛의 이미지'를 지니고 정념과 정지를 갖추어 생각을 다스리면서 잠드는 것을 말한다(안성두 2021, pp.133-142 설명 참조).

제15장

사변을 버림

vitarkaprahāṇaḥ

yatra tatra vivikte tu
baddhvā paryaṅkam uttamam |
ṛjuṃ kāyaṃ samādhāya
smṛtyābhimukhayānvitaḥ || 15.1 ||

nāsāgre vā lalāṭe vā
bhruvor antara eva vā |
kurvīthāś capalaṃ cittam
ālambanaparāyaṇam || 15.2 ||

sacet kāmavitarkas tvāṃ
dharṣayen mānaso jvaraḥ |
kṣeptavyo nādhivāsyaḥ sa
vastre reṇur ivāgataḥ || 15.3 ||

yady api pratisaṃkhyānāt
kāmān utsṛṣṭavān asi |
tamāṃsīva prakāśena
pratipakṣeṇa tāñ jahi || 15.4 ||

tiṣṭhaty anuśayas teṣāṃ
channo 'gnir iva bhasmanā |
sa te bhāvanayā saumya
praśāmyo 'gnir ivāmbunā || 15.5 ||

욕망의 대상으로부터 떠나기

홀로 있는 곳이면 어디라도
다리를 꼬고 앉아서
위로 몸을 곧게 하고
정면에 주의를 집중하면서[1] ‖ 15.1 ‖

코끝이나 이마,
또는 눈썹 사이 집중한 대상에
흔들리는 마음을 고정하거라. ‖ 15.2 ‖

만일 욕망의 대상을 찾아다니는
마음의 열기가 그대를 공격하려 한다면
스며들게 하지 말고
그것을 옷에 붙은 먼지처럼 털어내야 할 것이니라. ‖ 15.3 ‖

만일 그대가 정밀한 관찰[思擇]로
욕망의 대상으로부터 벗어났다 하더라도
빛으로 어둠을 파괴하듯
치료제로 그것을 파괴하여라. ‖ 15.4 ‖

불씨가 재 속에 숨겨져 있듯
그 [욕망]은 잠재되어[2] 있나니,
다정한 이여, 물로 불을 끄듯
그대의 수행으로 그것을 꺼뜨리거라. ‖ 15.5 ‖

te hi tasmāt pravartante
bhūyo bījād ivāṅkurāḥ |
tasya nāśena te na syur
bījanāśād ivāṅkurāḥ || 15.6 ||

arjanādīni kāmebhyo
dṛṣṭvā duḥkhāni kāminām |
tasmāt tān mūlataś chindhi
mitrasaṃjñān arīn iva || 15.7 ||

anityā moṣadharmāṇo
riktā vyasanahetavaḥ |
bahusādhāraṇāḥ kāmā
barhyā hy āśīviṣā iva || 15.8 ||

ye mṛgyamāṇā duḥkhāya
rakṣyamāṇā na śāntaye |
bhraṣṭāḥ śokāya mahate
prāptāś ca na vitṛptaye || 15.9 ||

tṛptiṃ vittaprakarṣeṇa
svargāvāptyā kṛtārthatām |
kāmebhyaś ca sukhotpattiṃ
yaḥ paśyati sa naśyati || 15.10 ||

마치 씨앗에서 싹이 나듯
그 [잠재된 욕망]으로부터 [욕망]은 다시 일어나니,
마치 씨앗이 파괴되면 싹이 나지 않듯
그 [잠재된 욕망]의 파괴를 통해
[욕망]들은 존재하지 않을 것이니라. || 15.6 ||

욕망에 찬 자들의 고통들이
욕망의 대상들로부터 생겨남을 관찰하고서,
마치 친구라는 이름의 적들을 베어내듯
그것들을 뿌리째 베어버리거라. || 15.7 ||

무상하고 잘못된 다르마요,
공허하며 악의 원인이자
많은 이들에게 공통된 욕망의 대상이란
마치 독사와 같으니 제거해야 하느니라. || 15.8 ||

그 [욕망의 대상들]을 좇는다 한들
고통만 있을 뿐이요,
붙잡고 있다 한들 안정되지 않으며,
그들을 잃어버리면 큰 슬픔이 일지만
얻었다 한들 만족되지 않는 법이로다. || 15.9 ||

막대한 부를 통한 만족,
천계에 도달하는 목적[3]의 달성,
또한 욕망의 대상에서 일어난 행복을 추구하는 자는
좌절하게 마련이나니. || 15.10 ||

calān apariniṣpannān
asārān anavasthitān |
parikalpasukhān kāmān
na tān smartum ihārhasi || 15.11 ||

vyāpādo vā vihiṃsā vā
kṣobhayed yadi te manaḥ |
prasādyaṃ tadvipakṣeṇa
maṇinevākulaṃ jalam || 15.12 ||

pratipakṣas tayor jñeyo
maitrī kāruṇyam eva ca |
virodho hi tayor nityaṃ
prakāśatamasor iva || 15.13 ||

nivṛttaṃ yasya dauḥśīlyaṃ
vyāpādaś ca pravartate |
hanti pāṃsubhir ātmānaṃ
sa snāta iva vāraṇaḥ || 15.14 ||

욕망의 대상이란,
변화하기 쉽고 완전하지 않으며
본질적이지 않고 근거 없으며
거짓된 행복이기 때문에,
여기서 그대는 그에 대해
관심을 기울여서는 아니 될 것이니라. ‖ 15.11 ‖

악의의 대치(對治)로서 자비와 연민의 마음

행여 악의적이거나 공격적인 것이
그대의 마음을 흔든다면
마치 보석[4]으로 탁한 물을 [정화하듯]
그것에 대한 치료제로 정화하여야 하느니라. ‖ 15.12 ‖

그에 대한 치료제라는 것[5]은
우애와 연민이라 알려진 것들이니,
마치 빛과 어둠처럼
그들은 항상 반대이니라. ‖ 15.13 ‖

자신의 나쁜 습성을 버린 후에도
악의가 계속되는 자는
마치 코끼리가 목욕한 후에
진흙으로 자신을 망치는 것과 같다. ‖ 15.14 ‖

duḥkhitebhyo hi martyebhyo
vyādhimṛtyujarādibhiḥ |
āryaḥ ko duḥkham aparaṃ
saghṛṇo dhātum arhati || 15.15 ||

duṣṭena ceha manasā
bādhyate vā paro na vā |
sadyas tu dahyate tāvat
svaṃ mano duṣṭacetasaḥ || 15.16 ||

tasmāt sarveṣu bhūteṣu
maitrīṃ kāruṇyam eva ca |
na vyāpādaṃ vihiṃsāṃ vā
vikalpayitum arhasi || 15.17 ||

yad yad eva prasaktaṃ hi
vitarkayati mānavaḥ |
abhyāsāt tena tenāsya
natir bhavati cetasaḥ || 15.18 ||

tasmād akuśalaṃ tyaktvā
kuśalaṃ dhyātum arhasi |
yat te syād iha cārthāya
paramārthasya cāptaye || 15.19 ||

질병, 죽음, 노화 등으로
고통 받는 인간에게
동정심을 지닌 고귀한 자라면
대체 어느 누가 더 큰 고통을 주려 하겠는가? ‖ 15.15 ‖

이 세상에서 악의란
다른 이에게는
고통을 줄 수도 아닐 수도 있지만,
악의를 [일으킨] 그 순간은
자신의 마음을 불태우는 법이니라. ‖ 15.16 ‖

하여 그대는 모든 존재에 대해
악의나 공격이 아니라
우애와 연민을 내어야 하느니라. ‖ 15.17 ‖

불선한 마음 버리기

인간이란
지속하여 생각하는 것은 그 무엇이든
그에 대해 계속 반복함으로써
그 마음에 변화가 있기 마련이니라. ‖ 15.18 ‖

그러므로 불선(不善)은 버리고,
그대의 현세의 이익과
최고의 목표를 획득할 수 있는
선(善)을 생각해야 하느니라.[6] ‖ 15.19 ‖

saṃvardhante hy akuśalā
vitarkāḥ saṃbhṛtā hṛdi |
anarthajanakās tulyam
ātmanaś ca parasya ca || 15.20 ||

śreyaso vighnakaraṇād
bhavanty ātmavipattaye |
pātrībhāvopaghātāt tu
parabhaktivipattaye || 15.21 ||

manaḥkarmasv avikṣepam
api cābhyastum arhasi |
na tv evākuśalaṃ saumya
vitarkayitum arhasi || 15.22 ||

yā trikāmopabhogāya
cintā manasi vartate |
na ca taṃ guṇam āpnoti
bandhanāya ca kalpate || 15.23 ||

sattvānām upaghātāya
parikleśāya cātmanaḥ |
mohaṃ vrajati kāluṣyaṃ
narakāya ca vartate || 15.24 ||

tad vitarkair akuśalair
nātmānaṃ hantum arhasi |
suśastraṃ ratnavikṛtaṃ
mṛddhato gāṃ khanann iva || 15.25 ||

불선한 생각들이 마음에 쌓이면
자신과 타인 모두에게
무용한 것들이 증장될 뿐이기 때문이로다. ‖ 15.20 ‖

그 [불선한 생각들]은
수승한 길에 장애물로 작용하기에,
자신의 재앙을 초래하는 한편
가치 있는 것(불법)을 훼손하여
타인의 믿음을 무너뜨리는 법이니라. ‖ 15.21 ‖

또한 그대는 마음의 행위(의업)가
흔들리지 않도록 수행해야 하나니,
다정한 이여,
불선은 절대 생각지도 말거라. ‖ 15.22 ‖

세 가지 욕망[7]을 즐기려는 생각을
마음에서 일으킨다 해도
그 혜택을 얻지 못한 채
속박을 만들 뿐이니라. ‖ 15.23 ‖

중생에게 해를 끼치고
자신을 괴롭히며
미혹함에서 혼탁으로 나아가
지옥으로 가게 되느니라. ‖ 15.24 ‖

하여 불선한 생각으로
스스로를 해쳐서는 아니 될 것이니,
마치 보석으로 장식된 좋은 무기로
땅을 파헤쳐 진흙으로 더럽히는 것과 같으니라. ‖ 15.25 ‖

anabhijño yathā jātyaṃ
dahed aguru kāṣṭhavat |
anyāyena manuṣyatvam
upahanyād idaṃ tathā || 15.26 ||

tyaktvā ratnaṃ yathā loṣṭaṃ
ratnadvīpāc ca saṃharet |
tyaktvā naiḥśreyasaṃ dharmaṃ
cintayed aśubhaṃ tathā || 15.27 ||

himavantaṃ yathā gatvā
viṣaṃ bhuñjīta nauṣadham |
manuṣyatvaṃ tathā prāpya
pāpaṃ seveta no śubham || 15.28 ||

tad buddhvā pratipakṣeṇa
vitarkaṃ kṣeptum arhasi |
sūkṣmeṇa pratikīlena
kīlaṃ dārvantarād iva || 15.29 ||

vṛddhyavṛddhyor atha bhavec
cintā jñātijanaṃ prati |
svabhāvo jīvalokasya
parīkṣyas tannivṛttaye || 15.30 ||

마치 무지한 사람이
최상급 침향나무를
장작처럼 태워버리듯,
잘못 행동함으로써
이러한 사람의 상태[8]를 망칠 것이다. ‖ 15.26 ‖

마치 보물 가득한 섬에서
보물을 내버리고 흙을 가져가듯,
그처럼 행복으로 인도하는 다르마를 버리고
불선을 생각하는 것이니라. ‖ 15.27 ‖

마치 [약초가 가득한] 히말라야에 가서
약초가 아닌 독을 먹는 것마냥,
그처럼 인간으로 태어났건만
선이 아닌 악을 섬기는 것이니라. ‖ 15.28 ‖

그대는 이것을 알고서
대치하는 [치료제]를 통해
분별적인 사고를 버려야 하나니,
마치 다른 작은 쐐기를 [박아]
나무에 박힌 쐐기를 [빼버리]듯 말이다.[9] ‖ 15.29 ‖

나와 관계된 것들에 대한 헛된 믿음 버리기

지금 가까운 가족이 번창하는지
그렇지 않은지를 걱정한다면,
그러한 [걱정]을 멈추기 위해
세상의 본질을 탐구해야 하느니라. ‖ 15.30 ‖

saṃsāre kṛṣyamāṇānāṃ
sattvānāṃ svena karmaṇā |
ko janaḥ svajanaḥ ko vā
mohāt sakto jane janaḥ || 15.31 ||

atīte 'dhvani saṃvṛttaḥ
svajano hi janas tava |
aprāpte cādhvani janaḥ
svajanas te bhaviṣyati || 15.32 ||

vihagānāṃ yathā sāyaṃ
tatra tatra samāgamaḥ |
jātau jātau tathāśleṣo
janasya svajanasya ca || 15.33 ||

pratiśrayaṃ bahuvidhaṃ
saṃśrayanti yathādhvagāḥ |
pratiyānti punas tyaktvā
tadvaj jñātisamāgamaḥ || 15.34 ||

loke prakṛtibhinne 'smin
na kaścit kasyacit priyaḥ |
kāryakāraṇasaṃbaddhaṃ
bālukāmuṣṭivaj jagat || 15.35 ||

자신의 행위로 인해
중생들은 윤회의 세계에서 끌려다니건만,
대체 누가 남이며, 누가 내 가족이란 말이냐?
사람이 사람에 대한 애착을 갖는 것은 무지 때문이니라. ‖ 15.31 ‖

지나온 길(과거)에서
그대에게 남이었던 이가
지금은 가족으로 함께할 수 있고,
[지금] 그대의 가족이
아직 가지 않은 길(미래)에는 남이 될 수 있나니. ‖ 15.32 ‖

마치 새들이 해질녘에
여기저기서 모여들듯,
반복해서 태어나는 과정에서
남과 내 가족의 인연도 그와 같도다. ‖ 15.33 ‖

마치 여행자들이
여러 쉼터에 함께 모였다가
다시 떠나 각자 [길을] 가듯,
가까운 이[10]와의 만남도 그와 같으니라. ‖ 15.34 ‖

본디 제각기 구별된 이 세상에서,
어떤 이에게 [다른] 어떤 이가
[언제나] 사랑스러운 일 없으니,
세상은 마치 주먹에 쥔 모래와 같이
결과와 원인이 결합된 것일 뿐이니라. ‖ 15.35 ‖

bibharti hi sutaṃ mātā
dharayiṣyati mām iti |
mātaraṃ bhajate putro
garbheṇādhatta mām iti || 15.36 ||

anukūlaṃ pravartante
jñātiṣu jñātayo yadā |
tadā snehaṃ prakurvanti
riputvaṃ tu viparyayāt || 15.37 ||

ahito dṛśyate jñātir
ajñātir dṛśyate hitaḥ |
snehaṃ kāryāntarāl lokaś
chinatti ca karoti ca || 15.38 ||

svayam eva yathālikhya
rajyec citrakaraḥ striyam |
tathā kṛtvā svayaṃ snehaṃ
saṃgam eti jane janaḥ || 15.39 ||

yo 'bhavad bāndhavajanaḥ
paraloke priyas tava |
sa te kam arthaṃ kurute
tvaṃ vā tasmai karoṣi kam || 15.40 ||

어머니는 '[아들이] 나를 부양하겠지'라며
아들을 키우고,
아들은 '[어머니께서] 태로 나를 품으셨다'며
어머니를 공경하곤 한다. ‖ 15.36 ‖

[마땅히 서로 사랑하는] 가까운 친지들 중에도
잘 따르는 친척들은 애정을 일으키지만,
반대의 경우에는 적대심을 [일으키는 법이니라.] ‖ 15.37 ‖

친지라 한들 도움이 되지 않기도 하고,
[오히려] 남이 도움이 되는 일이 생기기도 하니,
세상 사람은 [각기] 다른 목적 때문에
애정을 끊고, 또 일으키곤 하는 법이로다. ‖ 15.38 ‖

마치 화가가
스스로 여인을 그리고 나서는
애착을 가지게 되듯,
그처럼 사람은
스스로 [다른] 사람에게 애정을 일으키고서는
관계를 지어 가는 것이니라. ‖ 15.39 ‖

다른 생에서 그대가 사랑했던 친지는
[지금] 그대에게 어떤 도움이 되며,
혹은 그대가 그를 위해
어떤 [도움이] 되겠는가? ‖ 15.40 ‖

tasmāj jñātivitarkeṇa
mano nāveṣṭum arhasi |
vyavasthā nāsti saṃsāre
svajanasya janasya ca || 15.41 ||

asau kṣemo janapadaḥ
subhikṣo 'sāv asau śivaḥ |
ity evam atha jāyeta
vitarkas tava kaścana || 15.42 ||

praheyaḥ sa tvayā saumya
nādhivāsyaḥ kathaṃcana |
viditvā sarvam ādīptaṃ
tais tair doṣāgnibhir jagat || 15.43 ||

ṛtucakranivartāc ca
kṣutpipāsāklamād api |
sarvatra niyataṃ duḥkhaṃ
na kvacid vidyate śivam || 15.44 ||

kvacic chitaṃ kvacid gharmaḥ
kvacid rogo bhayaṃ kvacit |
bādhate 'bhyadhikaṃ loke
tasmād aśaraṇaṃ jagat || 15.45 ||

그러한 까닭에 친지에 대한 생각으로
마음을 빼앗길 가치가 없나니,
윤회하는 세상에서 자신의 친족과 타인은
구별되지 않는 법이기 때문이니라. ‖ 15.41 ‖

지역에 대한 욕구와 애착 버리기

또한 이 지역은 살기 좋고,
이 [지역]은 음식이 풍부하며,
이 [지역]은 번영되었다 하며
이 같은 어떤 생각이 그대에게 생겨날 수 있으리라. ‖ 15.42 ‖

[그러나] 다정한 이여, 그대는 모든 세상이
갖가지 과오의 불길들로
타오르는 것을 알고서
그 [생각]을 보내버려야 하며,
결코 [그러한 생각에] 머물러서는 안 되느니라. ‖ 15.43 ‖

계절의 순환은 되돌아오기 마련이며,
배고픔과 목마름과 피로로 인해
언제나 모든 곳에 고통이 있으니,
그 어디에도 번영이란 나타나지 않는 법이니라. ‖ 15.44 ‖

어떤 곳은 추위가, 어떤 곳은 더위가,
어떤 곳은 질병이, 어떤 곳은 공포가
세상 사람들을 극심하게 괴롭히니,
이 세상에 그로부터 피할 곳 없도다. ‖ 15.45 ‖

jarā vyādhiś ca mṛtyuś ca
lokasyāsya mahad bhayam |
nāsti deśaḥ sa yatrāsya
tad bhayaṃ nopapadyate || 15.46 ||

yatra gacchati kāyo 'yaṃ
duḥkhaṃ tatrānugacchati |
nāsti kācid gatir loke
gato yatra na bādhyate || 15.47 ||

ramaṇīyo 'pi deśaḥ san
subhikṣaḥ kṣema eva ca |
kudeśa iti vijñeyo
yatra kleśair vidahyate || 15.48 ||

lokasyābhyāhatasyāsya
duḥkhaiḥ śārīramānasaiḥ |
kṣemaḥ kaścin na deśo 'sti
svastho yatra gato bhavet || 15.49 ||

duḥkhaṃ sarvatra sarvasya
vartate sarvadā yadā |
chandarāgam ataḥ saumya
lokacitreṣu mā kṛthāḥ || 15.50 ||

yadā tasmān nivṛttas te
chandarāgo bhaviṣyati |
jīvalokaṃ tadā sarvam
ādīptam iva maṃsyase || 15.51 ||

늙음, 병, 죽음이
이 세상의 크나큰 공포이거늘,
그 공포가 생겨나지 않는 그러한 지역은
이 [세상에] 존재하지 않느니라. || 15.46 ||

이 몸이 가는 곳에는
고통이 따라가는 법이니,
[그곳에] 다다른 자가 고통받지 않는 곳이란
이 세상에 그 어떠한 곳도 없도다. || 15.47 ||

음식이 풍부하여 정착하기 좋은 데다
아름다운 지역이라 할지라도,
번뇌들로 불타오르는 곳이라면
나쁜 지역이라고 알아야 하느니라. || 15.48 ||

몸과 마음의 고통으로 뒤덮인 이 세상에는,
그 어느 곳이든 찾아간 이가
편히 머물 만한 지역이란 없느니라. || 15.49 ||

다정한 이여,
모든 곳 모든 이에게
언제나 고통이 존재하나니,
이 때문에 그대는 세상의 다양한 상들 속에
욕구와 애착을 만들어서는 안 된다. || 15.50 ||

그대의 욕구와 애착이
그 [대상]으로부터 물러나게 되면,
그때 그대는
모든 생명의 세계가 불타오르는 것처럼
여기게 될 것이니라. || 15.51 ||

atha kaścid vitarkas te
bhaved amaraṇāśrayaḥ |
yatnena sa vihantavyo
vyādhir ātmagato yathā || 15.52 ||

muhūrtam api viśrambhaḥ
kāryo na khalu jīvite |
nilīna iva hi vyāghraḥ
kālo viśvastaghātakaḥ || 15.53 ||

balastho 'haṃ yuvā veti
na te bhavitum arhati |
mṛtyuḥ sarvāsv avasthāsu
hanti nāvekṣate vayaḥ || 15.54 ||

kṣetrabhūtam anarthānāṃ
śarīraṃ parikarṣataḥ |
svāsthyāśā jīvitāśā vā
na dṛṣṭārthasya jāyate || 15.55 ||

삶의 영속성에 대한 헛된 믿음 버리기

그리고 그대가 당장은 죽지 않는다는
어떤 생각을 갖게 된다면,
마치 자신에게 걸린 병을 [대하듯]
힘써 그것을 없애야 하느니라. ‖ 15.52 ‖

실로 살아 있다는 것에 대해
잠시라도 믿음을 가져서는 안 될 것이니,
왜냐하면 시간이란
자세를 낮춘 호랑이마냥
안심한 자를 덮치는 법이기 때문이니라. ‖ 15.53 ‖

'나는 힘이 세다'거나
'[나는] 젊다'라며
[생각]해서는 아니 될 것이니,
죽음은 모든 경우에 덮쳐들며
나이를 따지지 않는 법이로다. ‖ 15.54 ‖

올바른 견해를 갖춘 자는
[자신이] 끌고 다니는 몸이
[갖가지] 불행의 밭임을 알기에,
건강에 대한 기대나 수명에 대한 기대를
일으키지 않는 법이니라. ‖ 15.55 ‖

nirvṛtaḥ ko bhavet kāyaṃ
mahābhūtāśrayaṃ vahan |
parasparaviruddhānām
ahīnāṃ iva bhājanam || 15.56 ||

praśvasity ayam anvakṣaṃ
yat ucchvasiti mānavaḥ |
avagaccha tad āścaryam
aviśvāsyaṃ hi jīvitam || 15.57 ||

idam āścaryam aparaṃ
yat suptaḥ pratibudhyate |
svapity utthāya vā bhūyo
bahvamitrā hi dehinaḥ || 15.58 ||

garbhāt prabhṛti yo lokaṃ
jighāṃsur anugacchati |
kas tasmin viśvasen mṛtyāv
udyatāsāv arāv iva || 15.59 ||

prasūtaḥ puruṣo loke
śrutavān balavān api |
na jayaty antakaṃ kaścin
nājayan nāpi jeṣyati || 15.60 ||

마치 서로 싸우는 뱀들을
[담아놓은] 항아리처럼
[네 가지] 원소들을 의지처로 하는 몸을 지고 다니거늘
대체 어떤 이가 편안할 수 있겠는가? ‖ 15.56 ‖

사람이 숨을 들이마시고
바로 내뱉는다는 것이 놀라운 일임을 이해하거라.
왜냐하면 수명이란
믿을 만한 것이 아니기 때문이니라. ‖ 15.57 ‖

잠든 자가 깨어나는 것이나,
일어난 후 다시 잠드는 이 또한 놀라운 일이니,
왜냐하면 몸 가진 자들에게는
많은 적들이 있기 때문이니라. ‖ 15.58 ‖

자궁에서 태어난 이후
세상 사람을 죽이려 칼을 쳐들고 쫓아가는
적과 같은 그 죽음에 대해
어느 누가 믿음을 가질 수 있겠는가? ‖ 15.59 ‖

이 세상에서 태어나
학식 있고 힘 있는 그 어떤 사람이라도
죽음을 이기지 못하며,
[과거에도] 이긴 자 없고,
[미래에도] 이길 자 없느니라. ‖ 15.60 ‖

sāmnā dānena bhedena
daṇḍena niyamena vā |
prāpto hi rabhaso mṛtyuḥ
pratihantuṃ na śakyate || 15.61 ||

tasmān nāyuṣi viśvāsaṃ
cañcale kartum arhasi |
nityaṃ harati kālo hi
sthāviryaṃ na pratīkṣate || 15.62 ||

niḥsāraṃ paśyato lokaṃ
toyabudbudadurbalam |
kasyāmaravitarko hi
syād anunmattacetasaḥ || 15.63 ||

tasmād eṣāṃ vitarkāṇāṃ
prahāṇārthaṃ samāsataḥ |
ānāpānasmṛtiṃ saumya
viṣayīkartum arhasi || 15.64 ||

ity anena prayogeṇa
kāle sevitum arhasi |
pratipakṣān vitarkāṇāṃ
gadānām agadān iva || 15.65 ||

협상이나 뇌물로도,
분탕질이나 몽둥이, 금제로도
집요하게 닥쳐오는 죽음을 없애는 일은
불가능한 것이니라. ‖ 15.61 ‖

그 때문에 그대는
어찌될 지 알 수 없는 수명에
그저 안심해서는 아니 될 것이니,
시간은 항상 흐르며
노년을 기다리지 않기 때문이니라. ‖ 15.62 ‖

세상이 물거품과 같이 약하여
실체가 없는 것임을 보며,
미치지 않은 마음을 지닌 자라면
대체 어떤 이에게 불사에 대한 사변이 일겠는가? ‖ 15.63 ‖

그러니 다정한 이여,
요컨대 이러한 사변들을 버리기 위해서는
들숨 날숨에 대한 주의집중을
대상으로 삼아야 하느니라. ‖ 15.64 ‖

그리하여 적절한 상황에
이 [적절한] 수행법을 통해
마치 병에 대해 약을 쓰듯
사변들에 대해 [딱 맞는] 치료제[11]를 적용해야 한다. ‖ 15.65 ‖

suvarṇahetor api pāṃsudhāvako
vihāya pāṃsūn bṛhato yathāditaḥ |
jahāti sūkṣmān api tadviśuddhaye
viśodhya hemāvayavān niyacchati || 15.66 ||

vimokṣahetor api yuktamānaso
vihāya doṣān bṛhatas tathāditaḥ |
jahāti sūkṣmān api tadviśuddhaye
viśodhya dharmāvayavān niyacchati || 15.67 ||

krameṇādbhiḥ śuddhaṃ kanakam iha pāṃsuvyavahitaṃ
yathāgnau karmāraḥ pacati bhṛśam āvartayati ca |
tathā yogācāro nipuṇam iha doṣavyavahitaṃ
viśodhya kleśebhyaḥ śamayati manaḥ saṃkṣipati ca || 15.68 ||

yathā ca svacchandād upanayati karmāśrayasukhaṃ
suvarṇaṃ karmāro bahuṃvidham alaṃkāravidhiṣu |
manaḥśuddho bhikṣur vaśagatam abhijñāsv api tathā
yathecchaṃ yatrecchaṃ śamayati manaḥ prerayati ca || 15.69 ||

|| saundaranande mahākāvye vitarkaprahāṇo nāma pañcadaśaḥ sargaḥ || 15 ||

사금 채취자가 금을 얻기 위해
처음에는 큰 진흙 덩이들을 떨어내고,
그것을 깨끗하게 만들기 위해
미세한 [티끌]들도 제거한 후,
깨끗하게 한 후에야
금 부스러기들을 채취하는 것과 같나니, ‖ 15.66 ‖

바로 그처럼 해탈을 얻고자 마음먹은 자는
처음에는 큰 과오들을 떨어내고 나서,
그것을 깨끗하게 만들기 위해
미세한 [과오]들도 제거한 후,
깨끗하게 한 후에야
다르마 부분[12]을 얻게 되는 것이니라. ‖ 15.67 ‖

마치 이 세상에서 금 세공인이 순차적으로 물에 씻어
진흙과 분리된 금을 불에 녹여 재빨리 굴리듯,
그처럼 이 세상에서 요가행자는
능숙하게 번뇌들로부터 씻어낸 후
과오와 분리된 마음을 평정히 하고 집중해야 하느니라. ‖ 15.68 ‖

마치 금 세공인이 자신이 원하는 장신구 종류들로
작업하기 편하게 다양한 방식으로 금을 만들어가듯이,
그처럼 마음이 깨끗해진 비구는 신통 속에 있다 해도
자유로이 마음을 원하는 대로 평정하게 하고,
원하는 상태로 향하게 하느니라. ‖ 15.69 ‖

대서사시 『사운다라난다』에서 "사변을 버림"이라는 이름의 열다섯 번째 장을 마친다.

〖 미주 〗

1 앞의 제13장에서 시작된 부처님의 교설이 계속 이어지고 있다.

2 원문의 아누샤야(anuśaya)는 불교에서 번뇌의 동의어 중 하나인 수면(隨眠)을 말한다. 번뇌란 항상 잠자는 것처럼 잠재되어 있다가 마음을 따라 언제든지 일어난다는 의미를 지닌다.

3 '하늘에 도달하는 목적'이란 브라만의 제사나 기도 등을 통해 천국에 이르고자 하는 것을 말한다.

4 원문의 마니(maṇi)를 보석으로 번역하였다. 한역 경전에서는 마니(摩尼), 마니주(摩尼珠) 등 보석의 대명사로 등장하며, 경전에 따라 소원을 들어주는 보석이나 인드라 그물의 매듭, 불성이나 오온의 상징 등 다양한 맥락에서 쓰인다. 『대보적경』에는 물을 정화하는 보석[淸水寶珠]이 나오는데 흙탕물에 이 보석을 넣으면 탁한 물이 가라앉고 맑은 물로 변한다고 전한다.

5 '그것에 대한 치료제'란 앞의 제12송에서 언급된 악의와 공격에 대한 적절한 치료제를 말하며 곧 우애와 연민이다.

6 불선과 선은 해탈에 좋지 않은 것과 해탈에 좋은 것을 말한다.

7 '세 가지 욕망'은 정확히 어떤 것인지 지칭되어 있지 않다. 다만 앞의 제10송을 참조하면 재산에 대한 욕망, 내세에 대한 욕망, 대상을 통한 행복에 대한 욕망으로 생각해볼 수 있다.

8 '이러한 사람의 상태'란 사람으로 태어난 상태를 말하는 것이다. 불교에서는 윤회하는 유정이 인간으로 태어나는 것은 매우 드문 일이며, 인간은 불법(佛法)을 만나 해탈할 수 있는 가능성이 있는 귀한 존재로 여겨진다.

9 쐐기로 쐐기를 뽑는다[以楔出楔]는 비유는 『유가사지론』, 『섭대승론』 등에 수행 방편으로 등장한다.

10 '가까운 이'란 친지, 친인척, 가족 등을 말한다.

11 '사변들에 대해 딱 맞는 치료제'란 수행자에게 일어나는 감정과 상태에 따라 그것을 사라지게 할 수 있는 대치되는 명상을 말한다. 대표적으로 오정심관(五停心觀)을 들 수 있는데 몸에 대한 탐욕이 일어날 때는 부정관, 분노가 일어날 때는 자비관, 어리석음에 대해서는 인연관, 많은 생각에 대해서는 수식관, 아만에 대해서는 계차별관을 수행하도록 한다(안성두 2021, pp.217ff 참조).

12 '다르마 부분'이란 수행 초기에는 과오와 다르마가 섞여 있는 상태였지만 수행을 통해 모든 과오가 사라지고 나면 다르마 부분만 드러난다는 뜻이다.

제16장

사성제에 관한 설법

āryasatyavyākhyānaḥ

evaṃ manodhāraṇayā krameṇa
vyapohya kiṃcit samupohya kiṃcit |
dhyānāni catvāry adhigamya yogī
prāpnoty abhijñā niyamena pañca || 16.1 ||

ṛddhipravekaṃ ca bahuprakāraṃ
parasya cetaścaritāvabodham |
atītajanmasmaraṇaṃ ca dīrghaṃ
divye viśuddhe śruticakṣuṣī ca || 16.2 ||

ataḥ paraṃ tattvaparīkṣaṇena
mano dadhāty āsravasaṃkṣayāya |
tato hi duḥkhaprabhṛtīni samyak
catvāri satyāni padāny avaiti || 16.3 ||

bādhātmakaṃ duḥkham idaṃ prasaktaṃ
duḥkhasya hetuḥ prabhavātmako 'yam |
duḥkhakṣayo niḥsaraṇātmako 'yaṃ
trāṇātmako 'yaṃ praśamāya mārgaḥ || 16.4 ||

ity āryasatyāny avabudhya buddhyā
catvāri samyak pratividhya caiva |
sarvāsravān bhāvanayābhibhūya
na jāyate śāntim avāpya bhūyaḥ || 16.5 ||

다섯 가지 신통과 사성제의 설명

이와 같이 마음을 다잡으며
차례로 어떤 것은 없애고 어떤 것은 더하여[1]
네 가지 선정을 성취하면
수행자는 분명히 다섯 가지 신통을 얻느니라.[2] ‖ 16.1 ‖

신통 중에 최고인 여러 형태로 몸을 변화시키는 능력(신족통),
타인의 마음의 움직임을 아는 능력(타심통),
길이길이 전생을 기억하는 능력(숙명통),
청정하고 신적인 귀와 눈의 능력(천이통, 천안통)이니라. ‖ 16.2 ‖

다음으로 실상의 탐구를 통해
마음이 번뇌의 근절(누진지)을 향하게 되나니,
왜냐하면 고제로 시작하는 네 가지 진리(사성제)[3] 각각을
바르게 인식하기 때문이니라. ‖ 16.3 ‖

이것은 고통이며 끊임없는 괴로움을 특질로 하고,
이것은 고통의 원인이며 태어남을 특질로 하며,
이것은 고통의 소멸이며 벗어남을 특질로 하고,
이것은 적정의 길이며 보호(피난)를 특질로 하느니라. ‖ 16.4 ‖

이처럼 네 가지 성스러운 진리를
지성을 통해 바르게 깨닫고 꿰뚫고,
수습을 통해 모든 번뇌를 제압한 후[4]
적정을 얻으면 더 이상 태어나지 않는 법이로다. ‖ 16.5 ‖

abodhato hy aprativedhataś ca
tattvātmakasyāsya catuṣṭayasya |
bhavād bhavaṃ yāti na śāntim eti
saṃsāradolām adhiruhya lokaḥ || 16.6 ||

tasmāj jarāder vyasanasya mūlaṃ
samāsato duḥkham avaihi janma |
sarvauṣadhīnām iva bhūr bhavāya
sarvāpadāṃ kṣetram idaṃ hi janma || 16.7 ||

yaj janma rūpasya hi sendriyasya
duḥkhasya tan naikavidhasya janma |
yaḥ saṃbhavaś cāsya samucchrayasya
mṛtyoś ca rogasya ca saṃbhavaḥ saḥ || 16.8 ||

sad vāpy asad vā viṣamiśram annaṃ
yathā vināśāya na dhāraṇāya |
loke tathā tiryag upary adho vā
duḥkhāya sarvaṃ na sukhāya janma || 16.9 ||

jarādayo naikavidhāḥ prajānāṃ
satyāṃ pravṛttau prabhavanty anarthāḥ |
pravātsu ghoreṣv api māruteṣu
na hy aprasūtās taravaś calanti || 16.10 ||

실로 이러한 네 가지 실상에 대해
깨닫지 못하고 꿰뚫지 못하기에
인간은 윤회라는 가마에 올라
생에서 생으로 이동할 뿐, 적정에 들지 못하느니라. ‖ 16.6 ‖

하여 간단히 말하면 태어남이
늙음 등 불행의 뿌리가 되는 고통임을
그대는 알아야 하나니,
마치 땅이 모든 식물의 터전이듯
실로 이 태어남이 모든 불행의 터전이니라. ‖ 16.7 ‖

감각 기관을 가진 육체의 탄생은
곧 여러 종류의 고통의 탄생이요,
이러한 [물질적] 존재가 태어나는 것은
곧 죽음과 질병이 태어나는 것이니라. ‖ 16.8 ‖

마치 좋은 음식이든 나쁜 음식이든 독이 들어간 것은
[생명을] 유지하는 것이 아니라 죽음을 초래하듯,
마찬가지로 세상에서 옆으로든 위든 아래든[5] 모든 태어남은
행복이 아니라 고통을 초래하는 것이니라. ‖ 16.9 ‖

늙음 등 갖가지 불행은
인간의 생명이 지속되는 한 생겨나니,
격렬한 바람이 분다 한들
태어나지 않은 나무들은 흔들릴 일이 없도다. ‖ 16.10 ‖

ākāśayoniḥ pavano yathā hi
yathā śamīgarbhaśayo hutāśaḥ |
āpo yathāntarvasudhāśayāś ca
duḥkhaṃ tathā cittaśarīrayoni || 16.11 ||

apāṃ dravatvaṃ kaṭhinatvam urvyā
vāyoś calatvaṃ dhruvam auṣṇyam agneḥ |
yathā svabhāvo hi tathā svabhāvo
duḥkhaṃ śarīrasya ca cetasaś ca || 16.12 ||

kāye sati vyādhijarādi duḥkhaṃ
kṣuttarṣavarṣoṣṇahimādi caiva |
rūpāśrite cetasi sānubandhe
śokāratikrodhabhayādi duḥkham || 16.13 ||

pratyakṣam ālokya ca janma duḥkhaṃ
duḥkhaṃ tathātītam apīti viddhi |
yathā ca tad duḥkham idaṃ ca duḥkhaṃ
duḥkhaṃ tathānāgatam apy avehi || 16.14 ||

bījasvabhāvo hi yatheha dṛṣṭo
bhūto 'pi bhavyo 'pi tathānumeyaḥ |
pratyakṣataś ca jvalano yathoṣṇo
bhūto 'pi bhavyo 'pi tathoṣṇa eva || 16.15 ||

바람이 공기에서 생기고
불이 부시나무에 깃들어 있듯,
또한 물이 땅속에 스며들어 있듯,
그처럼 고통은 마음과 육체에서 태어나느니. ‖ 16.11 ‖

마치 물은 유동성을, 땅은 견고성을,
바람은 활동성을, 불은 끊임없는 열을 자성으로 하듯
신체와 마음의 자성은 고통이니라. ‖ 16.12 ‖

신체가 있는 한 질병과 늙음,
배고픔, 갈증, 비, 더위와 추위 등과 같은 고통이 있고.
마음이 육체에 의지해 속박되어 있는 한
슬픔, 불만, 분노, 두려움 등의 고통이 있느니라. ‖ 16.13 ‖

태어남이 고통임을 목도하고서,
과거에도 마찬가지로 고통이었다고 알아야 하며,
과거에도 고통이고 현재도 고통인 것과 마찬가지로
오지 않은 [미래] 또한 고통이라고 이해하거라. ‖ 16.14 ‖

지금 보이는 씨앗의 자성은
과거에도 미래에도 그와 같다고 추론되며,
또한 직접 보고 있는 불에 열이 있다는 사실은
과거에도 미래에도 그와 같이 열이 있음이 [추론되느니라.] ‖ 16.15 ‖

tan nāmarūpasya guṇānurūpaṃ
yatraiva nirvṛttir udāravṛtta |
tatraiva duḥkhaṃ na hi tadvimuktaṃ
duḥkhaṃ bhaviṣyaty abhavad bhaved vā || 16.16 ||

pravṛttiduḥkhasya ca tasya loke
tṛṣṇādayo doṣagaṇā nimittam |
naiveśvaro na prakṛtir na kālo
nāpi svabhāvo na vidhir yadṛcchā || 16.17 ||

jñātavyam etena ca kāraṇena
lokasya doṣebhya iti pravṛttiḥ |
yasmān mriyante sarajastamaskā
na jāyatc vītarajastamaskaḥ || 16.18 ||

icchāviśeṣe sati tatra tatra
yānāsanāder bhavati prayogaḥ |
yasmād atas tarṣavaśāt tathaiva
janma prajānām iti veditavyam || 16.19 ||

sattvāny abhiṣvaṅgavaśāni dṛṣṭvā
svajātiṣu prītiparāṇy atīva |
abhyāsayogād upapāditāni
tair eva doṣair iti tāni viddhi || 16.20 ||

고귀한 행위자여,
그것(고통)은 명색의 속성에 따르는 것이며
죽음이 있는 곳에 고통이 있으니,
그로부터 벗어나면 고통은 존재하지 않고,
존재하지 않았으며, 앞으로도 존재하지 않을 것이니라. ‖ 16.16 ‖

세상에서 작용하는 고통은
갈애 등과 같은 과오의 집적이 그 원인이니,
신[6] 도 아니고 원질[7] 도 아니며,
시간도 아니고 자성도 아닐뿐더러,
운명도 우연도 아니니라. ‖ 16.17 ‖

과오로 인한 세상의 순환[8] 은
이러한 원인에 의한 것임을 알아야 하나니,
이러한 [과오]로 인해
잡염과 미망을 가진 자들은 [계속 생을 받아] 죽지만
잡염과 미망을 제거한 자는 [더 이상] 태어나지 않느니라. ‖ 16.18 ‖

갖가지 특별한 욕망이 있는 한
가거나 앉는 등의 행위가 일어나는 법이로다.
하여 바로 그와 같은 방식으로
갈애의 힘으로 인해
중생들의 탄생이 [일어남을] 알아야 하느니라. ‖ 16.19 ‖

애착에 압도된 중생들이 자신의 종[9] 속에서
몹시도 쾌락을 추구하는 것을 보고나서,
바로 그러한 과오와 더불어 [반복되는] 습관의 활동 때문에[10]
그러한 결과가 생겨남을 알아야 하느니라. ‖ 16.20 ‖

krodhapraharṣādibhir āśrayāṇām
utpadyate ceha yathā viśeṣaḥ |
tathaiva janmasv api naikarūpo
nirvartate kleśakṛto viśeṣaḥ || 16.21 ||

roṣādhike janmani tīvraroṣa
utpadyate rāgiṇi tīvrarāgaḥ |
mohādhike mohabalādhikaś ca
tadalpadoṣe ca tadalpadoṣaḥ || 16.22 ||

phalaṃ hi yādṛk samavaiti sākṣāt
tadāgamād bījam avaity atītam |
avetya bījaprakṛtiṃ ca sākṣād
anāgataṃ tatphalam abhyupaiti || 16.23 ||

doṣakṣayo jātiṣu yāsu yasya
vairāgyatas tāsu na jāyate saḥ |
doṣāśayas tiṣṭhati yasya yatra
tasyopapattir vivaśasya tatra || 16.24 ||

taj janmano naikavidhasya saumya
tṛṣṇādayo hetava ity avetya |
tāṃś chindhi duḥkhād yadi nirmumukṣā
kāryakṣayaḥ kāraṇasaṃkṣayād dhi || 16.25 ||

분노와 희열 등에 의해
이 세상에서 신체의 차이가 발생하듯,
그와 같이 존재 가운데서도
번뇌가 만들어낸 다양한 형태의 차별상이 일어나느니라. ‖ 16.21 ‖

누군가에게 분노가 많을 때 격렬한 분노가 일어나고
욕정이 있을 때 격렬한 욕정이 일어나며,
미망이 강할 때 미망의 힘에 압도되지만
과오가 작으면 미약한 과오가 있느니라. ‖ 16.22 ‖

눈앞에 어떤 과일이 있다고 생각할 때
그것이 어디로부터 왔는가를 [추정하여]
과거의 씨앗을 떠올릴 수 있으며,
눈앞에 있는 씨앗의 본성을 생각하면
미래의 그 열매에 다다를 수 있는 법이니라. ‖ 16.23 ‖

어떤 종에 속한 사람이 과오를 소멸하면
그는 이욕 때문에 그 종으로 태어나지 않나니,
그가 지닌 잠재된 과오가 향하는 곳,
그곳에 싫든 좋든 그의 탄생이 있느니라. ‖ 16.24 ‖

다정한 이여, 그러한 갖가지 생은
갈애 등이 원인이라는 것을 알고서,
만일 고통으로부터 벗어나고자 한다면 그것을 끊거라.
왜냐하면 원인을 소멸하는 것이
작용을 함께 없애는 것이기 때문이니라. ‖ 16.25 ‖

duḥkhakṣayo hetuparikṣayāc ca
śāntaṃ śivaṃ sākṣikuruṣva dharmaṃ |
tṛṣṇāvirāgaṃ layanaṃ nirodhaṃ
sanātanaṃ trāṇam ahāryam āryam || 16.26 ||

yasmin na jātir na jarā na mṛtyur
na vyādhayo nāpriyasaṃprayogaḥ |
necchāvipanna priyaviprayogaḥ
kṣemaṃ padaṃ naiṣṭhikam acyutaṃ tat || 16.27 ||

dīpo yathā nirvṛtim abhyupeto
naivāvaniṃ gacchati nāntarikṣam |
diśaṃ na kāṃcid vidiśaṃ na kāṃcit
snehakṣayāt kevalam eti śāntim || 16.28 ||

evaṃ kṛtī nirvṛtim abhyupeto
naivāvaniṃ gacchati nāntarikṣam |
diśaṃ na kāṃcid vidiśaṃ na kāṃcit
kleśakṣayāt kevalam eti śāntim || 16.29 ||

그리고 원인을 없앰으로써 고통이 소멸하니,
고요하고 행복한 다르마(=열반)를 직접 경험하거라.
[열반은] 욕망에 대한 열정이 사라진 휴식처이자
영원한 소멸이요, 부동의 고귀한 피난처이니라. ‖ 16.26 ‖

[다르마가 현전한] 그곳에는
탄생도 늙음도 죽음도 질병도 [없고]
불쾌한 대상과도 접촉하지 않으며,
원하는 것을 이루지 못할 일도 없고
좋아하는 대상과 헤어지지도 않으니,
그곳은 죽음이 없는 궁극적으로 안온한 상태이니라. ‖ 16.27 ‖

불 꺼진 등불은 땅으로 꺼진 것도 아니고
허공으로 솟은 것도 아니고
어떤 방향이나 어떤 중간 방향[11]으로 간 것도 아니라
그저 기름이 다하여 완전히 소진된 것이니라. ‖ 16.28 ‖

이와 같이 행위가 사라진 자는
땅으로 꺼지는 것도 아니고
허공으로도 솟는 것도 아니고
어떤 방향이나 어떤 중간 방향으로도 가는 것도 아니라
번뇌가 다하여 완전한 적정에 이른 것이니라. ‖ 16.29 ‖

asyābhyupāyo 'dhigamāya mārgaḥ
prajñātrikalpaḥ praśamadvikalpaḥ |
sa bhāvanīyo vidhivad budhena
śīle śucau tripramukhe sthitena || 16.30 ||

vākkarma samyak sahakāyakarma
yathāvad ājīvanayaś ca śuddhaḥ |
idaṃ trayaṃ vṛttavidhau pravṛttaṃ
śīlāśrayaṃ karmaparigrahāya || 16.31 ||

satyeṣu duḥkhādiṣu dṛṣṭir āryā
samyag vitarkaś ca parākramaś ca |
idaṃ trayaṃ jñānavidhau pravṛttaṃ
prajñāśrayaṃ kleśaparikṣayāya || 16.32 ||

nyāyena satyābhigamāya yuktā
samyak smṛtiḥ samyag atho samādhiḥ |
idaṃ dvayaṃ yogavidhau pravṛttaṃ
śamāśrayaṃ cittaparigrahāya || 16.33 ||

계정혜 삼학과 팔정도의 길

이러한 상태에 도달하기 위한 수단은
지혜[慧]의 세 가지 길과 적정[定]의 두 가지 길이 있나니,
그 [길]은 청정한 계율[戒]의
세 가지 절제가 확립된 현자가
원칙에 따라 수습해야 하느니라. || 16.30 ||

올바른 언어적 행위[正語],
절제된 육체적 행위[正業],
올바르게 청정한 삶을 영위하는 것[正命],
이 세 가지는 행동과 관련해서 작용하는 것이요,
행위를 절제하기 위한 계율의 토대이니라. || 16.31 ||

고제 등에 대한 고귀한 통찰[正見]과
바른 사유[正思惟], 바른 노력[正精進],
이 세 가지는 지혜와 관련해서 작용하는 것이요,
번뇌의 소멸을 위한 지혜의 토대이니라. || 16.32 ||

진리에 이르기 위한 수단으로 수반된
바른 주의집중[正念]과 바른 삼매[正定],
이 두 가지는 수행과 관련해서 작용하는 것이요,
마음을 절제하기 위한 적정의 토대이니라. || 16.33 ||

kleśāṅkurān na pratanoti śīlaṃ
bījāṅkurān kāla ivātivṛttaḥ |
śucau hi śīle puruṣasya doṣā
manaḥ salajjā iva dharṣayanti || 16.34 ||

kleśāṃs tu viṣkambhayate samādhir
vegān ivādrir mahato nadīnām |
sthite samādhau hi na dharṣayanti
doṣā bhujaṃgā iva mantrabaddhāḥ || 16.35 ||

prajñā tv aśeṣeṇa nihanti doṣāṃs
tīradrumān prāvṛṣi nimnageva |
dagdhā yayā na prabhavanti doṣā
vajrāgninevānusṛtena vṛkṣāḥ || 16.36 ||

triskandham etaṃ pravigāhya mārgaṃ
praspaṣṭam aṣṭāṅgam ahāryam āryam |
duḥkhasya hetūn prajahāti doṣān
prāpnoti cātyantaśivaṃ padaṃ tat || 16.37 ||

asyopacāre dhṛtir ārjavaṃ ca
hrīr apramādaḥ praviviktatā ca |
alpecchatā tuṣṭir asaṃgatā ca
lokapravṛttāv aratiḥ kṣamā ca || 16.38 ||

지나가버린 계절이 씨앗을 싹틔우지 않듯
계는 번뇌를 싹틔우지 않나니,
실로 계가 청정할 때 허물은 수치심이 그러하듯
사람의 마음을 불편하게 하느니라. ‖ 16.34 ‖

또한 산이 강의 세찬 물줄기를 저지하듯
삼매는 번뇌를 저지하는 법이니,
실로 삼매가 확립될 때
허물은 주문에 걸린 뱀처럼 공격할 수 없느니라. ‖ 16.35 ‖

또한 우기에 강이 둑의 나무를 쓸어버리듯
지혜는 허물을 남김없이 쓸어버리니,
번갯불에 맞은 나무마냥
그 [지혜]에 의해 타버린 허물은
[다시금] 일어나지 않느니라. ‖ 16.36 ‖

이 세 가지(삼학)와 여덟 가지(팔정도)라는
확실하고 변함없고 고귀한 길에 들어가
고통의 원인인 허물을 버리고 나면
완전한 행복의 단계를 얻느니라. ‖ 16.37 ‖

[삼학과 팔정도를 갖춘] 그는
수행 생활의 유지, 정직, 겸손, 주의력,
고독, 최소한의 욕구, 만족, 자유,
세속적 행위에 대한 염리, 그리고 인내를 갖추느니라. ‖ 16.38 ‖

yāthātmyato vindati yo hi duḥkhaṃ
tasyodbhavaṃ tasya ca yo nirodham |
āryeṇa mārgeṇa sa śāntim eti
kalyāṇamitraiḥ saha vartamānaḥ || 16.39 ||

yo vyādhito vyādhim avaiti samyag
vyādher nidānaṃ ca tadauṣadhaṃ ca |
ārogyam āpnoti hi so 'cireṇa
mitrair abhijñair upacaryamāṇaḥ || 16.40 ||

tad vyādhisaṃjñāṃ kuru duḥkhasatye
doṣeṣv api vyādhinidānasaṃjñām |
ārogyasaṃjñāṃ ca nirodhasatye
bhaiṣajyasaṃjñām api mārgasatye || 16.41 ||

tasmāt pravṛttiṃ parigaccha duḥkhaṃ
pravartakān apy avagaccha doṣān |
nivṛttim āgaccha ca tannirodhaṃ
nivartakaṃ cāpy avagaccha mārgam || 16.42 ||

śirasy atho vāsasi saṃpradīpte
satyāvabodhāya matir vicāryā |
dagdhaṃ jagat satyanayaṃ hy adṛṣṭvā
pradahyate saṃprati dhakṣyate ca || 16.43 ||

고통을 있는 그대로 아는 자
[고통]의 시작과 [고통]의 소멸을 아는 자는
진실한 벗들과 더불어 전진하여
고귀한 길을 통해 적정으로 나아가는 법이니. ‖ 16.39 ‖

환자가 [자신의] 병을 바르게 알고
병의 근본 원인과 그 치료법을 안다면
머지않아 지혜로운 벗들에게
간병을 받아 건강을 얻을 것이니라. ‖ 16.40 ‖

그러니 고통이라는 진리[苦諦]에 대해 병이라고 알고
허물[集諦]에 대해 병의 원인이라고 알고
열반이라는 진리[滅諦]에 대해 치료라고 알며
길이라는 진리[道諦]에 대해 약이라고 알라. ‖ 16.41 ‖

그러므로 고통이 작용하고 있음을 이해하고,
허물은 [고통이] 작용하게 하는 것이라고 알라.
그리고 [고통]의 소멸은 [고통이] 멈춘 것임을 이해하고,
길은 [고통을] 멈추게 하는 것임을 알라. ‖ 16.42 ‖

머리와 옷이 불타고 있다고 하더라도
마음은 진리를 깨닫기 위해 숙고해야 하나니,
진리의 체계를 보지 못하기에
세계는 [과거에도] 불탔고 지금 불타고 있고
[앞으로도] 계속 불탈 것이기 때문이니라. ‖ 16.43 ‖

yadaiva yaḥ paśyati nāmarūpaṃ
kṣayīti taddarśanam asya samyak |
samyak ca nirvedam upaiti paśyan
nandīkṣayāc ca kṣayam eti rāgaḥ || 16.44 ||

tayoś ca nandīrajasoḥ kṣayeṇa
samyag vimuktaṃ pravadāmi cetaḥ |
samyag vimuktir manasaś ca tābhyāṃ
na cāsya bhūyaḥ karaṇīyam asti || 16.45 ||

yathāsvabhāvena hi nāmarūpaṃ
taddhetum evāstagamaṃ ca tasya |
vijānataḥ paśyata eva cāhaṃ
bravīmi samyak kṣayam āsravāṇām || 16.46 ||

tasmāt paraṃ saumya vidhāya vīryaṃ
śīghraṃ ghaṭasvāsravasaṃkṣayāya |
duḥkhān anityāṃś ca nirātmakāṃś ca
dhātūn viśeṣeṇa parīkṣamāṇaḥ || 16.47 ||

dhātūn hi ṣaḍ bhūsalilānalādīn
sāmānyataḥ svena ca lakṣaṇena |
avaiti yo nānyam avaiti tebhyaḥ
so 'tyantikaṃ mokṣam avaiti tebhyaḥ || 16.48 ||

누군가 명색(名色)이 결국 필멸할 것[12]이라 이해한다면
그의 그러한 통찰은 바른 것이니라.
또한 바른 시각은 염리심(厭離心)으로 이끄니,
그리하여 즐거움이 소멸함으로써 애착이 소멸하느니라. ‖ 16.44 ‖

나는 즐거움과 애착이라는 그 두 가지의 소멸을 통해
마음이 완전히 해방된다 선언하나니,
하여 마음이 그 둘로부터 완전히 해방되면
더 이상 그에게는 해야 할 일이 없는 법이니라. ‖ 16.45 ‖

있는 그대로의 명색을,
그것의 원인과 소멸을,
완전히 알고 보는 자에게는
번뇌의 완전한 소멸이 있다고 내 선언하느니라. ‖ 16.46 ‖

수행정진의 올바른 때와 방식

그러므로 다정한 이여,
다른 생으로 이끄는 종류의 번뇌를 소멸하기 위해
어서 열심히 정진하거라.
고통스럽고 무상하고 본질이 없는 요소들을
특별히 관찰해야 하느니라. ‖ 16.47 ‖

땅, 물, 불을 비롯한 여섯 가지 요소[13]들을
보편적으로 각각의 특성대로 알고,
그 외에 다른 것은 없다고 아는 자는
그로부터 완전한 해탈에 이르게 되느니라. ‖ 16.48 ‖

kleśaprahāṇāya ca niścitena
kālo 'bhyupāyaś ca parīkṣitavyaḥ |
yogo 'py akāle hy anupāyataś ca
bhavaty anarthāya na tadguṇāya || 16.49 ||

ajātavatsāṃ yadi gāṃ duhīta
naivāpnuyāt kṣīram akāladohī |
kāle 'pi vā syān na payo labheta
mohena śṛṅgād yadi gāṃ duhīta || 16.50 ||

ārdrāc ca kāṣṭhāj jvalanābhikāmo
naiva prayatnād api vahnim ṛcchet |
kāṣṭhāc ca śuṣkād api pātanena
naivāgnim āpnoty anupāyapūrvam || 16.51 ||

tad deśakālau vidhivat parīkṣya
yogasya mātrām api cābhyupāyam |
balābale cātmani saṃpradhārya
kāryaḥ prayatno na tu tadviruddhaḥ || 16.52 ||

하여 번뇌를 버리고자 결심한 사람은
적당한 때와 방법을 찾아야 하나니,
수행을 하더라도 잘못된 때와 방법이라면
가치가 없고 무용하기 때문이로다. ‖ 16.49 ‖

송아지를 낳지 않은 소에게서 젖을 짜려 한다면
잘못된 때에 젖을 짜는 사람이 되어
우유를 전혀 얻지 못하게 될 것이다.
혹은 [송아지를 낳아 젖을 짜기] 적절한 때가 되었다 하더라도
무지 때문에 소의 뿔에서 젖을 짜려 한다면
[그는] 우유를 얻지 못할 것이니라. ‖ 16.50 ‖

불을 얻으려는 자가 아무리 노력해도
장작이 젖어 있을 때에는 결코 불을 얻지 못할 것이며,
장작이 말라 있을 때라 하더라도
두드린다거나 잘못된 방식을 사용하면
결코 불을 얻지 못하게 된다. ‖ 16.51 ‖

그러니 수행의 장소와 때,
양과 방법 또한 적절히 관찰하고,
자신에게 능력이 있는지 없는지를
고려한 후에 [수행]해야 하나니,
그에 어긋나는 노력을 해서는 아니 될 것이니라. ‖ 16.52 ‖

pragrāhakaṃ yat tu nimittam uktam
uddhanyamāne hṛdi tan na sevyam |
evaṃ hi cittaṃ praśamaṃ na yāti
pravāyunā[2] vahnir iveryamāṇaḥ || 16.53 ||

śamāya yat syān niyataṃ nimittaṃ
jātodbhave cetasi tasya kālaḥ |
evaṃ hi cittaṃ praśamaṃ niyacchet
pradīpyamāno 'gnir ivodakena || 16.54 ||

śamāvahaṃ yan niyataṃ nimittaṃ
sevyaṃ na tac cetasi līyamāne |
evaṃ hi bhūyo layam eti cittam
anīryamāṇo 'gnir ivālpasāraḥ || 16.55 ||

pragrāhakaṃ yan niyataṃ nimittaṃ
layaṃ gate cetasi tasya kālaḥ |
kriyāsamarthaṃ hi manas tathā syān
mandāyamāno 'gnir ivendhanena || 16.56 ||

---

2 존스턴의 편집본에서는 단어의 앞 3음절이 불분명하여 결락되어 있음. Adam Catt(2016)의 교정을 참조하여 수정.

마음의 갖가지 상태에 따른 수행의 방식[14]

마음이 들떠 있을 때에는
들뜨게 만든다 알려진 표상[15]을 수행해서는 아니 될 것이니,
왜냐하면 마치 부채질된 불과 같이 날뛰게 되어
이 같은 [상태의] 마음은 가라앉지 않기 때문이니라. ‖ 16.53 ‖

마음이 들떠 있을 때에는
반드시 적정을 향하는 표상이 [수행하기] 적절하나니,
왜냐하면 마치 타오르고 있는 불이 물로 [꺼지듯]
그와 같은 마음은 가라앉게 되기 때문이니라. ‖ 16.54 ‖

마음이 가라앉아 있을 때에는
적정을 일으키는 표상을 수행해서는 아니 될 것이니,
왜냐하면 마치 아주 작은 불씨가 사그라드는 것처럼
그러한 마음은 계속해서 가라앉기 때문이니라. ‖ 16.55 ‖

마음이 가라앉아 있을 때에는
[의식을] 북돋우기에 적합한 표상이 [수행하기] 적절하나니,
왜냐하면 마치 약해져 가는 불이 장작으로 [되살아나듯]
그와 같은 마음은 역할을 수행할 수 있기 때문이니라. ‖ 16.56 ‖

aupekṣikaṃ nāpi nimittam iṣṭaṃ
layaṃ gate cetasi soddhave vā |
evaṃ hi tīvraṃ janayed anartham
upekṣito vyādhir ivāturasya || 16.57 ||

yat syād upekṣāniyataṃ nimittaṃ
sāmyaṃ gate cetasi tasya kālaḥ |
evaṃ hi kṛtyāya bhavet prayogo
ratho vidheyāśva iva prayātaḥ || 16.58 ||

rāgoddhavavyākulite 'pi citte
maitropasaṃhāravidhir na kāryaḥ |
rāgātmako muhyati maitrayā hi
snehaṃ kaphakṣobha ivopayujya || 16.59 ||

rāgoddhate cetasi dhairyam etya
niṣevitavyaṃ tv aśubhaṃ nimittam |
rāgātmako hy evam upaiti śarma
kaphātmako rūkṣam ivopayujya || 16.60 ||

vyāpādadoṣeṇa manasy udīrṇe
na sevitavyaṃ tv aśubhaṃ nimittam |
dveṣātmakasya hy aśubhā vadhyāya
pittātmanas tīkṣṇa ivopacāraḥ || 16.61 ||

마음이 가라앉거나 들떠 있을 때에는
무관심의 표상은 바람직하지 않나니,
왜냐하면 그와 같은 [마음]은
마치 무관심이 [더해진] 병이 고통받는 [병자]에게 그러하듯
[상태를 악화시켜] 극심한 불행을 초래하기 때문이니라. ‖ 16.57 ‖

마음이 [들뜨지도 가라앉지도 않고] 고를 때가
무관심의 표상을 [수행하기에] 적절한 때이니,
왜냐하면 그와 같은 수행은
마치 순종적인 말들이 끄는 전차를 출발시키듯
적합할 것이기 때문이니라. ‖ 16.58 ‖

마음이 탐욕으로 흥분되어 어지럽혀질 때
자비를 모으는 방식을 행해서는 아니 될 것이니,
마치 담성[16]이 지나친 경우 기름을 적용하면 악화되듯
탐욕을 특성으로 가지는 사람은
자애로 인해 [대상에게] 미혹되기 때문이니라. ‖ 16.59 ‖

마음이 탐욕으로 들떠 있을 때는
확고함에 머물러 부정(不淨)한 표상을 수행해야 하나니,[17]
마치 담성의 특성을 지닌 사람에게
건조한 성질의 [음식]을 적용할 때와 같이
탐욕의 특성을 지닌 사람은 안정이 되기 때문이니라. ‖ 16.60 ‖

악의에서 나온 과오로 마음이 동요되었을 때에는[18]
부정(不淨)한 표상을 수행해서는 아니 될 것이니,
마치 열성을 본성으로 하는 사람에게 신 [음식]을 적용할 때처럼
혐오를 본성으로 하는 사람에게
부정한 것은 파멸을 향하게 하기 때문이니라. ‖ 16.61 ‖

vyāpādadoṣakṣubhite tu citte
sevyā svapakṣopanayena maitrī |
dveṣātmano hi praśamāya maitrī
pittātmanaḥ śīta ivopacāraḥ || 16.62 ||

mohānubaddhe manasaḥ pracāre
maitrāśubhā caiva bhavaty ayogaḥ |
tābhyāṃ hi saṃmoham upaiti bhūyo
vāyvātmako rūkṣaṃ ivopanīya || 16.63 ||

mohātmikāyāṃ manasaḥ pravṛttau
sevyas tv idaṃpratyayatāvihāraḥ |
mūḍhe manasy eṣa hi śāntimārgo
vāyvātmake snigdha ivopacāraḥ || 16.64 ||

ulkāmukhasthaṃ hi yathā suvarṇaṃ
suvarṇakāro dhamatīha kāle |
kāle pariprokṣayate jalena
krameṇa kāle samupekṣate ca || 16.65 ||

dahet suvarṇaṃ hi dhamann akāle
jale kṣipan saṃśamayed akāle |
na cāpi samyak paripākam enaṃ
nayed akāle samupekṣamāṇaḥ || 16.66 ||

악의에서 나온 과오로 마음이 동요되었을 때에는
[먼저] 자기와 관련된 것을 향해 자애를 수행해야 하나니,
마치 열성을 본성으로 하는 사람에게 차가운 것을 적용할 때처럼
혐오를 본성으로 하는 자에게 자애는 평온을 향하게 하기 때문이니라. ‖ 16.62 ‖

마음의 움직임이 미망에 사로잡혀 있을 때에는
자애와 부정한 [표상] 둘 모두 [수행하기에] 적절치 못하니,
마치 풍성을 본성으로 하는 사람에게 건조한 것을 적용하려 하듯
[자비와 부정] 둘은 [수행자를] 재차 미망으로 향하게 하기 때문이니라. ‖ 16.63 ‖

마음의 활동이 미망을 본성으로 가질 때에는
조건성으로서의 [연기]에 머무르는 것을 수행해야 한다.
마치 풍성을 본성으로 하는 사람에게 기름을 적용하듯
마음이 미망에 사로잡혀 있을 때에는
이[러한 방법]이 적정의 길이 될 것이기 때문이니라. ‖ 16.64 ‖

마치 이 세상에서 금 세공인이
적당한 때에 용광로에 불을 지펴 황금을 [녹이고],
적당한 때에 [형태를 만들기 위해] 물에 넣고,
적당한 때에 [형태가 만들어지는 것을]
찬찬히 지켜보는 것과 같으니라. ‖ 16.65 ‖

적절치 못할 때에 불을 지피면 금이 타버리고,
적절치 못할 때에 물에 넣으면 식게 되어 [굳어버리며],
또한 적절치 못할 때에 지켜보고 있기만 한다면
이 [금]에서 제대로 된 결과물을 얻을 수 없기 때문이니라. ‖ 16.66 ‖

saṃpragrahasya praśamasya caiva
tathaiva kāle samupekṣaṇasya |
samyaṅ nimittaṃ manasā tv avekṣyaṃ
nāśo hi yatno 'py anupāyapūrvaḥ || 16.67 ||

ity evam anyāyanivartanaṃ ca
nyāyaṃ ca tasmai sugato babhāṣe |
bhūyaś ca tat tac caritaṃ viditvā
vitarkahānāya vidhīn uvāca || 16.68 ||

yathā bhiṣak pittakaphānilānāṃ
ya eva kopaṃ samupaiti doṣaḥ |
śamāya tasyaiva vidhiṃ vidhatte
vyadhatta doṣeṣu tathaiva buddhaḥ || 16.69 ||

ekena kalpena sacen na hanyāt
svabhyastabhāvād aśubhān vitarkān |
tato dvitīyaṃ kramam ārabheta
na tv eva heyo guṇavān prayogaḥ || 16.70 ||

바로 그와 같이,
북돋우는 표상과 가라앉히는 표상과 무관심의 표상을
때에 맞게 적절히 마음으로 관찰해야 하나니,
잘못된 방편을 앞세우면
노력마저도 [잘못된 길을 따라]
파괴적인 것이 되어버리기 때문이니라." ‖ 16.67 ‖

올바른 수행방식의 적용과 정진에 대한 권장

이와 같이 잘 가신 분(붓다)께서는
올바르지 못한 방법을 멈출 것과
올바른 방법[을 사용하는 것]에 대해 난다에게 말씀하셨고,
또한 각각[의 방법]이 행해지는 바에 대해 아시고서,
사변(思辨)을 끊기 위해 다시금 올바른 과정을 말씀하셨습니다. ‖ 16.68 ‖

마치 의사가 열성, 담성, 풍성 가운데
질병을 일으키는 허물을 가라앉히고자 치료하듯,
그처럼 붓다께서는
허물들에 대해 [절차를] 정하셨던 것이지요. ‖ 16.69 ‖

"부정한 생각들은 반복하여 생겨나므로,[19]
만일 첫째 방법으로 없애지 못한다면
두 번째 절차를 시도해야 할 것이나,
[앞선] 올바른 방식을 버려서는 안 될 것이니라. ‖ 16.70 ‖

anādikālopacitātmakatvād
balīyasaḥ kleśagaṇasya caiva |
samyakprayogasya ca duṣkaratvāc
chettuṃ na śakyāḥ sahasā hi doṣāḥ || 16.71 ||

aṇvyā yathāṇyā vipulāṇir anyā
nirvāhyate tadviduṣā nareṇa |
tadvat tad evākuśalaṃ nimittaṃ
kṣipen nimittāntarasevanena || 16.72 ||

tathāpy athādhyātmanavagrahatvān
naivopaśāmyed aśubho vitarkaḥ |
heyaḥ sa taddoṣaparīkṣaṇena
saśvāpado mārga ivādhvagena || 16.73 ||

yathā kṣudhārto 'pi viṣeṇa pṛktaṃ
jijīviṣur necchati bhoktum annam |
tathaiva doṣāvaham ity avetya
jahāti vidvān aśubhaṃ nimittam || 16.74 ||

na doṣataḥ paśyati yo hi doṣaṃ
kas taṃ tato vārayituṃ samarthaḥ |
guṇaṃ guṇe paśyati yaś ca yatra
sa vāryamāṇo 'pi tataḥ prayāti || 16.75 ||

무한한 과거부터 쌓여 온 특성으로 인해,
그리고 올바른 수행은 행하기 어렵기 때문에
강력한 번뇌 덩어리의 허물들은
즉각 끊어내기 어려운 법이니라. || 16.71 ||

마치 그에 대해 잘 아는 사람이
작은 쐐기로 다른 거대한 쐐기를 뽑아내듯,
마찬가지로 다른 표상을 수행함으로써
바로 그 불선한 표상[20]을 없앨 수 있는 것이니라. || 16.72 ||

그와 마찬가지로,
부정한 생각은 자아를 계속 붙잡는 성질로 인해
결코 평온해지지 않는 법이니,
마치 여행객이 짐승들이 있는 길을 피하듯
그 [사변에서 생기는] 허물을 관찰함으로써 버려야 하느니라. || 16.73 ||

마치 굶주림으로 고통받는 사람이라도
살고자 하는 마음 때문에
독이 섞인 음식을 먹지 않으려 하듯,
현명한 사람은 바로 그와 같이
악덕이 담긴 것을 알고 부정한 상을 버리는 법이니라. || 16.74 ||

악덕을 악덕이라고 보지 않는 사람이
[나쁜 길로 가는 것을] 누가 저지할 수 있겠는가?
반면 미덕을 미덕으로 보는 사람은
저지하려 해도 [옳은 길로] 나아가는 법이니라. || 16.75 ||

vyapatrapante hi kulaprasūtā
manaḥpracārair aśubhaiḥ pravṛttaiḥ |
kaṇṭhe manasvīva yuvā vapuṣmān
acākṣuṣair aprayatair viṣaktaiḥ || 16.76 ||

nirdhūyamānās tv atha leśato 'pi
tiṣṭheyur evākuśalā vitarkāḥ |
kāryāntarair adhyayanakriyād yaiḥ
sevyo vidhir vismaraṇāya teṣām || 16.77 ||

svaptavyam apy eva vicakṣaṇena
kāyaklamo vāpi niṣevitavyaḥ |
na tv eva saṃcintyam asannimittaṃ
yatrāvasaktasya bhaved anarthaḥ || 16.78 ||

yathā hi bhīto niśi taskarebhyo
dvāraṃ priyebhyo 'pi na dātum icchet |
prājñas tathā saṃharati prayogaṃ
samaṃ śubhasyāpy aśubhasya doṣaiḥ || 16.79 ||

evaṃprakārair api yady upāyair
nivāryamāṇā na parāṅmukhāḥ syuḥ |
tato yathāsthūlanibarhaṇena
suvarṇadoṣā iva te praheyāḥ || 16.80 ||

마치 젊고 잘생긴 고결한 사람이
볼썽사납게 늘어진 [것들을] 목에 거는 것[을 부끄러워하듯],
좋은 가문 출신의 사람들은
마음에서 활동하는 부정한 작용들에 대해 부끄러워하는 법이니라. ‖ 16.76 ‖

그리하여 불선한 생각들이 떨어질 듯하면서도
[다시] 아주 약간이라도 머무르려 한다면,
다른 방법들을 통해 학습과 실천을 함으로써
그 [불선한 생각들]을 잊기 위한 방식을 수행해야 할 것이니라. ‖ 16.77 ‖

현자는 [불선한 생각들이 머무를 때에]
잠을 자거나 혹은 몸이 피곤하도록 노력해야 하느니라.
그러나 결코 올바르지 못한 표상에 대해
골몰해서는 아니 될 것이니,
그에 붙잡힌 자에게는 무가치한 [결과가] 있기 때문이니라. ‖ 16.78 ‖

마치 도둑을 두려워하는 자가
밤에 친구들에게마저 문을 열어주지 않으려 하듯,
그와 같이 현명한 자는
부정한 허물들에 대해서는 물론
청정한 것에도 [허물이 있다면] 마찬가지로 수행을 그치나니. ‖ 16.79 ‖

만일 이 같은 종류의 방편들을 통해 피하는데도
[허물들이] 사라지지 않는다면,
마치 금의 불순물들을
큰 덩어리부터 떼어 내 [제거할] 때처럼
그 [허물들]을 없애야 한다. ‖ 16.80 ‖

drutaprayāṇaprabhṛtīṃś ca tīkṣṇāt
kāmaprayogāt parikhidyamānaḥ |
yathā naraḥ saṃśrayate tathaiva
prājñena doṣeṣv api vartitavyam || 16.81 ||

te ced alabdhapratipakṣabhāvā
naivopaśāmyeyur asadvitarkāḥ |
muhūrtam apy aprativadhyamānā
gṛhe bhujaṃgā iva nādhivāsyāḥ || 16.82 ||

dante 'pi dantaṃ praṇidhāya kāmaṃ
tālvagram utpīḍya ca jihvayāpi |
cittena cittaṃ parigṛhya cāpi
kāryaḥ prayatno na tu te 'nuvṛttāḥ || 16.83 ||

kim atra citraṃ yadi vītamoho
vanaṃ gataḥ svasthamanā na muhyet |
ākṣipyamāṇo hṛdi tannimittair
na kṣobhyate yaḥ sa kṛtī sa dhīraḥ || 16.84 ||

tad āryasatyādhigamāya pūrvaṃ
viśodhayānena nayena mārgam |
yātrāgataḥ śatruvinigrahārthaṃ
rājeva lakṣmīm ajitāṃ jigīṣan || 16.85 ||

마치 강렬한 애욕으로 인해 안달난 사람이
서둘러 걷는 등의 [방식]들에 의지하듯,
현명한 사람은 허물들에 대해서도
그처럼 [서둘러 제거를] 행해야 하느니라. ‖ 16.81 ‖

만일 올바르지 못한 그 사변들이
치료받지 못한 채 평정해지지 않는다면,
마치 퇴치되지 않은 뱀들이 있는 집처럼
잠시도 살지 못하게 될 것이로다. ‖ 16.82 ‖

이에 이를 얹고[21]
필요하다면 입천장에 혀를 대고서[22]
마음으로 마음을 붙잡아 노력하되
결코 그 [허물들]을 따라가서는 안 될 것이다. ‖ 16.83 ‖

미망을 떠나 숲으로 가서 마음이 평안해진 사람이
미혹되지 않으리라는 것이 어찌 놀랄 일이겠는가?
그 상들이 마음속에 내던져지더라도 흔들리지 않는 그가
곧 [목적을] 이룬 자이며, 그가 곧 확고한 자로다. ‖ 16.84 ‖

따라서 [사]성제를 완성하고자 한다면,
마치 적들을 정복하려는 목적으로
정복되지 않은 땅을 얻기를 바라며
[지도력을 갖추고] 길을 떠나는 왕처럼
먼저 이 교의[23]로 길을 닦도록 하여라. ‖ 16.85 ‖

etāny araṇyāny abhitaḥ śivāni
yogānukūlāny ajaneritāni |
kāyasya kṛtvā pravivekamātraṃ
kleśaprahāṇāya bhajasva mārgam || 16.86 ||

kauṇḍinyanandakṛmilāniruddhās
tiṣyopasenau vimalo 'tha rādhaḥ |
bāṣpottarau dhautakimoharājau
kātyāyanadravyapilindavatsāḥ || 16.87 ||

bhaddālibhadrāyaṇasarpadāsa-
subhūtigodattasujātavatsāḥ |
saṃgrāmajidbhadrajidaśvajic ca
śroṇaś ca śoṇaś ca sa koṭikarṇaḥ || 16.88 ||

kṣemājito nandakanandamātāv
upālivāgīśayaśoyaśodāḥ |
mahāhvayo valkalirāṣṭrapālau
sudarśanasvāgatameghikāś ca || 16.89 ||

sa kapphinaḥ kāśyapa auruvilvo
mahāmahākāśyapatiṣyanandāḥ |
pūrṇaś ca pūrṇaś ca sa pūrṇakaś ca
śoṇāparāntaś ca sa pūrṇa eva || 16.90 ||

śāradvatīputrasubāhucundāḥ
kondeyakāpyabhṛgukuṇṭhadhānāḥ |
saśaivalau revatakauṣṭhilau ca
maudgalyagotraś ca gavāṃ patiś ca || 16.91 ||

주변의 이 숲들은 상서롭고 수행하기에 적절하며,
사람들이 오가지 않아 [한적하니],
몸을 홀로 있게 하고서
번뇌를 없애고저 길을 닦도록 하여라. ‖ 16.86 ‖

까운딘야, 난다, 끄리밀라, 아니룻다,
띠슈야, 우빠세나, 비말라, 라다,
바스빠, 웃따라, 다우따끼, 모하라자,
까띠야야나, 드라비야, 삘린다밧사, ‖ 16.87 ‖

밧달리, 바드라야나, 사르빠다사,
수부띠, 고닷따, 수자따, 밧사,
상그라마짓, 바드라짓, 아쉬바짓,
쉬로나, 쇼나 꼬띠까르나, ‖ 16.88 ‖

끄셰마, 아지따, 난다까와 난다의 어머니들,
우빨리, 바기샤, 야샤스, 야쇼다,
마하흐바야, 발깔린, 라슈뜨라빨라,
수다르샤나, 스바가따, 메기까, ‖ 16.89 ‖

깝피나, 우루빌바의 까쉬야빠,
위대한 마하까쉬야빠, 띠슈야, 난다,
뿌르나, 뿌르나, 뿌르나까,
쇼나빠란따, 뿌르나, ‖ 16.90 ‖

샤라드바띠의 아들, 수바후, 쭌다,
꼰데야, 까삐야, 브리구, 꾼타다나,
샤이발라, 레바따, 까우슈틸라,
마웃갈리야 씨족인 자, 가밤빠띠.[24] ‖ 16.91 ‖

yaṃ vikramaṃ yogavidhāv akurvaṃs
tam eva śīghraṃ vidhivat kuruṣva |
tataḥ padaṃ prāpsyasi tair avāptaṃ
sukhāvṛtais tvaṃ niyataṃ yaśaś ca || 16.92 ||

dravyaṃ yathā syāt kaṭukaṃ rasena
tac copayuktaṃ madhuraṃ vipāke |
tathaiva vīryaṃ kaṭukaṃ śrameṇa
tasyārthasiddhyai madhuro vipākaḥ || 16.93 ||

vīryaṃ paraṃ kāryakṛtau hi mūlaṃ
vīryād ṛte kācana nāsti siddhiḥ |
udeti vīryād iha sarvasaṃpan
nirvīryatā cet sakalaś ca pāpmā || 16.94 ||

alabdhasyālābho niyatam upalabdhasya vigamas
tathaivātmāvajñā kṛpaṇam adhikebhyaḥ paribhavaḥ |
tamo nistejastvaṃ śrutiniyamatuṣṭivyuparamo
nṛṇāṃ nirvīryāṇāṃ bhavati vinipātaś ca bhavati || 16.95 ||

nayaṃ śrutvā śakto yad ayam abhivṛddhiṃ na labhate
paraṃ dharmaṃ jñātvā yad upari nivāsaṃ na labhate |
gṛhaṃ tyaktvā muktau yad ayam upaśāntiṃ na labhate
nimittaṃ kausīdyaṃ bhavati puruṣasyātra na ripuḥ || 16.96 ||

그들이 수행에 대해 용맹하게 정진하였으니,
바로 그것을 그대는 서둘러 올바르게 행하여라.
그리하면 그대 또한
안락에 이른 그들이 도달한 경지에 [다다라]
영원히 영예를 얻을 것이니라. || 16.92 ||

마치 약이 먹을 때는 쓰지만
삼키면 좋은 효용을 발하듯
바로 그와 같이 정진이 행할 때는 힘들지만
그 목적을 성취하게 되면
달콤한 결과를 가지게 되는 법이니라. || 16.93 ||

해야 할 일을 행함에 있어 최고의 근본은 바로 정진이며,
정진이 없이는 그 어떤 성취도 존재하지 않나니,
이 세상에서 모든 번영은 정진으로부터 생겨나매,
정진을 여읜다면 모든 것은 악일 뿐이니라. || 16.94 ||

정진을 여읜 사람들에게는
분명 얻지 못한 것에 대한 결핍,
얻은 것에 대한 상실,
또한 자책, 불행, 뛰어난 자들로부터의 자괴감,
미망, 무기력, 학습 · 수행 · 만족의 절멸이 있으며,
그로 인해 파멸이 있게 되느니라. || 16.95 ||

어떤 이가 능력이 있다 한들 교의를 듣고도 성장하지 못하고,
최고의 다르마를 알고서도 윗 단계에 이르지 못하며,
집을 떠나 자유롭게 되어도 적정을 얻지 못한다면,
이는 [외부의] 적 때문이 아니라 그자의 게으름이 원인이다. || 16.96 ||

anikṣiptotsāho yadi khanati gāṃ vāri labhate
prasaktaṃ vyāmathnan jvalanam araṇibhyāṃ janayati |
prayuktā yoge tu dhruvam upalabhante śramaphalaṃ
drutaṃ nityaṃ yāntyo girim api hi bhindanti saritaḥ || 16.97 ||

kṛṣṭvā gāṃ paripālya ca śramaśatair aśnoti sasyaśriyaṃ
yatnena pravigāhya sāgarajalaṃ ratnaśriyā krīḍati |
śatrūṇām avadhūya vīryam iṣubhir bhuṅkte narendraśriyaṃ
tad vīryaṃ kuru śāntaye viniyataṃ vīrye hi sarvarddhayaḥ || 16.98 ||

|| saundaranande mahākāvya āryasatyavyākhyāno nāma ṣoḍaśaḥ sargaḥ || 16 ||

사람이 쉬지 않고 열정적으로 땅을 파면 물을 얻을 것이요,
전력을 다해 비벼대면 장작에서 불이 생겨나며,
수행에 전념하는 자들은 분명 노력의 결실을 얻게 되나니.
언제나 세차게 흘러가는 강물은 산도 부수어버리기 때문이니라. ‖ 16.97 ‖

막대한 노력으로 땅을 일구어 가꾸면 훌륭한 곡식을 얻고,
바닷물 속으로 뛰어들어 노력하면 아름다운 보물을 즐기게 되며,
화살들로 적들을 힘써 정복하면 왕위의 영광을 누리게 되나니,
그러니 적정을 위해 절제하여 정진하거라.
모든 번영은 정진에 있기 때문이니라. ‖ 16.98 ‖

대서사시 『사운다라난다』에서 "사성제에 관한 설법"이라는 이름의 열여섯 번째 장을 마친다.

〖 미주 〗

1 '차례로 어떤 것은 없애고 어떤 것은 더하여'라고 한 것은 사선정 과정에서 생기는 마음 상태를 말한다. 구체적으로 초선에는 심(尋)과 사(伺), 행복, 기쁨이 나타나고 제2선에는 심과 사를 억제하고 심일경성(心一境性), 기쁨, 행복이 있으며, 제3선에는 기쁨이 사라지고 평정과 주의집중, 행복이 있으며 제4선에는 행복과 고통이 사라진 평정과 주의집중이 완성된 상태이다.

2 앞의 제13장에서 시작된 붓다의 교설이 계속 이어지고 있다.

3 '4가지 진리'란 사성제(四聖諦)를 말하며 이어지는 4송에서 설명하고 있다.

4 '모든 번뇌를 제압한 후'란 누진지(漏盡智)의 획득을 말한다.

5 '세상에서 옆으로든 위든 아래든'이란 윤회하는 육도(六道)의 구조에서 양옆과 위아래를 말한다. 즉 천신, 인간, 아수라, 축생, 아귀, 지옥세계에서 현재의 자신과 같은 계에서 태어나든 아니면 높은 세계에서 태어나든 아래 세계에서 태어나든 태어남은 고통이라는 뜻이다.

6 창조하는 신을 말한다. 신이 이 세계를 창조했다는 것은 베단따 학파 등 베다(Veda) 성전을 인정하는 학파들의 주장이다.

7 인도 이원론에서 세계 창조의 재료가 되는 근본 물질을 말한다. 이는 상키야 학파의 주장이다.

8 불교를 포함한 인도의 우주관은 인간뿐 아니라 세계 역시 성주괴공(成住壞空)을 반복하며 순환하는 것으로 설명한다.

9 '자신의 종'이란 인간, 축생, 등 자신이 속한 생명 부류, 또는 인도의 카스트에 해당한다.

10 '습관의 반복된 활동 때문에'라고 한 것은 어떤 생에서 익힌 습관들은 몸과 마음에 스며들어(훈습) 다음 생에도 계속 영향을 미치는 것을 말한다. 이미 태어날 때부터 몸과 마음에 밴 습관은 반복되어 그다음 생 역시 사라지지 않고 활동하기 때문이다.

11 '땅으로 꺼진 것'은 아래 방향, '허공으로 솟은 것'은 위쪽 방향, '어떤 방향'은 동·서·남·북, '어떤 중간 방향'은 동남·동북·서남·서북 등을 말하는 것으로서 10가지 방향(시방), 즉 모든 방향을 말한다.

12 '명색은 결국 필멸할 것'이란 형체가 있는 것, 즉 신체를 비롯한 외부 세계가 반드시 소멸한다는 말이다.

13 '여섯 가지 요소'란 지·수·화·풍·공·마음을 말한다.

14 이 부분은 마음의 상태에 따라 다른 수행 방식을 제시한 것이다. 53-58송은 마음의 세 가지 상태, 즉 들떠있을 때(擧相), 가라앉아 있을 때(止相), 들뜨지도 가라앉지도 않은 때(捨相)를 설명하고, 이어서 59~66송에서는 세 가지 상태에 대치되는 명상인 부정관, 자애관, 연성연기관을 설명하고 있다.

15 표상은 명상을 위해 떠올리는 개념이나 이미지를 말한다.

16 이것은 사람의 체질을 세 가지 기준으로 분류하여 병증을 설명한 세 가지 도샤(tri-doṣa)를 비유로 활용한 것이다. 담성(습이 많은 체질), 열성(열이 많은 체질), 풍성

(건조한 체질) 세 가지이며 각각 체질에 맞는 음식과 주의해야 할 음식이 따로 있다.

17 몸의 더러움과 썩어가는 신체를 관찰하는 부정관(不淨觀)을 말하는 것으로서 성욕 등 탐욕이 많은 사람에게 자비관은 탐욕을 더욱 증장시킬 수도 있기 때문에 부정관이 적당한 것으로 알려져 있다.

18 분노 등에 휩싸인 상태를 말하는 것으로서 부정관은 이를 더욱 악화시키고 자비관은 좋은 효과를 얻을 수 있다.

19 '반복적으로'라는 표현은 전생부터 이어져 이번 생에 훈습되며 다시금 반복된다는 의미를 담은 것으로 보인다.

20 '불선한 표상'이란 수행에 도움이 되지 않는 표상을 말한다.

21 '이에 이를 얹고'란 입이 벌어지지 않고 턱에 힘이 들어가지 않을 정도로 살짝 입을 닫고 있는 것을 말한다.

22 명상에 들어가는 자세로 자주 언급되는 정형구이다(Majjhima Nikāya 1.121. Mahāsaccaka Sutta 참조).

23 '교의'는 naya의 번역어로서 지침 등을 뜻한다. 본서의 내용적인 면에서 보자면 팔정도, 육바라밀, 오정심관 등으로 이해할 수 있다.

24 여기 나열된 인물들은 붓다의 교설을 따라 수행하여 깨달음에 이른 인물들로서 『테라가타*Theragāthā*』 및 『테리가타*Therīgathā*』에 등장하는 비구와 비구니가 포함되어 있다.

제17장

불사의 획득

amṛtādhigamaḥ

athaivam ādeśitatattvamārgo
nandas tadā prāptavimokṣamārgaḥ |
sarveṇa bhāvena gurau praṇamya
kleśaprahāṇāya vanaṃ jagāma || 17.1 ||

tatrāvakāśaṃ mṛdunīlaśaṣpaṃ
dadarśa śāntaṃ taruṣaṇḍavantam |
niḥśabdayā nimnagayopagūḍhaṃ
vaiḍūryanīlodakayā vahantyā || 17.2 ||

sa pādayos tatra vidhāya śaucaṃ
śucau śive śrīmati vṛkṣamūle |
mokṣāya baddhvā vyavasāyakakṣāṃ
paryaṅkam aṅkāvahitaṃ babandha || 17.3 ||

ṛjuṃ samagraṃ praṇidhāya kāyaṃ
kāye smṛtiṃ cābhimukhīṃ vidhāya |
sarvendriyāṇy ātmani saṃnidhāya
sa tatra yogaṃ prayataḥ prapede || 17.4 ||

tataḥ sa tattvaṃ nikhilaṃ cikīrṣur
mokṣānukūlāṃś ca vidhīṃś cikīrṣan |
jñānena lokyena śamena caiva
cacāra cetaḥparikarmabhūmau || 17.5 ||

난다, 진정한 수행을 시작하다

이처럼 진리의 길을 배우고
해탈의 길을 얻은 난다는
마음을 다해 스승께 경배하고
번뇌를 끊기 위해 숲으로 갔습니다. ‖ 17.1 ‖

그곳에서 청금석 빛 물이 흐르는
잔잔한 개울로 둘러싸인,
부드러운 녹색의 어린 풀과 나무숲이 우거진
조용한 장소를 발견했습니다. ‖ 17.2 ‖

그곳에서 그는 두 발을 깨끗하게 씻은 후
청정하고 상서롭고 아름다운 나무 밑에
해탈을 위해 노력하고자 의지를 단단히 하고
가부좌를 틀고 앉았답니다. ‖ 17.3 ‖

그는 온몸을 곧게 펴고서
몸에 주의집중을 두고,
모든 감관을 자신에게 집중하면서
그곳에서 온전히 수습에 들었습니다. ‖ 17.4 ‖

완전한 진리를 실천하고 싶은 그는
해탈에 도움이 되는 행위를 하고자 하며
세간의 지혜와 적정을 통해
마음을 준비하는 단계[1]로 나아갔답니다. ‖ 17.5 ‖

saṃdhāya dhairyaṃ praṇidhāya vīryaṃ
vyapohya saktiṃ parigṛhya śaktim |
praśāntacetā niyamasthacetāḥ
svasthas tato 'bhūd viṣayeṣv anāsthaḥ || 17.6 ||

ātaptabuddheḥ prahitātmano 'pi
svabhyastabhāvād atha kāmasaṃjñā |
paryākulaṃ tasya manaś cakāra
prāvṛṭsu vidyuj jalam āgateva || 17.7 ||

sa paryavasthānam avetya sadyaś
cikṣepa tāṃ dharmavighātakartrīm |
priyām api krodhaparītacetā
nārīm ivodvṛttaguṇāṃ manasvī || 17.8 ||

ārabdhavīryasya manaḥśamāya
bhūyas tu tasyākuśalo vitarkaḥ |
vyādhipraṇāśāya niviṣṭabuddher
upadravo ghora ivājagāma || 17.9 ||

sa tadvighātāya nimittam anyad
yogānukūlaṃ kuśalaṃ prapede |
ārtāyanaṃ kṣīṇabalo balasthaṃ
nirasyamāno balināriṇeva || 17.10 ||

puraṃ vidhāyānuvidhāya daṇḍaṃ
mitrāṇi saṃgṛhya ripūn vigṛhya |
rājā yathāpnoti hi gām apūrvāṃ
nītir mumukṣor api saiva yoge || 17.11 ||

의지를 굳건히 하여 노력을 기울이고
애착을 포기하고 힘을 그러모아
의식이 고요해지고 억제되어 자신에게 머무르니
대상에 대해 무관심해졌지요. ‖ 17.6 ‖

그러나 열정적인 지성과 결연한 의지에도 불구하고
습관에서 생겨난 욕망의 상이
그의 마음을 혼란스럽게 만들었습니다.
마치 우기에 번개가 물을 쳐서 [출렁이게] 하듯 말입니다. ‖ 17.7 ‖

그는 [그것이] 표면적인 번뇌임을 알아차리고,
즉시 그 법의 파괴자를 보내버렸지요.
마치 현명한 이가 분노에 사로잡힐 때에는
사랑하는 여인이라 할지라도
흥분하기 쉬운 여인을 [보내듯 말입니다.] ‖ 17.8 ‖

마음을 가라앉히기 위해 노력을 시작한 그에게
도움이 되지 않는 생각이 다시 찾아왔습니다.
마치 질병을 치료하기 위해 마음을 몰두하는 자에게
[다른] 좋지 않은 심각한 증상이 생기듯 말입니다. ‖ 17.9 ‖

그는 그것을 없애고자
수행에 유용하고 도움이 되는 다른 상에 의지했습니다.
마치 강한 적에 의해 압도되고 있는 약한 이가
강자라는 피난처에 의지하듯 말이지요. ‖ 17.10 ‖

vimokṣakāmasya hi yogino 'pi
manaḥ puraṃ jñānavidhiś ca daṇḍaḥ |
guṇāś ca mitrāṇy arayaś ca doṣā
bhūmir vimuktir yatate yadartham || 17.12 ||

sa duḥkhajālān mahato mumukṣur
vimokṣamārgādhigame vivikṣuḥ |
panthānam āryaṃ paramaṃ didṛkṣuḥ
śamaṃ yayau kiṃcid upāttacakṣuḥ || 17.13 ||

yaḥ syān niketas tamaso 'niketaḥ
śrutvāpi tattvaṃ sa bhavet pramattaḥ |
yasmāt tu mokṣāya sa pātrabhūtas
tasmān manaḥ svātmani saṃjahāra || 17.14 ||

sambhārataḥ pratyayataḥ svabhāvād
āsvādato doṣaviśeṣataś ca |
athātmavān niḥsaraṇātmataś ca
dharmeṣu cakre vidhivat parīkṣām || 17.15 ||

실로 해탈하고자 하는
수행자의 마음은 성이요
지혜의 규범은 법이요
미덕은 동료이고 허물은 적이며
해탈은 그가 목적으로 삼아 다다른 영토이지요. ‖ 17.12 ‖

엄청난 고통의 그물로부터 벗어나고자 했고,
해탈을 향한 길에 들어가고자 했으며,
최고의 고귀한 길을 경험하고자 했던 난다는
어느 정도 경지의 식견을 갖추어 적정에 들어갔습니다. ‖ 17.13 ‖

어둠(무지)의 집에 머무는 출가자[2]는
진실을 들었다 해도 간과할 테지요.
하지만 난다는 해탈을 위한 그릇에 적합한 이였기에
스스로를 향하여 마음을 모았습니다. ‖ 17.14 ‖

지각을 갖춘 자인 그는
자량(資糧)[3], 원인, 자성, 탐닉,
특정한 허물[4]이라는 측면에서,
그리고 해탈적 측면에서
다르마에 대해 절차에 따라 관찰했습니다. ‖ 17.15 ‖

sa rūpiṇaṃ kṛtsnam arūpiṇaṃ ca
sāraṃ didṛkṣur vicikāya kāyam |
athāśuciṃ duḥkham anityam asvaṃ
nirātmakaṃ caiva cikāya kāyam || 17.16 ||

anityatas tatra hi śūnyataś ca
nirātmato duḥkhata eva cāpi |
mārgapravekeṇa sa laukikena
kleśadrumaṃ saṃcalayāṃ cakāra || 17.17 ||

yasmād abhūtvā bhavatīha sarvaṃ
bhutvā ca bhūyo na bhavaty avaśyam |
sahetukaṃ ca kṣayihetumac ca
tasmād anityaṃ jagad ity avindat || 17.18 ||

yataḥ prasūtasya ca karmayogaḥ
prasajyate bandhavighātahetuḥ |
duḥkhapratīkāravidhau sukhākhye
tato bhavaṃ duḥkham iti vyapaśyat || 17.19 ||

yataś ca saṃskāragataṃ viviktaṃ
na kārakaḥ kaścana vedako vā |
sāmagryataḥ saṃbhavati pravṛttiḥ
śūnyaṃ tato lokam imaṃ dadarśa || 17.20 ||

무상·고·공·무아에 대한 깨달음

그는 형태 있는 것과 형태 없는 것[5]의
모든 핵심을 파악하고자 신체를 분석했고,
그리하여 신체가 불순하고 고통스러우며
무상하고 공허하여 무아임을 인식했습니다. ‖ 17.16 ‖

그리하여 무상하고 공허하며
본질이 없고 고통스러운 [신체]로부터
번뇌라는 나무를 [뿌리 뽑기 위해],
그는 세간에서 뛰어난 길[6]을 통해 [그 나무를] 흔들었습니다. ‖ 17.17 ‖

모든 것은 존재하지 않다가도 지금은 존재하고,
존재한 다음에는 반드시 존재하지 않게 되어,
[발생의] 원인과 소멸의 원인을 갖고 있기에
세간이 무상함을 알았지요. ‖ 17.18 ‖

또한 태어난 존재들이 업과 결합함은
속박과 소멸의 원인[7]임에도 불구하고,
[사람들은] 고통에 대응하기 위한
행복이라는 수단에 집착하기 때문에
존재는 고통이라고 보았답니다. ‖ 17.19 ‖

그리고 [세간은 자아가] 없고 조건에 의해 생겨난 것이며,
누구도 행위자(=업을 짓는 자) 혹은 감수자(=업을 받는 자)가
아닐뿐더러
쌓임을 통해 [세간의] 현현이 일어나는 것이기 때문에,
이 세간에 속한 사람이 공한 것임을 알았습니다. ‖ 17.20 ‖

yasmān nirīhaṃ jagad asvatantraṃ
naiśvaryam ekaḥ kurute kriyāsu |
tattatpratītya prabhavanti bhāvā
nirātmakaṃ tena viveda lokam || 17.21 ||

tataḥ sa vātaṃ vyajanād ivoṣṇe
kāṣṭhāśritaṃ nirmathanād ivāgnim |
antaḥkṣitisthaṃ khananād ivāmbho
lokottaraṃ vartma durāpam āpa || 17.22 ||

sajjñānacāpaḥ smṛtivarma baddhvā
viśuddhaśīlavratavāhanasthaḥ |
kleśāribhiś cittaraṇājirasthaiḥ
sārdhaṃ yuyutsur vijayāya tasthau || 17.23 ||

tataḥ sa bodhyaṅgaśitāttaśastraḥ
samyakpradhānottamavāhanasthaḥ |
mārgāṅgamātaṅgavatā balena
śanaiḥ śanaiḥ kleśacamūṃ jagāhe || 17.24 ||

또한 세간은 작용이 없고 의존적이니,
어떤 한 사람이 자유자재로 행위들을 할 수 없으며
이러저러한 것을 인연으로 삼아 존재들이 생겨나기에,
이를 통해 세간 사람이 무아임을 알았습니다. || 17.21 ||

출세간도와 예류과의 획득

그리하여 그는 더울 때 부채질하여 바람을 [얻듯],
부시나무를 비벼 나무에 숨은 불을 [찾듯],
땅을 파 땅속 물을 [구하듯]
얻기 힘든 출세간도를 얻었답니다.[8] || 17.22 ||

참된 지혜[慧]라는 활과
주의집중[念]이라는 갑옷으로 무장하고,
청정한 계와 서원이라는 전차에 타고,
마음이라는 전쟁터에서 번뇌라는 적들에 맞서
승리를 위해 싸우고자 서 있었습니다.[9] || 17.23 ||

그는 [칠]각지[10]라는 예리한 무기를 얻었고,
[사]정단[11]이라는 최고의 전차에 섰으며,
[팔]정도라는 코끼리 부대와 함께
점점 번뇌라는 적진으로 들어갔지요. || 17.24 ||

sa smṛtyupasthānamayaiḥ pṛṣatkaiḥ
śatrūn viparyāsamayān kṣaṇena |
duḥkhasya hetūṃś caturaś caturbhiḥ
svaiḥ svaiḥ pracārāyatanair dadāra || 17.25 ||

āryair balaiḥ pañcabhir eva pañca
cetaḥkhilāny apratimair babhañja |
mithyāṅganāgāṃś ca tathāṅganāgair
vinirdudhāvāṣṭabhir eva so 'ṣṭau || 17.26 ||

athātmadṛṣṭiṃ sakalāṃ vidhūya
caturṣu satyeṣv akathaṃkathaḥ san |
viśuddhaśīlavratadṛṣṭadharmo
dharmasya pūrvāṃ phalabhūmim āpa || 17.27 ||

sa darśanād āryacatuṣṭayasya
kleśaikadeśasya ca viprayogāt |
pratyātmikāc cāpi viśeṣalābhāt
pratyakṣato jñānisukhasya caiva || 17.28 ||

dārḍhyāt prasādasya dhṛteḥ sthiratvāt
satyeṣv asaṃmūḍhatayā caturṣu |
śīlasya cācchidratayottamasya
niḥsaṃśayo dharmavidhau babhūva || 17.29 ||

kudṛṣṭijālena sa viprayukto
lokaṃ tathābhūtam avekṣamāṇaḥ |
jñānāśrayāṃ prītim upājagāma
bhūyaḥ prasādaṃ ca gurāv iyāya || 17.30 ||

그는 [사]념처[12]라는 네 가지 화살로
[사]전도[13]로 구성된 고통의 원인인 네 가지 적을
각각의 적용 범위에 따라 순식간에 쏘았습니다.[14] ‖ 17.25 ‖

또한 그는 비할 데 없는 다섯 가지 고귀한 힘[15]으로
마음의 다섯 가지 장애물[16]을 깨뜨렸고,
진실의 여덟 코끼리[17]로
거짓의 여덟 코끼리[18]를 몰아내었답니다. ‖ 17.26 ‖

그리하여 모든 아견을 벗어나
네 가지 진리(사성제)에 대해 의심을 거둔 [난다]는
청정한 계율의 서원을 통해 법을 보고
다르마의 첫 번째 결실의 단계[19]에 이르렀습니다. ‖ 17.27 ‖

사성제를 이해하였기에,
일부의 번뇌에서 벗어났기에,[20]
개별적으로 [획득했기에],
뛰어남을 획득했기에
깨달은 이들이 얻는 행복을 직접 지각했기에, ‖ 17.28 ‖

또한 믿음[21]의 확고함 때문에,
네 가지 진리에 대한 혼돈 없이 확실한 견고함 때문에,
그리고 최상의 계율을 철저히 지킴으로써
다르마의 법칙[佛法]에 대한 의심이 사라지게 되었습니다. ‖ 17.29 ‖

잘못된 견해의 그물에서 벗어나
세상을 있는 그대로 바라보는 그는
지혜를 토대로 한 희열에 더욱 다가갔고,
스승에 대한 감사의 마음에 이르렀습니다. ‖ 17.30 ‖

yo hi pravṛttiṃ niyatām avaiti
naivānyahetor iha nāpy ahetoḥ |
pratītya tat tat samavaiti tat tat
sa naiṣṭhikaṃ paśyati dharmam āryam || 17.31 ||

śāntaṃ śivaṃ nirjarasaṃ virāgaṃ
niḥśreyasaṃ paśyati yaś ca dharmam |
tasyopadeṣṭāram athāryavaryaṃ
sa prekṣate buddham avāptacakṣuḥ || 17.32 ||

yathopadeśena śivena mukto
rogād arogo bhiṣajaṃ kṛtajñaḥ |
anusmaran paśyati cittadṛṣṭyā
maitryā ca śāstrajñatayā ca tuṣṭaḥ || 17.33 ||

āryeṇa mārgeṇa tathaiva muktas
tathāgataṃ tattvavid āryasattvaḥ |
anusmaran paśyati kāyasākṣī
maitryā ca sarvajñatayā ca tuṣṭaḥ || 17.34 ||

sa nāśakair dṛṣṭigatair vimuktaḥ
paryantam ālokya punarbhavasya |
bhaktvā ghṛṇāṃ kleśavijṛmbhiteṣu
mṛtyor na tatrāsa na durgatibhyaḥ || 17.35 ||

이 세상에서 특정한 활동이
어떤 다른 원인에 의한 것도 아니고,
또한 원인이 없는 것도 아님을 이해하고,
모든 것이 각기 모든 것에 의지하여 일어난다 여기는
그 사람은 최고의 성스러운 다르마를 보게 마련이지요. || 17.31 ||

고요하고 상서로우며
쇠하지 않고 애착을 떠나
적수가 없는 다르마를 보는 통찰을 지닌 그는
그러한 가르침을 설한 붓다께서
성자들 중 최고라는 것을 알아보았습니다. || 17.32 ||

마치 유익한 처방을 통해 질병으로부터 벗어나
건강해진 사람이 은혜를 알고
[의사의] 자비와 지식에 대해 만족하여
마음의 눈으로 기억하며 의사를 보듯, || 17.33 ||

마찬가지로 성스러운 길을 통해
해탈한 자가 성스러운 진리가 진실임을 알고
[붓다의] 자비와 일체지에 대해 만족하여
몸으로 체득하고 기억하며 여래를 보았던 것입니다. || 17.34 ||

그는 파괴적인 견해[22]에서 벗어나
재생의 끝을 본 후,
번뇌가 만연한 가운데서도 자비심을 느끼고
죽음도 악취[23]도 두려워하지 않게 되었습니다. || 17.35 ||

tvaksnāyumedorudhirāsthimāṃsa-
keśādināmedhyagaṇena pūrṇam |
tataḥ sa kāyaṃ samavekṣamāṇaḥ
sāraṃ vicintyāṇv api nopalebhe || 17.36 ||

sa kāmarāgapratighau sthirātmā
tenaiva yogena tanū cakāra |
kṛtvā mahoraskatanus tanū tau
prāpa dvitīyaṃ phalam āryadharme || 17.37 ||

sa lobhacāpaṃ parikalpabāṇaṃ
rāgaṃ mahāvairiṇam alpaśeṣam |
kāyasvabhāvādhigatair bibheda
yogāyudhāstrair aśubhāpṛṣatkaiḥ || 17.38 ||

dveṣāyudhaṃ krodhavikīrṇabāṇaṃ
vyāpādam antaḥprasavaṃ sapatnam |
maitrīpṛṣatkair dhṛtitūṇasaṃsthaiḥ
kṣamādhanurjyāvisṛtair jaghāna || 17.39 ||

그리고 피부, 힘줄, 지방, 피, 뼈, 살, 머리카락 등
불순물 덩어리로 가득 들어찬 몸을 관찰하며
본질을 찾아보았지만
극미만한 [본질]조차 발견하지 못했지요. ‖ 17.36 ‖

일래과의 획득

확고한 마음을 지닌 난다는 바로 그 수행을 통해
욕망의 대상에 대한 애착과 분노[24] 두 가지를 줄여갔으니,
너른 가슴 갖춘 몸을 지닌 그가
그 [애착과 분노] 두 가지를 줄이자
성자들의 다르마에 있어 두 번째 과[25]를 얻게 되었답니다. ‖ 17.37 ‖

그는 몸의 본성에 대해 이해하는
수행이라는 무기들을 갖추고
부정관이라는 화살들로써,
약간 남아있던 탐욕이라는 활과
망상이라는 화살을 든
애착이라는 큰 적을 깨부수었습니다. ‖ 17.38 ‖

또한 확고함이라는 화살통에서 꺼낸
자애라는 화살들을 인내라는 활시위에 [걸어],
혐오라는 무기를 든 채 분노라는 화살을 흩뿌리며
악의에 찬 적을 쏘아 죽였지요. ‖ 17.39 ‖

mūlāny atha trīṇy aśubhasya vīras
tribhir vimokṣāyatanaiś cakarta |
camūmukhasthān dhṛtakārmukāṃs trīn
arīn ivāris tribhir āyasāgraiḥ || 17.40 ||

sa kāmadhātoḥ samatikramāya
pārṣṇigrahāṃs tān abhibhūya śatrūn |
yogād anāgāmiphalaṃ prapadya
dvārīva nirvāṇapurasya tasthau || 17.41 ||

kāmair viviktaṃ malinaiś ca dharmair
vitarkavac cāpi vicāravac ca |
vivekajaṃ prītisukhopapannaṃ
dhyānaṃ tataḥ sa prathamaṃ prapede || 17.42 ||

kāmāgnidāhena sa vipramukto
hlādaṃ paraṃ dhyānasukhād avāpa |
sukhaṃ vigāhyāpsv iva gharmakhinnaḥ
prāpyeva cārthaṃ vipulaṃ daridraḥ || 17.43 ||

그리하여 영웅은 [탐진치라는] 불선의 세 뿌리를
[공, 무상, 무원이라는] 세 해탈처로 잘라내었으니,
마치 군대의 선두에 서서 활을 쥔 세 명의 적들을,
한 명의 적이 세 개의 강철 촉 [화살]들로 [물리친] 듯하였답니다. ‖ 17.40 ‖

불환과의 획득과 사선정(四禪定)의 단계

그는 욕계에서 [다음 단계로] 넘어가기 위해
후위에 있는 적들을 정복하고서,
수행을 통해 불환과[26]를 증득한 후
열반이라는 성채의 문지기와 같이 [우뚝] 섰습니다. ‖ 17.41 ‖

그리하여 그는 감각적 욕망들과
더러운 것들로 [점철된] 다르마에서 벗어나,
심(尋)과 사(伺)[27]를 갖추고,
[욕망과 더러움으로부터] 분리됨으로써 생겨난,
희열과 즐거움을 갖춘 초선에 도달하였습니다. ‖ 17.42 ‖

욕망의 불길에서 벗어나
선정의 즐거움을 통해 최고의 희열을 얻었으니,
마치 더위에 지친 사람이
물속에 들어가 즐거움을 [얻는] 것,
혹은 가난한 자가 큰 재산을 얻고 나서
[희열을 얻는 것]과 같았습니다. ‖ 17.43 ‖

tatrāpi taddharmagatān vitarkān
guṇāguṇe ca prasṛtān vicārān |
buddhvā manaḥkṣobhakarān aśāntāṃs
tadviprayogāya matiṃ cakāra || 17.44 ||

kṣobhaṃ prakurvanti yathormayo hi
dhīraprasannāmbuvahasya sindhoḥ |
ekāgrabhūtasya tathormibhūtāś
cittāmbhasaḥ kṣobhakarā vitarkāḥ || 17.45 ||

khinnasya suptasya ca nirvṛtasya
bādhaṃ yathā saṃjanayanti śabdāḥ |
adhyātmam aikāgryam upāgatasya
bhavanti bādhāya tathā vitarkāḥ || 17.46 ||

athāvitarkaṃ kramaśo 'vicāram
ekāgrabhāvān manasaḥ prasannam |
samādhijaṃ prītisukhaṃ dvitīyaṃ
dhyānaṃ tad ādhyātmaśivaṃ sa dadhyau || 17.47 ||

tad dhyānam āgamya ca cittamaunaṃ
lebhe parāṃ prītim alabdhapūrvām |
prītau tu tatrāpi sa doṣadarśī
yathā vitarkeṣv abhavat tathaiva || 17.48 ||

그 [초선]에서조차도,
그 단계 다르마의 미덕과 부덕에서 활동하는
심과 사가 마음의 파동을 만들어
적정에 이르지 못하게 하는 것들임을 알고서,
난다는 그것에서 벗어나고자 결심하였습니다. ‖ 17.44 ‖

마치 고요하고 깨끗한 물이 담긴 강에
물결들이 너울을 일으키듯,
하나의 대상에 집중한 상태(심일경성)가 된 마음이라는 물에
물결의 성질을 지닌 심이 너울을 일으키는 것이지요. ‖ 17.45 ‖

또한 지치고 잠들어 활동하지 않는 자에게
소음들이 방해가 되듯이,
그와 같이 심일경성의 상태에 있는 자에게
심은 방해가 된답니다. ‖ 17.46 ‖

그 후 난다는 마음이 한 대상에 집중한 상태를 통해
심과 사가 없고, 고요하며,
삼매에서 생겨난 것이요 희열과 즐거움이 있는,
내면의 청량함이 있는 두 번째 선정에 도달하였습니다. ‖ 17.47 ‖

그렇게 마음의 고요함이 있는 선정에 이른 후,
이전에 얻은 적 없는 최고의 희열을 얻게 되었습니다.
그러나 마치 [이전 단계에서] 심에 대해 [허물로 본] 것처럼[28]
그는 그 희열에서조차 허물들을 보게 되었지요. ‖ 17.48 ‖

prītiḥ parā vastuni yatra yasya
viparyayāt tasya hi tatra duḥkham |
prītāv ataḥ prekṣya sa tatra doṣān
prītikṣaye yogam upāruroha || 17.49 ||

prīter virāgāt sukham āryajuṣṭaṃ
kāyena vindann atha saṃprajānan |
upekṣakaḥ sa smṛtimān vyahārṣīd
dhyānaṃ tṛtīyaṃ pratilabhya dhīraḥ || 17.50 ||

yasmāt paraṃ tatra sukhaṃ sukhebhyas
tataḥ paraṃ nāsti sukhapravṛttiḥ |
tasmād babhāṣe śubhakṛtsnabhūmiṃ
parāparajñaḥ parameti maitryā || 17.51 ||

dhyāne 'pi tatrātha dadarśa doṣaṃ
mene paraṃ śāntam aniñjam eva |
ābhogato 'piñjayati sma tasya
cittaṃ pravṛttaṃ sukham ity ajasram || 17.52 ||

왜냐하면 어떤 이가 어떤 대상에서
최상의 희열을 얻을 때라 하더라도,
전도됨으로 인해 그 [단계]에서
그에게 고통이 생길 수 있기 때문에,
이로 인해 그는 그 희열에서 허물들을 보고서,
[그 단계에서 성취된] 희열마저 없애고자
수행을 이어나갔습니다. || 17.49 ||

희열에 대한 애착이 없기 때문에,
성자들이 갖춘 즐거움을 몸을 통해 경험하여 확실히 알고
평정과 주의집중을 갖추어 확고해진 그는
세 번째 선정에 도달하여 머물렀습니다. || 17.50 ||

그곳에 있는 즐거움은 즐거움 가운데 최고요,
그보다 뛰어난 즐거움의 활동이란 없기에,
뛰어난 것과 열등한 것을 아는 분[인 붓다]께서는
변정지(遍淨地)[29]를 가장 뛰어난 것이라고
자비심을 갖추어 말씀하셨지요. || 17.51 ||

[하지만 난다는] 이후 그 선정[단계]에서조차
허물을 보게 되었으니,
[그는] 움직임 없는 적정이야말로
최고의 것이라 생각하였던 것이지요.
[그러나] 향수(享受)에 의해 활성화된 즐거움이란
계속해서 그의 마음을 움직였습니다. || 17.52 ||

yatreñjitaṃ spanditam asti tatra
yatrāsti ca spanditam asti duḥkham |
yasmād atas tat sukham iñjakatvāt
praśāntikāmā yatayas tyajanti || 17.53 ||

atha prahāṇāt sukhaduḥkhayoś ca
manovikārasya ca pūrvam eva |
dadhyāv upekṣāsmṛtimad viśuddhaṃ
dhyānaṃ tathāduḥkhasukhaṃ caturtham || 17.54 ||

yasmāt tu tasmin na sukhaṃ na duḥkhaṃ
jñānaṃ ca tatrāsti tadarthacāri |
tasmād upekṣāsmṛtipāriśuddhir
nirucyate dhyānavidhau caturthe || 17.55 ||

dhyānaṃ sa niśritya tataś caturtham
arhattvalābhāya matiṃ cakāra |
saṃdhāya mitraṃ balavantam āryaṃ
rājeva deśān ajitāñ jigīṣuḥ || 17.56 ||

움직임이 있는 곳에 동요가 있으며,
동요가 있는 곳에 고통이 있는 법이니,
그리하여 적정을 바라는 수행자들은
이 움직임 때문에 그 [단계의] 즐거움을 버리는 것입니다. ‖ 17.53 ‖

그리하여 [난다는] 먼저 즐거움과 고통,
그리고 마음의 변화를 버림으로써
청정한 평정과 주의집중이 있고,
고통스럽지도 즐겁지도 않은 느낌인
네 번째 선정[의 단계]를 숙고하였습니다. ‖ 17.54 ‖

그 [단계]에는 즐거움과 고통은 없을지언정
그곳에는 그 목적을 수행하는 지혜가 있지요.
그 때문에 네 번째 선정의 단계에서는
평정과 주의집중의 완성이 상세히 설명되는 것입니다. ‖ 17.55 ‖

아라한과의 획득

그 후, 그는 네 번째 선정[단계]에 의지하여
아라한의 자격을 얻기 위해 결의하였으니,
마치 고귀하고 힘을 지닌 [나라와] 동맹을 맺고
정복되지 않은 곳들을 정복하려는 왕과 같았답니다. ‖ 17.56 ‖

ciccheda kārtsnyena tataḥ sa pañca
prajñāsinā bhāvanayeritena |
ūrdhvaṃgamāny uttamabandhanāni
saṃyojanāny uttamabandhanāni || 17.57 ||

bodhyaṅganāgair api saptabhiḥ sa
saptaiva cittānuśayān mamarda |
dvīpān ivopasthitavipraṇāśān
kālo grahaiḥ saptabhir eva sapta || 17.58 ||

agnidrumājyāmbuṣu yā hi vṛttiḥ
kabandhavāyvagnidivākarāṇām |
doṣeṣu tāṃ vṛttim iyāya nando
nirvāpaṇotpāṭanadāhaśoṣaiḥ || 17.59 ||

iti trivegaṃ trijhaṣaṃ trivīcam
ekāmbhasaṃ pañcarayaṃ dvikūlam |
dvigrāham aṣṭāṅgavatā plavena
duḥkhārṇavaṃ dustaram uttatāra || 17.60 ||

그 후 난다는 수습을 통해
움직이는 지혜의 검으로,
최고의 속박인 오상분결(五上分結)[30]을
완전히 끊어내었습니다. || 17.57 ||

그는 칠각지라는 코끼리들로
일곱 가지 마음의 수면(隨眠)[31]을 짓이겼으니,
마치 시간이 일곱 개의 행성들로
멸망의 때가 도래한 일곱 대륙을 [짓이기는] 듯 했답니다. || 17.58 ||

비구름, 바람, 불, 태양은
[각각] 불, 나무, 버터, 물을 [없애는] 기능을 지니고 있으니,
난다는 [비구름이 비를 뿌려 불을] 꺼뜨리는 것,
[바람이 강타하여 나무를] 뿌리째 뽑는 것,
[불이 타올라 버터를] 연소시키는 것,
[태양이 내리쬐어 물을] 말리는 것을 통해
그 기능을 허물들에 대해 행하였습니다. || 17.59 ||

이처럼 [난다는] 세 개의 물살, 세 마리의 물고기,
세 개의 파도, 하나의 물, 다섯 가지 지류,
두 해안가, 두 마리의 악어가 있는
건너기 어려운 고통의 바다를
여덟 가지 지분을 갖춘 배로 건넜던 것입니다.[32] || 17.60 ||

arhattvam āsādya sa satkriyārho
nirutsuko niṣpraṇayo nirāśaḥ |
vibhīr viśug vītamado virāgaḥ
sa eva dhṛtyānya ivābabhāse || 17.61 ||

bhrātuś ca śāstuś ca tayānuśiṣṭyā
nandas tataḥ svena ca vikrameṇa |
praśāntacetāḥ paripūrṇakāryo
vāṇīm imām ātmagatāṃ jagāda || 17.62 ||

namo 'stu tasmai sugatāya yena
hitaiṣiṇā me karuṇātmakena |
bahūni duḥkhāny apavartitāni
sukhāni bhūyāṃsy upasaṃhṛtāni || 17.63 ||

ahaṃ hy anāryeṇa śarīrajena
duḥkhātmake vartmani kṛṣyamāṇaḥ |
nivartitas tadvacanāṅkuśena
darpānvito nāga ivāṅkuśena || 17.64 ||

원하는 바 없고, 선호하는 바 없으며,
희망하는 바도 없어져
존경받을 만한 덕을 갖추어 아라한의 상태를 얻으니,
두려움 없고, 걱정이 없으며, 도취심을 여의고,
애착이 없어진 난다는 확고함으로 인하여
마치 다른 사람처럼 보였습니다. ‖ 17.61 ‖

아라한이 된 난다의 독백

형이자 스승인 [붓다]의 그 가르침에 의해,
그리고 그 자신의 힘을 통해
고요한 마음과 완전한 결실을 갖춘 난다는
혼잣말로 이렇게 말하였습니다. ‖ 17.62 ‖

"내가 잘되기를 바라는 자비로운 성정을 가진 분,
잘 가신 분(붓다)께 귀의하나니.
그 많은 고통이 사라지고
엄청난 행복이 가득하구나. ‖ 17.63 ‖

참으로 나는 비천한 애욕으로 인해
고통뿐인 길에서 끌려다니다
그분의 말씀이라는 조련봉으로 되돌려졌으니,
마치 발정 나 [떠돌던] 코끼리가
조련봉으로 [되돌려진] 것과 같도다. ‖ 17.64 ‖

tasyājñayā kāruṇikasya śāstur
hṛdistham utpāṭya hi rāgaśalyam |
adyaiva tāvat sumahat sukhaṃ me
sarvakṣaye kiṃ bata nirvṛtasya || 17.65 ||

nirvāpya kāmāgnim ahaṃ hi dīptaṃ
dhṛtyambunā pāvakam ambunaiva |
hlādaṃ paraṃ sāṃpratam āgato 'smi
śītaṃ hradaṃ gharma ivāvatīrṇaḥ || 17.66 ||

na me priyaṃ kiṃcana nāpriyaṃ me
na me 'nurodho 'sti kuto virodhaḥ |
tayor abhāvāt sukhito 'smi sadyo
himātapābhyām iva vipramuktaḥ || 17.67 ||

mahābhayāt kṣemam ivopalabhya
mahāvarodhād iva vipramokṣam |
mahārṇavāt pāram ivāplavaḥ san
bhīmāndhakārād iva ca prakāśam || 17.68 ||

rogād ivārogyam asahyarūpād
ṛṇād ivānṛṇyam anantasaṃkhyāt |
dviṣatsakāśād iva cāpayānaṃ
durbhikṣayogāc ca yathā subhikṣam || 17.69 ||

그 자비로우신 스승의 명으로
마음에 머무는 애욕의 화살을 뽑아내어
바로 지금 모든 것이 가라앉은 바,
[애욕의] 활동이 멈춘 내게 크나큰 행복 있으니,
더 말해 무엇하리오? ‖ 17.65 ‖

물로 불을 끄듯 확고함이라는 물로
욕망이라는 불길을 꺼뜨리니,
마치 더울 때에 시원한 호수에 잠기듯
이제 나는 최고의 기쁨에 도달하였구나. ‖ 17.66 ‖

나에게는 그 어떤 것에 대한 좋고 싫음도 없고,
내 그 무엇에 대해서도 바라는 바나 적대하는 바도 없구나.
이제 그 두 가지가 없기에
마치 추위와 더위에서 자유로운 듯 안락할 따름이다. ‖ 17.67 ‖

마치 큰 위험에서 [벗어나] 안전함을 얻은 것처럼,
마치 큰 감옥에서 [벗어나] 자유를 얻은 것처럼,
마치 배 없는 자가 바다에서 [벗어나] 건너편 해안에 다다른 것처럼,
마치 무시무시한 암흑에서 [벗어나] 광명을 얻은 것처럼, ‖ 17.68 ‖

마치 질병에서 [벗어나] 건강을 [얻은] 것처럼,
마치 감당할 수 없는 어마어마한 빚더미에서 [벗어나] 채무가 사라진 것처럼,
마치 적 앞에서 [벗어나 안전한 곳으로] 후퇴한 것처럼,
마치 굶주림에서 [벗어나] 풍족한 음식을 [얻은] 것처럼, ‖ 17.69 ‖

tadvat parāṃ śāntim upāgato 'haṃ
yasyānubhāvena vināyakasya |
karomi bhūyaḥ punaruktam asmai
namo namo 'rhāya tathāgatāya || 17.70 ||

yenāhaṃ girim upanīya rukmaśṛṅgaṃ
svargaṃ ca plavagavadhūnidarśanena |
kāmātmā tridivacarībhir aṅganābhir
niṣkṛṣṭo yuvatimaye kalau nimagnaḥ || 17.71 ||

tasmāc ca vyasanaparād anarthapaṅkād
utkṛṣya kramaśithilaḥ karīva paṅkāt |
śānte 'smin virajasi vijvare viśoke
saddharme vitamasi naiṣṭhike vimuktaḥ || 17.72 ||

taṃ vande param anukampakaṃ maharṣiṃ
mūrdhnāhaṃ prakṛtiguṇajñam āśayajñam |
saṃbuddhaṃ daśabalinaṃ bhiṣakpradhānaṃ
trātāraṃ punar api cāsmi saṃnatas tam || 17.73 ||

|| saundaranande mahākāvye 'mṛtādhigamo nāma saptadaśaḥ sargaḥ || 17 ||

그와 같이 스승(붓다)의 위신력으로
최고의 적정에 다다른 나는
이 고귀한 여래에게
다시금 반복하여 귀의드리옵나니. ‖ 17.70 ‖

여인들로 이루어진 악덕에 빠져
욕망의 본성을 지닌 나를
황금봉우리 있는 산으로 데려가 암원숭이를 보이시고,
천계로 [데려가] 천상을 노니는 여인들로 [나를] 끌어내시니, ‖ 17.71 ‖

마치 둔한 걸음걸이의 코끼리를 진흙에서 [끄집어내듯]
최악의 재난인 불행이라는 진흙탕에서 [나를] 끄집어내신 후,
물들지 않고, 타오르지 않으며, 비탄이 없고, 어둠이 없는
이 적정이 있는 완전한 정법에 풀어놓으셨도다. ‖ 17.72 ‖

최고의 자비를 지니신 분이자 위대한 성자이시며,
본디 미덕을 아시는 분이자 바라는 바를 아시는 분께
내 머리를 조아려 경의를 표하나니,
정각자이시며 십력(十力)을 지닌 분이자 최고의 의사이며
보호자이신 그분 [붓다]께 다시금 경배드리노라." ‖ 17.73 ‖

대서사시 『사운다라난다』에서 "불사의 획득"이라는 이름의 열일곱 번째 장을 마친다.

〚 미주 〛

1 '마음을 준비하는 단계'란 믿음과 계를 수지하고 수행도에 들어간 단계를 말하는 것으로서『성문지』의 제1 유가처 제2「취입지」단계로 이해할 수 있다(안성두 2021, p.78-80 참조).

2 '출가자'는 '집 없는 자'(aniketa)를 의역한 것이다. 원문에서는 집을 의미하는 niketa와 집 없는 자인 aniketa를 의도적으로 반복 사용하였다.

3 '자량'이란 열반을 위해 갖추어야 할 것을 말한다.『성문지』제1 유가처 제3「출리지」에 따르면 자량에는 13가지가 있으며 자신의 원만, 타인의 원만, 선법에의 욕구, 계의 율의, 근의 율의, 음식에 대해 양을 아는 것, 이른 밤과 늦은 밤에 깨어서 수행함, 정지를 갖고 주함, 선우의 상태, 정법의 청문과 사유, 무장애, 포기, 그리고 사문의 장엄이다(자량에 대한 자세한 설명은 안성두 2021, pp.89-184 참조).

4 '특정한 허물'이란 앞서 제15-16장에서 설명한 것으로서, 각 허물에 맞는 방법을 통해 현재의 단계에 이른 것이다.

5 '형태 있는 것'은 욕계와 색계, '형태 없는 것'은 무색계를 가리키는 것으로 보인다.

6 '세간에서 뛰어난 길'이란 난다가 다다른 수행 계위를 말하는 것으로서 세제일법(世第一法)으로 이해된다. 세제일법의 다음 단계는 출세간법(出世間法)이다.

7 '속박과 소멸의 원인'이라고 한 것은 태어나는 순간 전생의 업에 속박되었고 태어나면 반드시 죽게 되므로 속박과 소멸의 원인이라고 말한 것이다.

8 앞 송까지 세제일법을 완성하고 견도인 출세간도에 들어선 것을 뜻한다.

9 삼학의 완성을 말한다.

10 칠각지는 37조도품 가운데 깨달음의 수단의 구성요소이다. ①주의집중[念覺支, smṛti-sambodhyaṅga], ②법에 대한 고찰[擇法覺支, dharma-vicaya-sambodhyaṅga], ③정진[精進覺支, vīrya-sambodhyaṅga], ④기쁨[喜覺支, prīti-sambodhyaṅga] ⑤평안[輕安覺支, praśrabdhi-sambodhyaṅga], ⑥삼매[定覺支, samādhi-sambodhyaṅga)], ⑦평정[捨覺支, upekṣā-sambodhyaṅga]이다.

11 사정단은 37조도품 가운데 정진하는 노력을 말한다. ①불선법을 끊으려는 노력, ②아직 생기지 않은 불선법을 막으려는 노력, ③선법을 계발하려는 노력, ④가지고 있는 선법을 유지하려는 노력이다.

12 사념처는 37조도품 가운데 첫 번째 단계로서 신념처(身念處)·수념처(受念處)·심념처(心念處)·법념처(法念處)를 말한다. 즉 ①몸의 부정함을 관찰, ②감정의 실체가 고통임을 관찰, ③마음을 관찰, ④무아를 관찰하는 것이다.

13 사전도는 중생이 일으키는 네 가지 잘못된 견해로서 상락아정(常樂我淨)의 전도를 말한다. 즉 ①무상한 것을 영원하다고 아는 것, ②괴로움을 즐거움으로 아는 것, ③무아인 것을 실체가 있다고 아는 것, ④더러운 것을 청정하다고 아는 것이다.

14 『성문지』에 따르면 심념처 – 상견, 수념처 – 락견, 법념처 – 아견, 신념처 – 정견에 배치된다.

15 '다섯 가지 고귀한 힘'[五力]은 깨달음에 이르게 하는 다섯 가지 사람의 능력(기능)으로서, ①신력(信力, 믿음) ②정진력(精進力, 노력) ③염력(念力, 마음챙김) ④정력(定力, 삼매) ⑤혜력(慧力, 지혜)을 말한다.

16 '다섯 가지 장애물'이란 오력(五力)에 대한 장애물로서 불신, 게으름, 산만함, 삼매에 대한 장애, 무지 등이다.

17 '진실의 여덟 코끼리'란 팔정도를 말한다.

18 '거짓의 여덟 코끼리'란 팔정도의 반대인 팔사(八邪)를 말한다.

19 사향사과 중 첫 번째로 예류과를 말한다.

20 견도에 속하는 번뇌에서만 벗어난 것을 말한다. 즉 탐진치, 의, 만 등 10수면 가운데 사제의 이해를 통한 지적인 번뇌만 끊은 상태이다.

21 여기서 '믿음'이란 불법승에 대한 믿음과 사성제에 대한 명징한 인식을 말한다.

22 '파괴적인 견해'란 자신을 파괴시키는 번뇌 가운데 견에 속하는 것을 말한다. 견도에 이르면 잘못된 견해와 의심 등이 사라진다.

23 악취(惡趣)는 윤회하는 세계 가운데 특히 괴로운 세계로서 지옥, 아귀, 축생을 말하며 삼악취라고도 한다.

24 '애착과 분노'는 욕계의 번뇌인 오하분결(五下分結)의 마지막 두 가지이다. 오하분결은 유신견(有身見, 나의 몸과 마음이 있다는 견해), 계금취견(戒禁取見, 잘못된 견해를 믿는 것), 의심, 애착, 분노로서 앞의 세 가지는 예류과에서 이미 제거되었다. 애착과 분노는 일래과와 불환과에서 제거된다.

25 사향사과 가운데 두 번째인 일래과를 말한다.

26 사향사과 가운데 세 번째이다.

27 심과 사는 명상 중에 일어나는 개념적 인식 과정을 말한다.

28 4선의 과정에는 각 단계별로 관찰되는 심적 요소에 차이가 있다. 이전 단계에서는 나타났던 요소들이 다음 단계에서는 사라지고 그 다음 단계에서는 또한 마찬가지이다. 따라서 이전 단계의 요소는 다음 단계에는 사라져야 할 허물(doṣa)이라 할 수 있다.

29 변정지는 제3선에 해당하는 변정천(遍淨天)의 지위이다.

30 오상분결이란 색탐(色貪), 무색탐(無色貪), 만(慢), 도거(掉擧), 무명(無明)이다.

31 수면(隨眠)은 번뇌의 다른 말이다.

32 해당 비유들이 구체적으로 어떠한 것을 말하는지는 명확치 않지만 오기하라 운라이의 설명에 따르면 다음과 같이 이해할 수 있다. 세 개의 물살은 삼독(三毒, 탐진치), 세 물고기는 삼계(三界), 세 파도는 삼업(三業), 하나의 물은 유루계(有漏界), 다섯 가지 지류는 오취(五趣), 두 해안가는 무간과 유정, 두 마리 악어는 애(愛)와 견(見)이다. 이와 같이 번뇌로 이루어진 세간이라는 바다를 팔정도의 배를 타고 건너는 것으로 비유하고 있다.

제18장

깨달음의 수기

ājñāvyākaraṇaḥ

atha dvijo bāla ivāptavedaḥ
kṣipraṃ vaṇik prāpta ivāptalābhaḥ |
jitvā ca rājanya ivārisainyaṃ
nandaḥ kṛtārtho gurum abhyagacchat || 18.1 ||

draṣṭuṃ sukhaṃ jñānasamāptikāle
gurur hi śiṣyasya guroś ca śiṣyaḥ |
pariśramas te saphalo mayīti
yato didṛkṣāsya munau babhūva || 18.2 ||

yato hi yenādhigato viśeṣas
tasyottamāṅge 'rhati kartum ijyām |
āryaḥ sarāgo 'pi kṛtajñabhāvāt
prakṣīṇamānaḥ kim u vītarāgaḥ || 18.3 ||

yasyārthakāmaprabhavā hi bhaktis
tato 'sya sā tiṣṭhati rūḍhamūlā |
dharmānvayo yasya tu bhaktirāgas
tasya prasādo hṛdayāvagāḍhaḥ || 18.4 ||

kāṣāyavāsāḥ kanakāvadātas
tataḥ sa mūrdhnā gurave praṇeme |
vāteritaḥ pallavatāmrarāgaḥ
puṣpojjvalaśrīr iva karṇikāraḥ || 18.5 ||

스승에 대한 존경심

베다를 터득한 재생족(브라만) 소년처럼,
즉각적인 이익을 얻은 상인처럼
그리고 적의 군대를 이긴 후의 끄샤뜨리야처럼,
목적을 이룬 난다는 스승(붓다)께 다가갔습니다. ‖ 18.1 ‖

실로 지혜가 완성됐을 때 스승이 학생을,
학생이 스승을 보는 것은 기쁜 일이기에,
"그대의 노력이 나에게 좋은 보상이다"라는 [마음에서]
[제자를] 보고자 하는 [마음이] 스승(붓다)에게 생겼습니다. ‖ 18.2 ‖

[자신을] 특별함에 도달하게 해준 분께는
머리 숙여 존경을 해야 하는 법이지요.
애착을 지닌 성자[有學]라도 은혜를 알기에 그럴진대,
[하물며] 아만도 애착도 없는 이[無學]는 어떻겠습니까? ‖ 18.3 ‖

실로 어떤 이의 헌신이 재산이나 욕망에서 생겨날 때
그 [헌신]은 그러한 것들에 뿌리를 두고 있습니다.
하지만 어떤 이의 열정적인 헌신이 다르마를 따를 때에는
그의 마음이 고요함으로 채워지는 법이랍니다. ‖ 18.4 ‖

그리하여 황갈색 옷 둘러 황금처럼 빛나는 [난다]는
스승께 머리를 숙였습니다.
마치 붉은 새싹과 빛나는 [노란] 꽃 달린 카시아나무[1]가
바람에 수그러진 듯한 모습이었지요. ‖ 18.5 ‖

athātmanaḥ śiṣyaguṇasya caiva
mahāmuneḥ śāstṛguṇasya caiva |
saṃdarśanārthaṃ sa na mānahetoḥ
svāṃ kāryasiddhiṃ kathayām babhūva || 18.6 ||

yo dṛṣṭiśalyo hṛdayāvagāḍhaḥ
prabho bhṛśaṃ mām atudat sutīkṣṇaḥ |
tvadvākyasaṃdaṃśamukhena me sa
samuddhṛtaḥ śalyahṛteva śalyaḥ || 18.7 ||

kathaṃkathābhāvagato 'smi yena
chinnaḥ sa niḥsaṃśaya saṃśayo me |
tvacchāsanāt satpatham āgato 'smi
sudeśikasyeva pathi pranaṣṭaḥ || 18.8 ||

난다, 성취한 바를 붓다께 고하다

그 후, 난다는 자신이 행해야 할 것들이
성취되었음을 말씀드렸습니다.
이는 그저 학생의 공덕과
위대한 성자인 스승의 공덕을 알리기 위함이요,
자랑하기 위해서가 아니었습니다. || 18.6 ||

“[법]왕이시여!
마음에 떨어진 [잘못된] 견해라는 화살이
저를 강하고 날카롭게 파고들었습니다.
[하지만] 마치 의사가 화살을 [뽑아내듯],
당신의 가르침이라는 집게 끝이
그 화살을 저에게서 제거하였습니다. || 18.7 ||

의심 없는 분이여!
저를 의문 덩어리로 만들었던
그 의심이 사라졌습니다.
마치 길 잃은 사람이
좋은 안내자의 [인도]를 받은 듯,
당신의 가르침 덕분에
저는 옳은 길로 안내되었습니다. || 18.8 ||

yat pītam āsvādavaśendriyeṇa
darpeṇa kandarpaviṣaṃ mayāsīt |
tan me hataṃ tvadvacanāgadena
viṣaṃ vināśīva mahāgadena || 18.9 ||

kṣayaṃ gataṃ janma nirastajanman
saddharmacaryām uṣito 'smi samyak |
kṛtsnaṃ kṛtaṃ me kṛtakārya kāryaṃ
lokeṣu bhūto 'smi na lokadharmā || 18.10 ||

maitrīstanīṃ vyañjanacārusāsnāṃ
saddharmadugdhāṃ pratibhānaśṛṅgām |
tavāsmi gāṃ sādhu nipīya tṛptas
tṛṣcva gām uttama vatsavarṇaḥ || 18.11 ||

감관이 향락에 지배되어 오만했던 저는
애욕이라는 독을 마셨었지요.
[하지만] 마치 강력한 해독제로 독을 제거하듯,
당신의 가르침이라는 해독제로
저에게서 그 [독을] 없애버리셨습니다. ‖ 18.9 ‖

더 이상 태어나지 않는 분이시여!
저의 윤회는 끝났고
진실한 자의 가르침을 따르는 행위[正法行] 속에
바르게 머물고 있습니다.
해야 할 일을 마친 분이시여!
제가 해야 할 일을 완전히 마쳤으니,
[저의 몸은] 세간에 존재하지만
저는 더 이상 세간법에 속하지 않습니다. ‖ 18.10 ‖

훌륭한 분이시여!
마치 갈증을 느낀 어린 송아지가
어미 소의 젖을 [마시면] 그러하듯,
뛰어난 분이시여!
자비라는 젖과 언어 표현이라는 아름다운 군턱,[2]
진실한 자의 가르침이라는 우유, 뛰어난 지성이라는 뿔을 가진
[소와 같은] 당신의 게송이라는 우유를[3] 마시고서
[저는 완전히] 만족하였습니다. ‖ 18.11 ‖

yat paśyataś cādhigamo mamāyaṃ
tan me samāsena mune nibodha |
sarvajña kāmaṃ viditaṃ tavaitat
svaṃ tūpacāraṃ pravivakṣur asmi || 18.12 ||

anye 'pi santo vimumukṣavo hi
śrutvā vimokṣāya nayaṃ parasya |
muktasya rogād iva rogavantas
tenaiva mārgeṇa sukhaṃ ghaṭante || 18.13 ||

urvyādikāñ janmani vedmi dhātūn
nātmānam urvyādiṣu teṣu kiṃcit |
yasmād atas teṣu na me 'sti saktir
bahiś ca kāyena samā matir me || 18.14 ||

skandhāṃś ca rūpaprabhṛtīn daśārdhān
paśyāmi yasmāc capalān asārān |
anātmakāṃś caiva vadhātmakāṃś ca
tasmād vimukto 'smy aśivebhya ebhyaḥ || 18.15 ||

yasmāc ca paśyāmy udayaṃ vyayaṃ ca
sarvāsv avasthāsv aham indriyāṇāṃ |
tasmād anityeṣu nirātmakeṣu
duḥkheṣu me teṣv api nāsti saṅgaḥ || 18.16 ||

성자시여!
올바른 견해를 갖춘 자인 제가 이해한 것을
간략하게 들어주십시오.
일체지자시여!
비록 당신도 이를 아시겠지만
저의 방식을 말씀드리고 싶나이다. ‖ 18.12 ‖

왜냐하면 누군가의 해탈에 대한 방법을 들으면
해탈하고자 하는 다른 성자들 또한
그 길을 통해 행복을 위해 시도할 것이기 때문입니다.
마치 병자들이 병에서 벗어난 자의 [방식을 시도하]듯 말입니다. ‖ 18.13 ‖

저는 존재에게는 땅 등의 [4대] 요소들이 [있음]을 알며,
그 땅 등 요소 가운데
그 어떠한 것도 본질(자아)이 아니라는 것을 압니다.
그리하여 저는 그것들에 대해 애착하지 않으며,
또한 나의 몸과 그 외의 것(외부 대상)이 같다 여깁니다. ‖ 18.14 ‖

또한 저는 색 등의 오온이
무상하고 실체가 없으며 자아도 없고
죽음을 본질로 하는 것임을 보고,
그로 인해 이러한 해로운 것들로부터 해방되었습니다. ‖ 18.15 ‖

저는 감관들의 모든 상태에서
일어남과 사라짐을 보며,
그로 인해 무상하고 자아가 없고 고통스러운
그것들에 대해서도 애착하지 않습니다. ‖ 18.16 ‖

yataś ca lokaṃ samajanmaniṣṭhaṃ
paśyāmi niḥsāram asac ca sarvaṃ |
ato dhiyā me manasā vibaddham
asmīti me neñjitam asti yena || 18.17 ||

caturvidhe naikavidhaprasaṅge
yato 'ham āhāravidhāv asaktaḥ |
amūrcchitaś cāgrathitaś ca tatra
tribhyo vimukto 'smi tato bhavebhyaḥ || 18.18 ||

aniśritaś cāpratibaddhacitto
dṛṣṭaśrutādau vyavahāradharme |
yasmāt samātmānugataś ca tatra
tasmād visaṃyogagato 'smi muktaḥ || 18.19 ||

ity evam uktvā gurubāhumānyāt
sarveṇa kāyena sa gāṃ nipannaḥ |
praverito lohitacandanākto
haimo mahāstambha ivābabhāse || 18.20 ||

그리고 저는 세상에 대해 생과 사가 동일함을,
또한 모든 것이 실체가 없고 본질이 없음을 봅니다.
그리고 명상을 통해 [모든 것이]
나의 마음에 의해 묶여 있다는 사실로 인해
'내가 존재한다'는 동요가 저에게는 없습니다. ‖ 18.17 ‖

네 종류의 식[四食][4]에 대한
갖가지 종류의 애착에서도 저는 자유롭습니다.
또한 거기에 빠져 있거나 매달려 있지도 않으니,
그리하여 저는 세 가지 존재 상태[5]로부터 해방되었습니다. ‖ 18.18 ‖

보고 듣는 것 등의 세속적인 다르마에
마음을 두지 않고 의존하지 않아
동일성을 본질로 하는 데에 이르렀기에,
그로부터 저는 그곳(세속)에서
분리를 이루었고 해방되었습니다." ‖ 18.19 ‖

이렇게 말하고서 그는 스승에 대한 깊은 존경심으로
온몸을 던져 땅에 엎드렸으니,
그 모습이 마치 붉은 샌달나무로 덮인
거대한 황금빛 기둥처럼 보였습니다. ‖ 18.20 ‖

tataḥ pramādāt prasṛtasya pūrvaṃ
śrutvā dhṛtiṃ vyākaraṇaṃ ca tasya |
dharmānvayaṃ cānugataṃ prasādaṃ
meghasvaras taṃ munir ābabhāṣe || 18.21 ||

uttiṣṭha dharme sthita śiṣyajuṣṭe
kiṃ pādayor me patito 'si murdhnā |
abhyarcanaṃ me na tathā praṇāmo
dharme yathaiṣā pratipattir eva || 18.22 ||

adyāsi supravrajito jitātmann
aiśvaryam apy ātmani yena labdham |
jitātmanaḥ pravrajanaṃ hi sādhu
calātmano na tv ajitendriyasya || 18.23 ||

adyāsi śaucena pareṇa yukto
vākkāyacetāṃsi śucīni yat te |
ataḥ punaś cāprayatām asaumyāṃ
yat saumya no vekṣyasi garbhaśayyām[6] || 18.24 ||

난다의 성취에 대한 붓다의 말씀

이전의 부주의한 상태에서 벗어난 [난다]의
확고한 말을 들으시고서,
스승(붓다)께서는
명징한 법지(法智)와 유지(類智)에 속하는 [지혜]를 얻은[7] 그에게
[천둥 품은] 구름 같은 목소리로 말씀하셨습니다. ‖ 18.21 ‖

"제자에게 걸맞은 다르마에 머무는 자여, 일어나거라.
그대는 어찌 나의 두 발에 머리를 조아리는가?
이러한 행위는 존중[의 대상]이 다르마에 있는 것이니
그 같이 나에 대하여 경배를 할 [필요는] 없느니라. ‖ 18.22 ‖

자신을 이긴 자여, 스스로에 대한 주권까지 얻었으니
지금 그대는 온전한 출가자이니라.
출가란 자신을 이긴 자에게는 효과적이나,
감관을 정복하지 못한 변덕스러운 자에게는
[그렇지] 않기 때문이다. ‖ 18.23 ‖

다정한 이여, 말과 몸과 마음이 청정하니
이제 그대는 최고의 정결함과 결합되었구나.
하여 그대는 다시는 부정하고 불순한 자궁 속으로
들어가지 않을 것이니라. ‖ 18.24 ‖

adyārthavat te śrutavac chrutaṃ tac
chrutānurūpaṃ pratipadya dharmaṃ |
kṛtaśruto vipratipadyamāno
nindyo hi nirvīrya ivāttaśastraḥ || 18.25 ||

aho dhṛtis te 'viṣayātmakasya
yat tvaṃ matiṃ mokṣavidhāv akārṣīḥ |
yāsyāmi niṣṭhām iti bāliśo hi
janmakṣayāt trāsam ihābhyupaiti || 18.26 ||

diṣṭyā durāpaḥ kṣaṇasaṃnipāto
nāyaṃ kṛto mohavaśena moghaḥ |
udeti duḥkhena gato hy adhastāt
kūrmo yugacchidra ivārṇavasthaḥ || 18.27 ||

nirjitya māraṃ yudhi durnivāram
adyāsi loke raṇaśīrṣaśūraḥ |
śūro 'py aśūraḥ sa hi veditavyo
doṣair amitrair iva hanyate yaḥ || 18.28 ||

이제 그대는 목적을 가지고 배워야 할 것을 배웠고
그 배운 것을 따라 다르마에 도달하였도다.
배운 것을 완성한 자가
잘못을 저지르는 것은 비난받아 마땅하니,
마치 칼을 가진 자가
용맹하게 [싸우지] 않는 것과 같기 때문이니라. || 18.25 ||

아아! 그대는 굳건하구나!
대상을 본질로 보지 않는 그대는
마음을 해탈의 방식에 두었도다.
어리석은 자는
이 세상에 다시 태어나지 않는 것에 대하여
'나는 소멸할 것이다'라고 하며
두려움을 갖게 되기 때문이니라. || 18.26 ||

다행히 어렵게 만난 기회가
무지로 인하여 헛되지 않았구나.
힘들게 만난 [기회]란
마치 바다에 살던 거북이가
[우연히] 나무 구멍으로 올라온 것처럼
[일어나기 어렵기] 때문이다. || 18.27 ||

대적하기 어려운 마라를 전쟁에서 정복한 후,
세상에서 그대는 이제 전장의 최고 영웅이 되었으니,
그러한 그가 허물이라는 적에게 패한다면
영웅이라도 영웅이 아니라 알려질 것이기 때문이니라. || 18.28 ||

nirvāpya rāgāgnim udīrṇam adya
diṣṭyā sukhaṃ svapsyasi vītadāhaḥ |
duḥkhaṃ hi śete śayane 'py udāre
kleśāgninā cetasi dahyamānaḥ || 18.29 ||

abhyucchrito dravyamadena pūrvam
adyāsi tṛṣṇoparamāt samṛddhaḥ |
yāvat satarṣaḥ puruṣo hi loke
tāvat samṛddho 'pi sadā daridraḥ || 18.30 ||

adyāpadeṣṭuṃ tava yuktarūpaṃ
śuddhodano me nṛpatiḥ piteti |
bhraṣṭasya dharmāt pitṛbhir nipātād
aślāghanīyo hi kulāpadeśaḥ || 18.31 ||

diṣṭyāsi śāntiṃ paramām upeto
nistīrṇakāntāra ivāptasāraḥ |
sarvo hi saṃsāragato bhayārto
yathaiva kāntāragatas tathaiva || 18.32 ||

āraṇyakaṃ bhaikṣacaraṃ vinītaṃ
drakṣyāmi nandaṃ nibhṛtaṃ kadeti |
āsīt purastāt tvayi me didṛkṣā
tathāsi diṣṭyā mama darśanīyaḥ || 18.33 ||

타오르던 탐욕의 불을 끄고서,
이제 불길이 식은 그대는 안락히 잠들 것이니,
마음이 번뇌의 불로 타오르고 있는 자는
가장 편안한 잠자리에서마저 괴롭게 잠들기 때문이로다. ‖ 18.29 ‖

예전에 그대는 재물에 고취되어 우쭐한 이였으되,
이제는 갈애가 그침에 따라 진정 부유한 이가 되었으니,
세상에서 사람은 갈애가 있는 한
제아무리 부자라 한들 항상 가난하기 때문이니라. ‖ 18.30 ‖

조상들에게서 부여된 다르마에서 벗어난 자가
[스스로의] 가문을 밝히는 것은
칭찬받을 만한 일이 아닐진대, 이제 그대는
'숫도다나 왕이 나의 아버지다'라며 선언할 만하구나. ‖ 18.31 ‖

다행스럽게도 그대는
위험한 숲을 건너 보물을 얻듯
최고의 적정에 이르렀으니,
윤회하는 세상에 있는 모든 이는
마치 위험한 숲속에 있는 것처럼
두려움에 시달리기 때문이니라. ‖ 18.32 ‖

'과연 숲에 머물며, 걸식을 하고, 잘 제어되어
확고해진 난다를 언제쯤 볼 수 있겠는가?' 하며
이전부터 그대에게서 [그러한 모습을]
보고자 하는 마음이 내게 있었느니라.
[이제] 그대가 그와 같으니
다행스럽게도 보기가 좋구나. ‖ 18.33 ‖

bhavaty arūpo 'pi hi darśanīyaḥ
svalaṃkṛtaḥ śreṣṭhatamair guṇaiḥ svaiḥ |
doṣaiḥ parīto malinīkarais tu
sudarśanīyo 'pi virūpa eva || 18.34 ||

adya prakṛṣṭā tava buddhimattā
kṛtsnaṃ yayā te kṛtam ātmakāryam |
śrutonnatasyāpi hi nāsti buddhir
notpadyate śreyasi yasya buddhiḥ || 18.35 ||

unmīlitasyāpi janasya madhye
nimīlitasyāpi tathaiva cakṣuḥ |
prajñāmayaṃ yasya hi nāsti cakṣuś
cakṣur na tasyāsti sacakṣuṣo 'pi || 18.36 ||

duḥkhapratīkāranimittam ārtaḥ
kṛṣyādibhiḥ khedam upaiti lokaḥ |
ajasram āgacchati tac ca bhūyo
jñānena yasyādya kṛtas tvayāntaḥ || 18.37 ||

duḥkhaṃ na me syāt sukham eva me syād
iti pravṛttaḥ satataṃ hi lokaḥ |
na vetti tac caiva tathā yathā syāt
prāptaṃ tvayādyāsulabhaṃ yathāvat || 18.38 ||

자신의 가장 뛰어난 미덕들로 잘 장식되면
못난 이라 해도 보기에 좋은 법이나, 불결한 허물들로 덮이면
매우 잘생긴 이여도 못나 보이는 법이니라. ‖ 18.34 ‖

자신이 해야 할 일을 완수함으로써
이제 그대의 지혜는 최고가 되었으니,
높은 학식을 갖춘 이라 한들
최상의 [진리]에 대한 깨달음을 갖추지 못한 이에게
지혜는 없는 것이나 매한가지이기 때문이로다. ‖ 18.35 ‖

눈 뜬 사람들 가운데 있는
눈 감은 사람의 눈이란 바로 그와 같다.
지혜로 빚어지지 않은 눈을 지닌 그이에게는
눈이 달려 있다 한들
눈이 아닌 것이나 매한가지인 법이니라. ‖ 18.36 ‖

고통으로 가득한 세상 사람은 고통을 없앤다는 이유로
쟁기질 따위의 노동으로 [스스로를] 지치게 한다.
그러나 지금 그대는
언제고 다시금 돌아오는 그 [고통]을
지혜를 통해 끝내었느니라. ‖ 18.37 ‖

세상 사람은 '고통이 나에게 없기를,
행복만이 나에게 있기를'이라며 항상 행동하지만,
그와 같은 일이 어떻게 가능한지는 알지 못한다.
[그러나] 지금 그대는 쉬이 얻기 어려운 것을
적절한 방식으로 얻었도다." ‖ 18.38 ‖

ityevamādi sthirabuddhicittas
tathāgatenābhihito hitāya |
staveṣu nindāsu ca nirvyapekṣaḥ
kṛtāñjalir vākyam uvāca nandaḥ || 18.39 ||

aho viśeṣeṇa viśeṣadarśiṃs
tvayānukampā mayi darśiteyaṃ |
yat kāmapaṅke bhagavan nimagnas
trāto 'smi saṃsārabhayād akāmaḥ || 18.40 ||

bhrātrā tvayā śreyasi daiśikena
pitrā phalasthena tathaiva mātrā |
hato 'bhaviṣyaṃ yadi na vyamokṣyaṃ
sārthāt paribhraṣṭa ivākṛtārthaḥ || 18.41 ||

śāntasya tuṣṭasya sukho viveko
vijñātatattvasya parīkṣakasya |
prahīṇamānasya ca nirmadasya
sukhaṃ virāgatvam asaktabuddheḥ || 18.42 ||

난다의 대답과 보은의 마음

이처럼 여래께서는 이익을 위해
견고한 깨달음을 지닌 자에게 말씀하셨으되,
칭찬과 비난[8]에 구애받지 않는 난다는
합장을 한 채 말씀드렸습니다. ‖ 18.39 ‖

"아아, 특별히 비범한 시각을 지닌 분이여!
당신께서는 저에게 이토록 연민을 보여주셨습니다.
세존이시여,
욕망의 진흙탕에 빠진 채 [벗어나길] 원치도 않던 저를
윤회라는 위험으로부터 구해 주셨으니 말입니다. ‖ 18.40 ‖

과보를 누리시는 아버지와,
그와 마찬가지인 어머니께서 [저를] 낳으시고,
가장 뛰어난 것으로 이끌어 주시는 형님인 당신께서
저를 해탈시키지 않았다면,
저는 마치 상인의 무리에서 벗어난 채
이득을 취하지 못한 것처럼
[최고의 목적을 이루지 못한 채]
파멸하고 말았을 것입니다. ‖ 18.41 ‖

적정에 들어 만족하며 진리를 알아 관찰하는 이에게
홀로 있음이란 행복한 것입니다.
또한 아만도 도취도 없어 [대상에] 천착되지 않은 이에게
애착 없음이란 행복이지요. ‖ 18.42 ‖

ato hi tattvaṃ parigamya samyaṅ
nirdhūya doṣān adhigamya śāntim |
svaṃ nāśramaṃ samprati cintayāmi
na taṃ janaṃ nāpsaraso na devān || 18.43 ||

idaṃ hi bhuktvā śuci śāmikaṃ sukhaṃ
na me manaḥ kāṃkṣati kāmajaṃ sukham |
mahārham apy annam adaivatāhṛtaṃ
divaukaso bhuktavataḥ sudhām iva || 18.44 ||

aho 'ndhavijñānanimīlitaṃ jagat
paṭāntare paśyati nottamaṃ sukham |
sudhīram adhyātmasukhaṃ vyapāsya hi
śramaṃ tathā kāmasukhārtham ṛcchati || 18.45 ||

yathā hi ratnākaram etya durmatir
vihāya ratnāny asato maṇīn haret |
apāsya saṃbodhisukhaṃ tathottamaṃ
śramaṃ vrajet kāmasukhopalabdhaye || 18.46 ||

그리하여 [사물의] 본질을 올바로 이해하고,
허물들을 떨어낸 후 적정에 도달하고 나니,
이제 저의 집도, 그 사람(부인)도,
천녀들도, 신들도 생각하지 않습니다. ‖ 18.43 ‖

이 청정하고 고요한 행복을 누리고 나니,
저의 마음은
욕망의 대상에서 생겨나는 즐거움을 갈구하지 않나이다.
마치 감로를 마신 천상의 거주자[神]가,
아무리 가치가 높은 공물이라 하더라도
신에게 필요 없는 음식을
[더 이상 갈구하지 않는] 것처럼 말입니다. ‖ 18.44 ‖

아아, 눈먼 식견으로 눈 감은 세상 사람은
다른 옷(비구의 옷) 안에 있는
최고의 행복을 보지 못합니다.
매우 견고한 내적 마음의 행복을 내버려두고서는
욕망의 대상에서 오는 쾌락을 위해
그토록 고생을 하기 때문입니다. ‖ 18.45 ‖

마치 어리석은 자가 광산에 가서
[진짜] 보물들을 버리고는
가짜 보석들을 취하려 하듯,
깨달음이라는 최고의 행복을 내버려두고서는
욕망에서 오는 쾌락을 얻기 위해
고생을 자처하려는 것이지요. ‖ 18.46 ‖

aho hi sattveṣv atimaitracetasas
tathāgatasyānujighṛkṣutā parā |
apāsya yad dhyānasukhaṃ mune paraṃ
parasya duḥkhoparamāya khidyase || 18.47 ||

mayā nu śakyaṃ pratikartum adya kiṃ
gurau hitaiṣiṇy anukampake tvayi |
samuddhṛto yena bhavārṇavād ahaṃ
mahārṇavāc cūrṇitanaur ivormibhiḥ || 18.48 ||

tato munis tasya niśamya hetumat
prahīṇasarvāsravasūcakaṃ vacaḥ |
idaṃ babhāṣe vadatām anuttamo
yad arhati śrīghana eva bhāṣitum || 18.49 ||

idaṃ kṛtārthaḥ paramārthavit kṛtī
tvam eva dhīmann abhidhātum arhasi |
atītya kāntāram avāptasādhanaḥ
sudaiśikasyeva kṛtaṃ mahāvaṇik || 18.50 ||

아아, 성자시여!
중생들에게 깊은 자비심을 지닌 여래께서는
최고의 연민을 베풀고자 하시니,
최상의 선정에서 오는 기쁨을 버리고서는
다른 이의 고통을 멈추고자 노력하시는군요. ‖ 18.47 ‖

[타인의] 이익을 위한 마음을 지니시고
자비로운 스승이신 당신께서
드넓은 바다에서 파도에 부서진 배를 [건져 올리듯]
존재의 바다로부터 저를 구해 주셨으니,
이제 제가 어찌하면 은혜를 갚을 수 있겠습니까?" ‖ 18.48 ‖

붓다께서 난다에게 수기를 내리다

그 후 모든 번뇌를 여의고
사리에 맞는 [난다]의 말을 들으시고서,
설시자 중 최고인 분이자 성자[이신 붓다]께서는
성스러움으로 가득한 분이 말할 법한 것을
다음과 같이 말씀하셨습니다. ‖ 18.49 ‖

"현자여!
마치 광야를 횡단하여 막대한 수익을 얻은 상인이
[좋은 길잡이에게 그러하듯]
[해탈이라는] 최고의 목적을 알고 목적을 능히 성취한 그대는
좋은 스승에게 이러한 말을 할 만하다. ‖ 18.50 ‖

avaiti buddhaṃ naradamyasārathiṃ
kṛtī yathārhann upaśāntamānasaḥ |
na dṛṣṭasatyo 'pi tathāvabudhyate
pṛthagjanaḥ kiṃ bata buddhimān api || 18.51 ||

rajastamobhyāṃ parimuktacetasas
tavaiva ceyaṃ sadṛsī kṛtajñatā |
rajaḥprakarṣeṇa jagaty avasthite
kṛtajñabhāvo hi kṛtajña durlabhaḥ || 18.52 ||

sadharma dharmānvayato yataś ca te
mayi prasādo 'dhigame ca kauśalam |
ato 'sti bhūyas tvayi me vivakṣitaṃ
nato hi bhaktaś ca niyogam arhasi || 18.53 ||

avāptakāryo 'si parāṃ gatiṃ gato
na te 'sti kiṃcit karaṇīyam aṇv api |
ataḥparaṃ saumya carānukampayā
vimokṣayan kṛcchragatān parān api || 18.54 ||

아라한이여!
진리를 본 자라 하더라도
제어되어야 할 인간의 능숙한 지도자인 붓다에 대해,
마음이 고요해진 자가 이해하듯
그와 같이 이해하지는 못하느니라.
하물며 학식을 지녔다 한들 평범한 자가
어찌 [붓다를 이해하겠는가]? ‖ 18.51 ‖

욕망과 무지로부터 마음이 해방된 그대는
그처럼 은혜를 아는 마음을 지니고 있구나.
은혜를 아는 자여!
욕망의 힘으로 유지되는 세상에서
은혜를 알기란 어려운 일이로다. ‖ 18.52 ‖

다르마를 수지한 자여!
또한 다르마를 따르는 그대는
나에 대한 감사의 마음과 선의를 지니고 있구나.
그 때문에 나는 그대에게 다시금 말하고자 하나니,
겸손하고 공경하는 마음을 지닌 [이에게는]
[이러한] 수기가 적절하기 때문이니라. ‖ 18.53 ‖

그대는 목적을 성취하였고, 최상의 길에 올랐으며,
그대에게는 해야 할 일이 그 어떤 것도 전혀 없느니라.
다정한 이여, 이제부터는 자비심을 지니고
고통에 빠진 다른 이들 또한 해탈시키며 나아가시게. ‖ 18.54 ‖

ihārtham evārabhate naro ’dhamo
vimadhyamas tūbhayalaukikīṃ kriyām |
kriyām amutraiva phalāya madhyamo
viśiṣṭadharmā punar apravṛttaye || 18.55 ||

ihottamebhyo ’pi mataḥ sa tūttamo
ya uttamaṃ dharmam avāpya naiṣṭhikam |
acintayitvātmagataṃ pariśramaṃ
śamaṃ parebhyo ’py upadeṣṭum icchati || 18.56 ||

vihāya tasmād iha kāryam ātmanaḥ
kuru sthirātman parakāryam apy atho |
bhramatsu sattveṣu tamovṛtātmasu
śrutapradīpo niśi dhāryatām ayam || 18.57 ||

bravītu tāvat puri vismito janas
tvayi sthite kurvati dharmadaśanāḥ |
aho batāścaryam idaṃ vimuktaye
karoti rāgī yad ayaṃ kathām iti || 18.58 ||

하열한 사람은
현생의 목적만을 위해 행동하고,
중간 정도의 사람은
[현생과 내세] 양쪽 세상의 [과보를 위해 행동하느니라.]
중간 정도의 사람이
[현생과] 내세의 과보만을 위해 [그리 하는 반면],
최고의 다르마를 지닌 사람은
다시 태어나지 않기 위해 [행동하는 법이다.] ‖ 18.55 ‖

더 이상 바랄 게 없는 최상의 다르마를 성취하였음에도,
자신의 수고로움을 상관치 않고서
다른 이들을 위하여 적정[의 길]을 가르치려는 자,
바로 그 사람은 이 세상에서
최고 중에서도 최상이라 여겨지는 법이니라. ‖ 18.56 ‖

확고한 마음을 지닌 이여!
그러니 이제부터는 이 세상에서 자신을 위한 일을 버리고
다른 이들을 위한 일 또한 행하도록 하거라.
중생들이 한밤에 어둠 속을 전전하며 헤매고 있을 적에
이 가르침의 등불을 들어야 하는 법이니라. ‖ 18.57 ‖

그대가 도시에 머물러 설법하고 있을 동안
사람들이 놀라며 이렇게 말하도록 하거라.
"아아, 애착을 지녔던 이 사람이 해탈을 위해
이러한 이야기를 하다니 참으로 놀라운 일이로구나!" 하고 말이다. ‖ 18.58 ‖

dhruvaṃ hi saṃśrutya tava sthiraṃ mano
nirvṛttanānāviṣayair manorathaiḥ |
vadhūr gṛhe sāpi tavānukurvatī
kariṣyate strīṣu virāgiṇīḥ kathāḥ || 18.59 ||

tvayi paramadhṛtau niviṣṭatattve
bhavanagatā na hi raṃsyate dhruvaṃ sā |
manasi śamadamātmake vivikte
matir iva kāmasukhaiḥ parīkṣakasya || 18.60 ||

ity arhataḥ paramakāruṇikasya śāstur
mūrdhnā vacaś ca caraṇau ca samaṃ gṛhītvā |
svasthaḥ praśāntahṛdayo vinivṛttakāryaḥ
pārśvān muneḥ pratiyayau vimadaḥ karīva || 18.61 ||

bhikṣārthaṃ samaye viveśa sa puraṃ dṛṣṭīr janasyākṣipan
lābhālābhasukhāsukhādiṣu samaḥ svasthendriyo nispṛhaḥ |
nirmokṣāya cakāra tatra ca kathāṃ kāle janāyārthine
naivonmārgagatān parān paribhavann ātmānam utkarṣayan || 18.62 ||

그대의 변치 않는 확고한 마음에 대해 듣고 나면,
집에 있는 그대의 부인 또한
마음이 바라는 다양한 대상들에서 물러나 그대를 따르고,
[다른] 여인들에게 애욕의 마음을 떠나는 것에 대해
이야기하게 될 터이니라. ‖ 18.59 ‖

그대가 최상의 [깨달음에 대해] 확고하여 진리에 머무를 때,
집에 있는 그녀는 분명 [애욕의 대상을] 즐거이 여기지 않을 것이니라.
마치 마음이 고요함과 제어를 본성으로 하여 홀로 있을 때,
바라보는 자의 지성이 욕망의 대상에서 오는 쾌락들을
[즐거이 여기지 않는] 것처럼 말이다." ‖ 18.60 ‖

이리하여 최고의 자비심을 지닌 아라한 [난다]는
이 같은 스승의 말과 [그의] 양 발에 머리를 조아렸고,
발정기에서 벗어난 코끼리처럼 고요한 마음을 지닌 채
해야 할 행위가 사라지고 자립하여
성자의 곁에서 떠나갔습니다. ‖ 18.61 ‖

[그 후] 얻거나 얻지 못하거나,
즐겁거나 즐겁지 못한 것들에 대해 동등한 마음을 지니고,
감관이 자신에게 머물러 [대상을] 갈망하지 않게 된 그는
사람들의 시선을 끌며 정해진 때에
걸식을 위해 도시로 들어갔지요.
그리고 그곳에서,
잘못된 길을 가는 다른 사람들을 폄하하거나
스스로를 드높이는 일 전혀 없이, 올바른 때에 요청하는 이들을 위해
해탈[을 얻는 길]에 대해 설법을 하였답니다. ‖ 18.62 ‖

ity eṣā vyupaśāntaye na rataye mokṣārthagarbhā kṛtiḥ
śrotṛṇāṃ grahaṇārtham anyamanasāṃ kāvyopacārāt kṛtā |
yan mokṣāt kṛtam anyad atra hi mayā tat kāvyadharmāt kṛtaṃ
pātuṃ tiktam ivauṣadhaṃ madhuyutaṃ hṛdyaṃ kathaṃ syād iti || 18.63 ||

prāyeṇālokya lokaṃ viṣayaratiparaṃ mokṣāt pratihataṃ
kāvyavyājena tattvaṃ kathitam iha mayā mokṣaḥ param iti |
tad buddhvā śāmikaṃ yat tad avahitam ito grāhyaṃ na lalitaṃ
pāṃsubhyo dhātujebhyo niyatam upakaraṃ cāmīkaram iti || 18.64 ||

|| saundaranande mahākāvya ājñāvyākaraṇo nāmaṣṭādaśaḥ sargaḥ || 18 ||

|| āryasuvarṇākṣīputrasya sāketakasya bhikṣor
ācāryabhadantāśvaghoṣasya
mahākaver mahāvādinaḥ kṛtir iyam ||

작가 아쉬바고샤의 전언

이처럼 즐거움이 아니라 적정(寂靜)을 목적으로 삼으며
해탈을 핵심적 주제로 하는 이 작품은,
[해탈이 아닌] 다른 것에 마음이 쏠린 [청중들의] 귀를 사로잡고저
시(詩)라는 형식으로 지어진 것입니다.
나는 해탈과는 다른 내용도 시의 규정에 맞추어 이 작품 속에 설하였으니,
이는 마치 꿀을 섞어 쓰디쓴 약을 마실 수 있게 하는 것과 같지요.
[그리하지 않는다면 쓴 약과 같은 해탈이라는] 정수를
어찌 [쉬이 마실 수] 있겠습니까? ‖ 18.63 ‖

무릇 세상 사람들이 대상에서 비롯된 쾌락을 향할 뿐,
해탈에서는 멀어지는 것을 목도하고서,
나는 이 [작품]에서 해탈이 지고의 목적이라는 진리에 대해
시를 덧씌워 이야기하였습니다.
그 [진실]을 알고서, [독자들은 작품에] 들어 있는 유희가 아니라
적정에 관한 것을 이해해야 할 것이니.
이는 요소들로부터 생겨난 진세(塵世)로부터 금을 얻는 것이요,
<어근(語根)에서 태어난 [말]덩어리로부터
금[과 같은 참 의미]를 얻는 것>이라 할 터입니다. ‖ 18.64 ‖

대서사시 『사운다라난다』에서 "깨달음의 수기"라는 이름의 열여덟 번째 장을 마친다.

이는 고귀한 수바르낙시(황금 눈의 여인)의 아들로, 사께따 [지방] 출신 비구이자 스승이며, 대덕하신 위대한 시인 아쉬바고샤의 작품이다.

〚 미주 〛

1 원문의 까르니까라(karṇikāra)는 노란 꽃이 피는 카시아나무이다. 흔히 골든샤워 트리(Golden Shower tree)로도 불린다. 황갈색 가사를 입은 난다의 모습을 비유하고 있다.

2 황소의 목 아래부터 가슴까지 이어지는 길게 늘어진 주름을 말한다.

3 gām은 암소(go)와 노래(gā) 양쪽 모두의 목적격에 해당하는 단어이다. 붓다의 설법이 담긴 게송(gām)과 붓다에게 비유된 암소로부터 나온 우유(gām) 양쪽 모두의 의미를 지니고 사용되었다.

4 네 종류의 식[四食]이란 중생이 되도록 돕고 세간에 머물게 하는 것이다. 구체적으로는 일상적 음식을 말하는 단식(段食, 또는 摶食), 감각의 접촉을 통한 만족인 촉식(觸食), 의도를 뜻하는 의사식(意思食), 지식과 앎을 의미하는 식식(識食)을 말한다.

5 세 가지 존재 상태는 삼유(三有, trayo-bhava)를 의미하는 것으로 생각된다.

6 마이크 크로스(Mike Cross)의 각주에 따르면, 야자잎 사본의 경우 garbhaśaryyāṃ으로 필사되어 있다. '밤'의 의미를 지닌 śaryyām의 읽기를 취할 경우, asaumya 즉 '달이 없는'이라는 단어가 말장난으로 사용되어 '달 없는 밤과 같은 자궁으로 들어가지 않을 것'이라는 뜻을 취하게 된다.

7 법지(dharmajñāna)는 욕계에 속하는 4제에 대한 인식, 유지(anvayajñāna)는 색계 및 무색계에 속하는 4제에 대한 인식을 말한다.

8 세간 8법 기운데 첫 두 기지이다.

〚 참고문헌 〛

■ 사운다라난다 교정본 및 이역본(연도순)

Johnston, E.H.(1928). *The Saundarananda of Aśvaghoṣa,* Critically Edited with notes by E.H. Johnston. London: Oxford University Press.

______(1932). *The Saundarananda or Nanda the Fair,* Translated from the Original Sanskrit of Aśvaghoṣa. London: Oxford University Press.

松涛, 誠廉(1983).『端正なる難陀』, 松涛誠廉先生遺稿集刊行会編集. 東京: 山喜房仏書林.

Covill, Linda(2007). *Handsome Nanda by Aśvaghoṣa, The Clay Sanskrit Series.* New York University Press; JJC Foundation.

Jagdish, Chandra Mishra(2011). *Saundarananda Mahakavya of Sri Asvaghosa (Word-to-Word Sanskrit Meaning with Hindi Translation).* Chaukhamba Surbharati Prakashan.

Cross, Mike(2016). *Aśvaghoṣa's Gold,* Translation of Buddhacarita and Saundarananda. Lulu.com(Pdf file: https://www.academia.edu/18766503/Translations_of_A%C5%9Bvagho%E1%B9%A3as_Buddhacarita_and_Saundarananda_pdf_), 2025.05.07. 검색.

Catt, Adam(2016). "Text of Saundarananda", (https://www.academia.edu/21902636/Text_of_Saundarananda), 2025.05.07. 검색.

■ 그 외

안성두 역주(2021).『성문지: 불제자들의 수행도』, 서울: 세창출판사.

本庄, 良文(1987).「馬鳴詩のなかの経量部説」,『印度學佛教學研究』, 通号 71. 東京: 日本印度学仏教学会.

______(1993).「経を量とする馬鳴」,『印度學佛教學研究』, 通号 83. 東京: 日本印度学仏教学会.

本田, 義央(2004).「印度仏教における「文学」一『サーウンダラナンダ』の構造を

中心で一」,『広島大学大学院研究科論集』, 第64巻. 広島: 広島大学大学院研究科.

阿部, 貴子(2005). 「『声聞地』の成立背景をめぐる一考察—「第一瑜伽処」とSaundaranandaの比較を通して—」,『智山学報』54. 東京: 智山勸学会.

田中裕成(2019). 「『サウンダラナンダ』16. 30–33にみる二つの系統」,『印度學佛教學研究』67(2).

Arya, Vedagya(1992). “The Concept of Buddhism as Depicted in Buddhacarita and Saundarananda by Aśvaghoṣa”, *Journal of Indian and Buddhist Studies 41*(1). Tokyo: Japanese Association of Indian and Buddhist Studies.

Choi, Jin kyoung(2010). “The Eightfold Path in Aśvaghoṣa's Saundarananda”, 『仏教大學大学院紀要』, 文学研究科編, 第38号.

Collett, Alice(2013). “Beware the Crocodile: Female and Male Nature in Aśvaghoṣa's Saundarananda”, *Religions of South Asia 7*.

Covill, Linda(2009). *A Metaphorical Study of Saundarananda*. Delhi: Motilal Banarsidass Publishers.

Eltshinger, Vincent(2018). “Aśvaghoṣa on Kings and Kingship”, *Indo-Iranian Journal 61*, Brill.

Eltshinger, Vincent; Yamabe Nobuyoshi(2018). “A Bibliography of Aśvaghoṣa”, *Journal of Indian Philosophy*, Published online DOI http://10.1007/s10781-018-9367-1. Springer Nature B.V.

Falqui, Diletta(2023). *Prospects of Intertextual Relations between Aśvaghoṣa's Buddhacarita and Saundarananda Rhetorical-Stylistic Forms and Epic Sources*. Ph.D. Dissertation. Rome: Sapienza University of Rome.

Gawronski, Andrzej(1922). *Notes on the Sāundarananda: Critical and Explanatory. 2nd Series (Sāundarananda. Krytyka Tekstu I Objaśnienia)*, Nakladem Polskiej Akademji Umiejetnosci.

Gerow, Edwin(1971). *A Glossary of Indian Figures of Speech*, De Gruyter Mouton.

Hakeda, S. Yoshito(1962). “Buddhist Hybrid Sanskrit Words in Aśvaghoṣa's

Kāvyas", *Journal of the American Oriental Society, 82*(2), American Oriental Society.

Kachru, Sonam(2019). "After the Unsilence of the Birds: Remembering Aṣvaghoṣa's Sundarī", *Journal of Indian Philosophy, 47*(2), (Special Issue on Reading Aśvaghoṣa across Boundaries).

Kimura, Hideo(1960). "The Poetical Construction of the Sāundarananda", *Journal of Indian and Buddhist Studies, 16*. Tokyo: Japanese Association of Indian and Buddhist Studies.

Law, B.C.(1947). "Aśvaghoṣa's Philosophy", *Annals of the Bhandarkar Oriental Research Institute 28*(3). Bhandarkar Oriental Research Institute.

Ollett, Andrew(2019). "Making It Nice: Kāvya in the Second Century", *Journal of Indian Philosophy 47*(2), 269-287.
Ollett, Andrew(2019). "Making It Nice: Kāvya in the Second Century", *Journal of Indian Philosophy 47*(2), 269-287.
Olivelle, Patrick(2019). "Aśvaghoṣa's Apologia: Brahmanical Ideology and Female Allure", *Journal of Indian Philosophy, 47*(2). (Special Issue on Reading Aśvaghoṣa across Boundaries).

Regan, Julie(2022). "Pleasure and Poetics as Tools for Transformation in Aśvaghoṣa's mahākāvya", *Religions 13*(7).

Rossi, Paola(2019). "The poetical strategy of Aśvaghoṣa: the Brahmanical image of phena'foam' in a doctrinally inspired Buddhistpoetry", *Rhesis. International Journal of Linguistics, Philology and Literature, 10*(1), 91-111.

Salomon, Richard(2018). *The Buddhist Literature of Ancient Gandhara: An Introduction with Selected Translations*. Somerville: Wisdom Publications.

______(2019). "The Sincerest Form of Flattery: On Imitations of Aśvaghoṣa's Mahākāvyas", *Journal of Indian Philosophy, 47*(2). (Special Issue on Reading Aśvaghoṣa across Boundaries).

Shulman, Eviatar(2019). "Aśvaghoṣa's Viśeṣaka: The Saundarananda and Its

Pāli 'Equivalents'", *Journal of Indian Philosophy, 47*(2). (Special Issue on Reading Aśvaghoṣa across Boundaries).

Schulz, Robert(2022). "Aśvaghoṣa Between Gandhara and Kucha: The *Śāriputraprakaraṇa* and Its Narrative Expression in a Forgotten Slab from Mount Karamar", *Acta Orientalia Hung, 75*(4).

Steiner, Roland Halle(2015). "Dramatic Works: South Asia", *Brill's Encyclopedia of Buddhism 1: Buddhist Literatures*. ed. Silk, J. A.. Leiden: Brill.

______(2018). "The plays of the poet Aśvaghoṣa", Saddharmāmṛtam. *Festschrift für Jens-Uwe Hartmann zum 65*. Geburtstag. Herausgegeben von Oliver von Criegern, Gudrun Melzer und Johannes Schneider. Wien: Arbeitskreis für tibetische und buddhistische Studien. (Wiener Studien zur Tibetologie und Buddhismuskunde, Heft 93)

Suzuki, Teitaro(1900). "Açvaghosha, The First Advocate of the Mahâyâna Buddhism", *The Monist, 10*(2). Oxford: Oxford University Press.

Tripathi, Ramashankar(1992). *Saundarananda Mahakavya of Mahakavi Ashvaghosha*, 'Shanti' Sanskrit Commentary, Hindi Translation, Notes & Detailed Introduction named 'Vidwattoshini'. Varanasi: Krishnadas Academy.

Tzohar, Roy(2019). "Reading Aśvaghoṣa Across Boundaries: An Introduction", *Journal of Indian Philosophy, 47*, Springer Nature.

Yamabe, Nobuyuki(2003). "On the School Affiliation of Aśvaghoṣa: 'Sauntrāntika' or 'Yogācāra'?", *Journal of the International Association of Buddhist Studies 26*(2).

Yamasaki, Kazuho(2009). "On the Versions of the Story of Sundarī and Nanda", *Journal of Indian and Buddhist Studies 57*(3). Tokyo: Japanese Association of Indian and Buddhist Studies.

Zin, Monika(2006). "The Story of the Conversion of Nanda in Borobudur", in *Vanamālā, Festschrift für Adalbert Gail*, Weidler Buchverlag Berlin.

〚 찾아보기 〛

ㅅ

ㅇ

사운다라난다

아름다운 난다의 이야기

초판 발행 2025년 11월 20일

지은이 아쉬바고샤(Aśvaghoṣa)
옮긴이 류현정, 최지연
펴낸이 김성배

책임편집 최장미
디자인 안예슬, 엄해정
제작 김문갑

발행처 도서출판 씨아이알
출판등록 제2-3285호(2001년 3월 19일)
주소 (04626) 서울특별시 중구 필동로8길 43(예장동 1-151)
전화 (02) 2275-8603(대표) | **팩스** (02) 2265-9394
홈페이지 www.circom.co.kr

ISBN 979-11-6856-334-6 (93220)